Albert Biesinger . Reinhold Boschki . Jörn Hauf

GOTT MIT NEUEN AUGEN SEHEN

Wege zur Erstkommunion

Albert Biesinger · Reinhold Boschki · Jörn Hauf

Gott mit neuen Augen sehen

Wege zur Erstkommunion

Für das Leitungsteam und die Elterntreffen – Leitfaden

Völlig überarbeitete Neuausgabe

Aktualisierung und Bearbeitung:
Albert Biesinger, Jörn Hauf, Reinhold Boschki

Unter Mitarbeit in den vorangegangenen Ausgaben von:
Herbert Bendel, David Biesinger, Joachim Schmidt

Kösel

Der Kurs *Gott mit neuen Augen sehen* besteht aus:

Gott mit neuen Augen sehen
Wege zur Erstkommunion
* Familienbuch *
ISBN 978-3-466-36915-7

Gott mit neuen Augen sehen
Wege zur Erstkommunion
* Für die Kindertreffen – Leitfaden *
ISBN 978-3-466-36916-4

Umwelthinweis:
Dieses Buch wurde auf chlor- und säurefreiem Papier gedruckt

Illustration: Mascha Greune, München
Umschlag: fuchs_design, München
Umschlagmotiv: Illustration: Mascha Greune, München, Bild: Gerhard Braun, Berlin
Druck und Bindung: Franz X Stückle Druck und Verlag, Ettenheim
Printed in Germany
ISBN 978-3-466-36917-1

Weitere Informationen zu diesem Buch und unserem gesamten lieferbaren Programm
finden Sie unter
www.koesel.de

Inhalt

Vorwort

NEUE HOFFNUNG

Es ist nicht zu leugnen: Was viele Jahrhunderte galt, schwindet dahin.
Der Glaube, höre ich sagen, verdunstet.
Gewiss, die wohlverschlossene Flasche könnte das Wasser bewahren.
Anders die offene Schale: Sie bietet es an.
Zugegeben, nach einiger Zeit findest du trocken die Schale, das Wasser schwand.
Aber merke: Die Luft ist jetzt feucht.
Wenn der Glaube verdunstet, sprechen alle bekümmert von einem Verlust.
Und wer von uns wollte dem widersprechen!
Und doch: Einige wagen trotz allem zu hoffen. Sie sagen: Spürt ihr's noch nicht?
Glaube liegt in der Luft!
Lothar Zenetti

„Spürt ihr's noch nicht? Glaube liegt in der Luft!" – In vielen Gemeinden hat sich in den letzten Jahren eine Wandlung dahingehend ergeben, dass Eltern und Kinder auf dem Weg zur Kommunion Gott und die Welt mit neuen Augen sehen. Miteinander entdecken sie: Gott ist mittendrin im Familienalltag. Denn wenn Gott der Schöpfer des Lebens ist, dann ist Gott auch dort, wo Leben entsteht und Leben geteilt wird. Der Weg hinein in die gestaltete Beziehung mit Gott ist wie eine zweite Geburt, bei der Eltern ihren Kindern etwas Kostbares auf den Lebensweg mitgeben können. Losgelöst vom Alltag und von den konkreten Lebenssituationen können Erwachsene mit Kindern in der Familienphase Gott kaum als tragenden Grund und heilsame Lebensorientierung begreifen. Es ist daher für ein Kind und seine Entwicklung in hohem Maße entscheidend, ob und wie es von seinem engeren familiären Umfeld (Eltern, Großeltern, Patinnen und Paten, Erzieherinnen und Erziehern) in die Gottesbeziehung hinein begleitet wird. Dazu bedarf es nicht einer „heilen Familie", die es sowieso nicht gibt. Gerade für Kinder in gebrochenen Familiensituationen ist eine Begleitung im Glauben und Vertrauen auf Gott ein wertvoller Lebensschatz.

Die Grundoption dieses Kommunionwegs als *Familienkatechese* ist, dass Erziehungsverantwortliche bei der Vorbereitung des ihnen anvertrauten Kindes eine zentrale Bedeutung haben und in der Begleitung ihres Kindes unterstützt werden. Was Eltern (oder andere wichtige Bezugspersonen) zu Hause ihrem Kind vermitteln oder nicht, kann niemand ersetzen. Die behutsame Ermutigung, Begleitung und Befähigung, als Familie mit dem Kind Wege in die Beziehung mit Gott zu suchen und neue Formen der Beziehungspflege im Familienalltag einzuüben, ist Anliegen der Familienkatechese. Qualifizierte Untersuchungen[1] zeigen, dass Kirche und Gesellschaft die Familien – in ihrer gesamten pluralen und differenzierten Gestalt – als Erfahrungsraum der Gottesbeziehung und Lernort fundamentaler Grundwerte nicht (weiter) unterschätzen dürfen. Realistischer Optimismus ist angebracht und das Vertrauen darauf, dass überall dort, wo sich Erwachsene liebevoll und verantwortungsbewusst um ein ihnen anvertrautes Kind kümmern, der Geist Gottes anwesend ist und sich dies im Zeugnis und der religiösen Wegbegleitung mit dem Kind zeigen kann.

Zum Aufbau dieses Buches

Die ersten beiden Kapitel des Leitfadens richten sich in erster Linie an die *Gemeindeleitung*/das *katechetische Leitungsteam* der Gemeinde oder einer größeren pastoralen Einheit, also an jene Personen, die den Gesamtprozess des Kommunionweges als *Familienkatechese* in und für Gemeinde(n) entwerfen, begleiten, moderieren und koordinieren: Hauptamtliche Mitarbeiterinnen und Mitarbeiter sowie engagierte und befähigte Ehrenamtliche übernehmen in der Regel diese Aufgabe. Das dritte Kapitel – Für die Elterntreffen – wendet sich an die Begleiterinnen und Begleiter der Elterngruppen.
Dieser Entwurf eines familienkatechetischen Kommunionweges geht gerade nicht von einer „Idealgemeinde" aus. Vielmehr handelt es sich um ein motivierendes Bausteinmodell, das in verschiedensten pastoralen Situationen umgesetzt werden kann – in Gemeinden mit katholisch-volkskirchlichem Milieu ebenso wie in größer werdenden Pfarrverbänden und Seelsorgeeinheiten sowie in (stark) säkularisiertem Umfeld. Die südamerikanischen Wurzeln dieses Kommunionweges stammen aus weitläufigen, basisgemeindlich organisierten Großpfarreien mit Tausenden von Gemeindemitgliedern – und kaum hauptamtlichen Mitarbeiterinnen und Mitarbeitern.
Wie die anderen beiden Bände von *Gott mit neuen Augen sehen* (Familienbuch, Leitfaden für die Kindertreffen) wurde auch dieser Band in der vorliegenden dritten, neu überarbeiteten und erweiterten Auflage an die aktuellen gesellschaftlichen und pastoralen Erfordernisse angepasst.[2] Die Bände verstehen sich als mediale Begleitung lebendiger Lern- und Weggemeinschaften. Bücher können aber nicht den Lernprozess ersetzen, das Entscheidende sind die Menschen und ist die vielfältige Praxis der Gottesbeziehung. In diesem Sinne wünschen wir Ihnen mit diesen Büchern auf Ihrem *Kommunionweg als Familienkatechese* eigenständige kreative Erfahrungen, die Sie persönlich aufbauen und die möglichst vielen Eltern, Erziehungsverantwortlichen und Kindern in Ihren Gemeinden den Prozess der Verwandlung unseres Lebens bewusst werden lassen.
Familienkatechese möchte Katechese zur Freude sein und nicht zur alljährlich wiederkehrenden Last.

Gott mit neuen Augen sehen geht – als Kommunionweg – von einer klaren Option aus:
Er setzt auf *Familienkatechese.*

Familie verstehen wir hier in erster Linie als einen Beziehungsraum, wo Erwachsene sich verantwortlich um Kinder kümmern und elterliche Erziehungsfunktionen wahrnehmen. Neben den Eltern kommen dabei ebenso Großeltern, Paten, (Lebens-)Partner, Erzieher/innen in den Blick. Im Vordergrund steht die Beziehungsqualität der familiären Lebensgemeinschaft und nicht deren Form.

Katechese ist ein biblischer Spezialbegriff, der seit alters die Unterrichtung im christlichen Glauben bezeichnet. Dabei ging es schon immer um mehr als um eine formale Vermittlung von Glaubenswissen. Im *Kommunionweg als Familienkatechese* geht es um die Erschließung der Gottesbeziehung, die Sensibilität für die Gottesberührung im Sakrament der Eucharistie und die Einübung der Glaubenskommunikation in der Gemeinschaft der Glaubenden.

Der spezifisch familienkatechetische Ansatz ist bereits hunderttausendfach bewährt, aber noch nicht überall selbstverständlich. Daher will Ihnen der *erste Teil* dieses Buches als *Grundlegende Orientierungen* zunächst die wesentlichen theologischen Aspekte offenlegen, die dem Modell der Familienkatechese zugrunde liegen. Außerdem werden jene religionspädagogischen Überlegungen benannt, anhand derer dieser Kommunionweg entwickelt wurde. Dies geschieht so, dass auch engagierte ehrenamtliche Mitarbeiterinnen und Mitarbeiter in den Gemeinden die Option Familienkatechese leicht verstehen und sich orientieren können.

Der *zweite Teil* dieses Buches, *katechetische Konkretionen*, enthält Überlegungen und Vorschläge, wie Sie den *Kommunionweg als Familienkatechese* ganz konkret in Ihrer pastoralen Situation vor Ort realisieren können. Das Material, von dem wir hierbei ausgehen, sind die Bücher *Gott mit neuen Augen sehen*. Ausgehend von den Fragen nach Leitung, Begleitung und Vernetzung der beteiligten Gemeinschaften, kommen hier vor allem organisatorische Fragen in den Blick. Eine inhaltliche Übersicht und exemplarische Organisationspläne für unterschiedliche pastorale Situationen vor Ort veranschaulichen die vielfältige Einsetzbarkeit der unterstützenden Materialien.

Der *dritte Teil* des Buches richtet sich mit unmittelbar praxisorientierten Hinweisen und detailliert ausgearbeiteten Vorschlägen für die Gestaltung von *Elterngruppentreffen* gezielt an die Begleitung der Elterngruppen.

Zwischen den einzelnen Kapiteln des Buches begegnen Ihnen immer wieder Impulstexte – Gebete, Gedichte, Kurzgeschichten. Diese Texte sollen Ihnen Anstoß und Anregung sein, die einzelnen Ausführungen von anderen Perspektiven her zu bedenken. Sie finden Gedanken, die Sie zum Umsetzen von Familienkatechese in die Praxis Ihrer Gemeinde(n) animieren können. Darüber hinaus sind diese Impulse eine praktische Unterstützung. Bei den Treffen mit den Begleitern der Eltern- und Kindergruppen können sie Ihnen hilfreiche Einstiege zur thematischen Präzision sein.
Bedingt durch die verschiedenen Gemeinschaften auf dem *Kommunionweg als Familienkatechese* und die unterschiedlichen Ebenen der Begleitung wird aus Gründen der Präzision, Verständlichkeit und besseren Lesbarkeit in der Regel nur die maskuline Schreibweise verwendet, das feminine Geschlecht ist immer und in gleicher Weise eingeschlossen.

Wir danken

Unser Dank gilt zuallererst den zahlreichen Gemeinden in verschiedenen Ländern Südamerikas, vor allem in Chile, Peru, Bolivien und Ecuador. Durch ihre Erfahrung und kritische Reflexion der *Catequesis Familiar* (Familienkatechese) haben sie uns die Möglichkeiten der Gotteskommunikation in oft riesigen Seelsorgeeinheiten gezeigt.
In Südamerika wird *Catequesis Familiar* als Kommunionweg von Eltern und Kindern schon seit vielen Jahrzehnten realisiert. Dort hat sich die Kirche bewusst dazu entschieden, nicht nur Kinder, sondern ihre Familien auf dem Weg in die Gottesbeziehung kompetent und ernsthaft zu unterstützen. Letztlich verdankt sich dieser *Kommunionweg als Familienkatechese* dem Lebens- und Glaubenszeugnis vieler engagierter ehrenamtlicher Begleiterinnen und Begleiter, die andere Eltern unter oft schwierigsten Bedingungen unterstützen. Zu danken haben wir auch den engagierten Jugendlichen, den sogenannten *Animadores*, die dort die Kommunionkindergruppen leiten.
Ohne die lateinamerikanischen Erfahrungen und Herausforderungen wären wir nicht zu diesem

bewusst eigenständigen europäischen Konzept gekommen. Die Dynamik der Erfahrungen und der vielen Gespräche mit Betroffenen auf allen Ebenen in Lateinamerika haben uns allerdings auch dazu veranlasst, keine Materialien von dort zu übernehmen. Die drei Bücher *Gott mit neuen Augen sehen* sind Grundlage für einen eigenständigen *Kommunionweg als Familienkatechese* – entwickelt im ständigen Dialog mit vielen Menschen im deutschsprachigen Raum, die in ihren Gemeinden Familienkatechese seit Jahren originell und eigenständig verwirklichen und gestalten. Mittlerweile wird dieser familienkatechetische Ansatz auch in nicht deutschsprachigen Ländern Europas und in anderen Erdteilen erfolgreich fortgeschrieben.

Dieses Buch hätten wir nicht schreiben können, wenn wir uns nicht selbst jahrelang mit sehr vielen Eltern und Kindern auf die Suche nach einer neuen Qualität des Kommunionwegs eingelassen hätten. Oft haben wir mit großen Augen und Ohren gesehen und gehört, wie motiviert und engagiert Kinder, Mütter und Väter, aber auch Großeltern und Paten, Heimerzieher, erwachsene (Halb-)Geschwister und fürsorgliche Nachbarn sich gemeinsam mit ihren Begleiterinnen und Begleitern auf den Kommunionweg gemacht haben.

In den vergangenen Jahren haben sehr viele Gemeinden und Pastorale Einheiten mit diesen Büchern ihren *Kommunionweg als Familienkatechese* gestaltet. Ihr Zuspruch und die unzähligen Rückmeldungen von Familien, Gruppenbegleitern und Seelsorgern haben uns ermutigt, in dieser völlig überarbeiteten Neuauflage *Gott mit neuen Augen sehen* den *Kommunionweg als Familienkatechese* an die sich ständig wandelnden Arbeitsbedingungen und Bedürfnisse in den Gemeinden anzupassen. Wesentliche Anregungen und zentrale Textbausteine für die Neuauflage dieses Bandes verdanken wir den Mitautoren der ersten und zweiten Auflage: Herbert Bendel, David Biesinger und Joachim Schmidt. Sophie Duhn danken wir für hilfreiche Impulse und emsige Korrekturarbeiten.

Claudia Lueg und Julia Sassenroth vom Kösel-Verlag danken wir für die kompetente und kreative Begleitung dieses Buchprojektes.

Wir widmen dieses Buch

Ihnen, dem katechetischen Leitungsteam auf dem Kommunionweg,
und den Begleiterinnen und Begleitern der Elterngruppen.

Albert Biesinger/Jörn Hauf/Reinhold Boschki

Tübingen, am 20. Januar 2012

Rückmeldungen können Sie richten an:

Prof. Dr. Albert Biesinger
Abteilung für Religionspädagogik
Kath.-Theol. Fakultät der Universität Tübingen, Liebermeisterstraße 12, D-72076 Tübingen
E-Mail: Albert.Biesinger@uni-tuebingen.de und Joern.Hauf@uni-tuebingen.de
Homepage: www.koesel.de/gemeinde

I Kommunionweg als Familienkatechese – Grundlegende Orientierungen

1.1 Katechese – Erschließung der Gottesbeziehung

Als Christen glauben wir: Gott ist uns Menschen immer schon nahe, wir sind bei ihm unbedingt erwünscht. Wir leben in Beziehung zu Gott, gehören zum (Be-)Reich Gottes. Dies bewusst zu machen, zu deuten und zu feiern, ist Anliegen und Aufgabe von Katechese.[3] Sie geht aus vom Zuspruch Gottes – an den Menschen liegt es, sich dieser Zuneigung Gottes bewusst zu werden. Das Aufschließen des Menschen für Gottes Beziehungsangebot und die Erschließung der Zusagen Gottes für uns ist ein lebenslanger Lehr- und Lernprozess.

In katechetischen Lehr- und Lernprozessen versuchen wir, diese Gottes-Beziehung zu verstehen, und sie in unserer alltäglichen Lebensgestaltung zu leben. Wenn eine Beziehung für uns wichtig ist, versuchen wir diese lebendig zu gestalten, kümmern uns um den Partner, werden aktiv – aus eigenem Interesse und freiem Antrieb. Denn wenn eine Beziehung nicht gepflegt wird, verflacht sie oder bricht vielleicht ganz ab. Diese zwischenmenschliche Erfahrung kann auch auf unseren Gestaltungsspielraum für die Gottesbeziehung übertragen werden. Es geht in ihr um einen Bewusstwerdungsprozess, der Lebens- und Weltdeutung ist und der es uns ermöglicht, unser Leben als Beziehung mit Gott zu feiern.[4]

Wir Menschen sind darauf angewiesen, dass uns die Zusammenhänge und Deutungen unseres Lebens Schritt für Schritt bewusst werden: Woher kommen wir, wer sind wir, wohin gehen wir, was ist der Sinn unseres Lebens? Die Erschließung der Gottesbeziehung ist dabei wie ein Schlüssel, der uns neue Welten und Dimensionen öffnet, die wir bisher so nicht gekannt haben oder derer wir uns zumindest vorher so nicht bewusst waren.

In der Kommunion geht es um die Beziehung untereinander und um die Berührung mit Jesus Christus im eucharistischen Mahl. Kinder haben mit ihrem ausgeprägten bildhaft anschaulichen Denken viele Möglichkeiten, ihre Beziehung mit Jesus Christus als ihrem Freund und treuen Begleiter in allen Lebenslagen zu fühlen und zu denken. In der Kommunionkatechese hat dieses Beziehungsgeschehen Priorität. Wer mit jemandem in freundschaftlicher Beziehung lebt, möchte den anderen möglichst gut kennenlernen und ihn immer besser emotional und kognitiv verstehen, zu ihm gehören und mit ihm gehen.

Bildlich gesprochen: Wenn ein guter Gärtner sät, lockert er den Boden auf und sorgt dafür, dass Licht und Wasser an die Pflanzen kommen können. Er begünstigt dabei das Wachstum der Pflanzen – doch wachsen müssen die Pflanzen selbst. Der Gärtner beschneidet die Pflanzen nur selten und wenn, dann äußerst behutsam und zur angebrachten Zeit, denn sonst könnten die Pflanzen Schaden nehmen.

Dieses Bild des bedeutenden Tübinger Katechetikers Johann Baptist Hirscher[5] drückt etwas Wichtiges aus: Katechese ist ein Wachstumsprozess. Die Menschen, die sich in den Dienst der Katechese stellen, unterstützen diesen Prozess. Zwei Feinheiten stecken in diesem Bild: Das Eigentliche – das Wachsen der Pflanzen – kann der Gärtner nicht *machen*, er kann nur versuchen, bestmögliche Rahmenbedingungen zu schaffen. Wachsen kann nur, was im Samen als Pflanze

verborgen und angelegt ist. Katechese kann Glaube – die Beziehung zu Gott, die Rückbindung an Gott – nicht *machen*, das liegt in der Natur des *Glaubens*. Aber Katechese kann konkrete hilfreiche Erfahrungs-, Wachstums- und Entfaltungsmöglichkeiten für diese Beziehung bereitstellen. Katechese kann Formen und Gestalten der *Beziehungspflege* zeigen und einüben, kann die Pflege der Gottesbeziehung anregen, unterstützen und begünstigen. „Das oberste Ziel des katechetischen Wirkens besteht darin, dem Menschen zu helfen, dass sein Leben gelingt, indem er auf den Zuspruch und den Anspruch Gottes eingeht", hieß es bereits auf der Gemeinsamen Synode der Deutschen Bistümer im Jahre 1974.[6] Dabei ist Katechese nicht eingeschränkt auf bestimmte Alters- oder Zielgruppen. Katechese ist zunächst – um im Bild zu bleiben – „Gärtnerdienst im Glauben".
Der Begriff *Familienkatechese* bezieht sich in unserem Zusammenhang auf einen begrenzten biografischen Lebensabschnitt im Prozess des lebenslangen Glaubenlernens: die Gruppe der elterlichen Bezugspersonen mit Kindern in der Erziehungsphase.

Zwei Grundüberlegungen sind für das Verständnis von Familienkatechese auf dem Kommunionweg essenziell: Jeder getaufte und gefirmte Christ ist in ausdrücklicher Weise in der Gotteskommunikation. Einem Kind zu erschließen, dass Gott immer schon bei ihm ist, es von Gott umhüllt ist und dass ER uns seinen Sohn Jesus Christus als Kind in Betlehem gesandt hat, dass wir in Jesus Christus erkennen können, wie unser Leben gelingen kann, und dass der Tod nicht das letzte Wort hat, sondern der Himmel offen ist, ist ein erster wichtiger Schritt. Die Mitteilung und Erschließung dieser *Geheimnisse* unseres Glaubens hilft Kindern, ihre eigene Beziehung zu Gott aufbauen zu können. Sie beim Aufbau und der Gestaltung dieser Beziehung zu begleiten, ist der zweite Schritt. Begegnungsräume für die Gottesbeziehung zu schaffen, mit Kindern über und mit Gott zu sprechen, eine altersgerechte und alltagstaugliche Einübung in bewährte christliche Formen der Glaubenskommunikation – all das hilft dem Kind dabei, seine eigene Gottesbeziehung zu entfalten. Kinder erschließen sich ihre Beziehung zu Gott selbst. *Familienkatechese* ist die Begleitung und Förderung von Kindern und ihren nächsten Bezugspersonen in ihrer je individuellen Gottesbeziehung und als kleine Glaubensgemeinschaft, unterschiedlich vernetzt mit der Gemeinschaft aller Glaubenden in der konkreten Gemeinde, Orts- und Weltkirche.

Der *Kommunionweg als Familienkatechese* nimmt das Sakrament der Eucharistie als biografischen Anlass für diese Begleitung und stiftet Prozesse von Kommunion und Kommunikation für Familien und Gemeinden in besonders intensiver Weise. Dabei obliegt es stets den jeweiligen Familien selbst, die ihnen möglichen Schritte auf dem kirchlich begleiteten Glaubensweg zu gehen. Familienkatechese ist keine Bedingung zum Empfang des Sakraments der Eucharistie, sondern eine Einladung zur Weggemeinschaft und Einübung zum gelingenden Leben in gottvollen Beziehungen.

MITEINANDER

reden und lachen
sich gegenseitig gefälligkeiten erweisen
zusammen schöne bücher lesen
sich necken
dabei aber auch
einander sich achtung erweisen
mitunter sich auch streiten ohne hass
so wie man es wohl einmal
mit sich selbst tut
manchmal auch in den meinungen
auseinandergehen
und damit die eintracht würzen
einander belehren und voneinander lernen
die abwesenden schmerzlich vermissen
die ankommenden freudig begrüßen
lauter zeichen der liebe und gegenliebe
die aus dem herzen kommen
sich äußern
in einem
wort
und tausend freundlichen gesten
und wie zündstoff den geist entflammen
in gemeinsamkeit
sodass aus den vielen eine einheit wird
augustinus

Wir leben in Beziehungen – mit uns selbst, mit anderen, mit Gott

Der Grundgedanke der Familienkatechese ist: Menschen sind „Beziehungswesen". Unser Leben ist gar nicht anders vorstellbar als ein Leben in einem Beziehungsgeflecht. Schon vor der Geburt ist das kleine Menschenkind in engster Beziehung mit seiner Mutter, die es in sich trägt. Die Mutter geht mehr und mehr eine Beziehung zu dem werdenden Leben in ihrem Leib ein. Und nach der Geburt wäre der Säugling nicht lebensfähig ohne ein Beziehungsnetz von Menschen, die ihn willkommen heißen, mit dem Lebenswichtigen versorgen, ihn pflegen, behüten und beschützen. Zu einem gelingenden Aufwachsen gehört im Idealfall eine positive Beziehung zwischen den Bezugspersonen („Beziehungspersonen") und dem Kind.

Erlebt es Verlässlichkeit, Konstanz und positive Verstärkung, kann es bereits im Kleinkindalter „Grundvertrauen" in Welt und Wirklichkeit ausbilden (so der Entwicklungs- und Sozialpsychologe Erik H. Erikson), das für die spätere Beziehungsfähigkeit wichtig wird.
Kinder brauchen ein Gegenüber, ein „Du", um sich zu einer eigenständigen Person entwickeln zu können. Der Philosoph Martin Buber schreibt: „Der Mensch wird am Du zum Ich."[7] In der ständigen Kommunikation mit dem „Du", im gemeinsamen Spielen und Lachen, im Trauern und Trösten, im Reden und Schweigen, im Essen und Feiern, im Erzählen und Zuhören. Also überall, wo wir in Beziehung miteinander leben, entwickelt sich das Kind weiter, reift es heran, „bildet" sich seine eigene Persönlichkeit und kann es eine positive Beziehung zu sich selbst und zu anderen aufnehmen.

Familienkatechese geht davon aus, dass der Mensch in folgenden Beziehungsnetzen lebt:

* **Beziehung zu sich selbst:** Die grundlegendste und ureigenste Beziehung des Menschen ist die zu seiner eigenen Person, zu sich selbst. Sie kreist um die Fragen: Wer bin ich? Wie sehe ich mich selbst (Selbst-Bild, Selbst-Verständnis)? Was kann ich? Wer und was ist mir wichtig? Wo sind meine Stärken, wo meine Schwächen? Was tut mir gut? Was macht mich traurig, unglücklich, was verletzt mich? Was macht mich stark?
Jeder Mensch muss im Laufe seiner Entwicklung (und das gilt lebenslang!) eine Beziehung zu sich selbst herausbilden und immer wieder neu suchen. Gelingt es ihm, einen positiven Selbstbezug zu finden, wird dies sein Selbstvertrauen und seine Selbstsicherheit stärken. Das heißt unter anderem auch, einen Bezug zu seinem Körper entwickeln, den „Körper bewohnen lernen", wie es der Entwicklungspsychologe Helmut Fend ausdrückt. Mag ich mich, so wie ich aussehe? Was mag ich nicht an mir? Mache ich Sport, um meinen Körper zu trainieren? Pflege ich ihn? Bin ich gut zu mir und tue ich mir Gutes? Neben den körperlichen Aspekten sind es vor allem die Gefühle und Gedanken, die Interessen und Hobbys, die mein Ich ausmachen. Sich diese bewusst zu machen, sie anzunehmen, zu pflegen und zu fördern, ist Aufgabe einer gesunden Beziehung zu sich selbst. Dazu gehört Selbstwahrnehmung und Selbstbeobachtung.
Familienkatechese will die Selbstbeziehung der Kinder stärken und sie damit stark für das Leben machen: Wenn das Kind erlebt, dass es von anderen angenommen wird, dass es auch ganz und gar von Gott geliebt ist, kann es eine positive Beziehung zu sich selbst weiter ausbauen. Denn Gott will, dass wir uns selbst akzeptieren, dass wir unsere Stärken und unentdeckten Möglichkeiten erkennen, dass wir über uns selbst nachdenken (Selbstreflexion, z.B. in der Versöhnungsfeier) und dass wir das Geschenk unseres Lebens in positiver Weise annehmen. „Liebe deinen Nächsten wie dich selbst" (Levitikus 19,18; Matthäus 19,19), heißt zunächst, dass wir uns selbst lieben lernen sollen, weil Gott uns schon liebt und akzeptiert, bevor wir uns darüber bewusst werden.

* **Beziehung zu anderen:** Die Beziehung zu sich selbst kann nicht losgelöst von der Beziehung zu anderen Menschen betrachtet werden – und umgekehrt. Beide hängen eng miteinander zusammen, denn so wie mich die anderen annehmen, so kann auch ich mich annehmen. Das Zusammensein mit den Menschen, die um mich und mit mir leben, ist entscheidend für die soziale Identität, die ich ausbilde. Meine Eltern, Geschwister, Großeltern, Nachbarn, Freunde, Schulkameraden – sie alle werden zu einem Teil des Beziehungsnetzes, das unser Leben trägt.
Wie gestalte ich die Beziehung zu anderen? Welche schönen Momente im Zusammenleben sind mir wichtig? Welche Konflikte gibt es? Wie gehen wir mit den Konflikten um? Konflikte gehören zum Zusammenleben, in der Familie und mit an-

deren, dazu. Entscheidend ist, wie wir versuchen, mit diesen Konflikten umzugehen und sie, wenn möglich, zu lösen. Das Beziehungsmodell ist kein Harmoniemodell! Wenn Kinder lernen, dass man einen Konflikt produktiv bearbeiten kann, dass die Welt nicht zusammenbricht, wenn man verschiedener Meinung ist, dass man den richtigen Weg miteinander aushandeln muss und kann, dass man sich nach einem Streit wieder versöhnen kann, dann haben sie ein wesentliches Element der Beziehungskompetenz erlernt.

Auch im religiösen Bereich gibt es Konflikte. Jesu Leben, das die Kinder auf ihrem Kommunionweg immer besser kennenlernen, war ein Weg der Auseinandersetzungen und Konflikte. Gerade hier wird deutlich, was zum Zusammenleben notwendig ist: den anderen in seinem Anderssein zu akzeptieren, sich um andere zu kümmern, wenn sie in Not sind, gegenüber dem Schicksal des anderen nicht gleichgültig sein. Der Glaubensweg wird zu einer Schule für den Lebensweg. Neuere Forschungen unterstreichen, dass die Kommunionkatechese eminenten Einfluss auf die Wertebildung der Kinder hat[8], denn der Glaubensweg ist immer ein Weg der Beziehungen.

* **Beziehung zur Welt, in der wir leben:** Ein Gedankenexperiment: Was wäre, wenn ich in einer anderen Kultur, in einem anderen Land aufgewachsen wäre und leben würde? Z.B. irgendwo in Lateinamerika, in Afrika oder in Indien? Klar ist, dass wir „ein anderer" oder „eine andere" wären, da der Kontext, der Lebensstil, die sozialen, wirtschaftlichen und politischen Verhältnisse starke Auswirkungen auf unsere Beziehung zu uns selbst und zu anderen Menschen haben. Die Welt, in der wir leben, wirkt auf uns und wir wirken auf sie.

Wir leben also auch in Beziehung mit der uns umgebenden Welt. Das ist zum einen die menschengemachte Welt, die Wohnung, das Haus, die Nachbarschaft, der Stadtteil, die Schule und die Arbeitsstätte. Zu all diesen Institutionen haben wir eine bestimmte Beziehung, ob wir wollen oder nicht. Die Heranwachsenden müssen lernen, mit ihnen umzugehen und sich in gewisser Weise zu ihnen zu verhalten. Das geht so weit, dass Kinder und Jugendliche mit dem Land, in dem sie leben, und möglicherweise auch mit dem Land, aus dem sie stammen, mit dessen Kultur und Geschichte in Beziehung treten, insbesondere, wenn sie oder ihre Vorfahren umgezogen bzw. zugezogen sind. Auch hier ist „Beziehungsgestaltung" nötig: Was übernehme ich von außen, was lehne ich ab? Wie kann ich mich aktiv in das Geschehen einbringen? Zum anderen lebe ich in einer Beziehung mit der natürlichen Umwelt, der Schöpfung. Wir erfreuen uns an einem schönen Sonnenuntergang, an frischen Blüten im Frühling, am Rauschen der Bäume und Zwitschern der Vögel. Die Beziehung zur Natur kann unserer Seele Erholung und Ruhe bieten. Dazu ist es nötig, die Dinge um uns herum, ob natürlich oder künstlich geschaffen, bewusst wahrzunehmen.

Auch diese Beziehung „zur Welt" ist wichtig, wenn Menschen ihren eigenen Glaubensweg gehen lernen. Glauben heißt, die Welt und Wirklichkeit mit „neuen Augen" sehen zu lernen, sodass wir auch am Ende „Gott mit neuen Augen sehen" können. Der Kommunionweg will dazu ermutigen.

* **Beziehung zur Zeit:** Wir alle leben zeitlich gesehen in einem engen Gefüge und haben den Eindruck, es wird immer enger: „Zeitdruck" ist ein Wort, das wir oft aussprechen. Der Alltag ist zeitlich durchstrukturiert und oft genug eng getaktet, ob in Schule, Arbeit oder Freizeit. Die Uhr, der Terminkalender regieren über unsere Zeitressourcen, die nicht nur gefühlt, sondern auch real immer knapper werden. Die Zeit wird zum kostbarsten Gut in der „flüchtigen Moderne", wie der Soziologe Zygmunt Bauman unsere Zeit bezeichnet.

Nicht nur der Alltag ist „flüchtig", die Tage und Wochen, die manchmal wie im Flug vergehen, sondern auch die Lebenszeit insgesamt. Wir alle wissen, dass die Lebenszeit befristet ist. Entwicklungspsychologisch entwickelt sich das Bewusstsein, dass der Tod etwas Endgültiges ist und dass es kein Zurück geben kann, im Alter von acht bis neun Jahren, also etwa im Alter der Kommunionkinder. Zur begrenzten Lebenszeit, zum eigenen Tod müssen wir lernen, uns zu „verhalten", müssen wir in eine „Beziehung" treten.

Die Beziehung zur Zeit wird in unserem Beziehungsgefüge meist unterschätzt oder gar vernachlässigt. Sie durchzieht oder „durchkreuzt" unser gesamtes Beziehungsgeflecht (siehe Schema unten). Es gilt, genauso wie bei den anderen Beziehungen, die Zeitbeziehung zu „pflegen", also die Zeit, die uns zur Verfügung steht (im Alltag und lebensgeschichtlich), bewusst zu gestalten. „Beziehungszeit" ist das Gegenteil von leerer, flüchtiger oder sinnloser Zeit. Die Zeit, die wir bewusst mit uns selbst verbringen (bei einem Spaziergang in der Natur, einer sportlichen Aktivität, einer „Auszeit" mit Musik, die ich mag, einer Zeit der Entspannung und Ruhe), und die Zeit, die wir bewusst mit anderen Menschen erleben (man nimmt sich Zeit füreinander, man verbringt unverplante Zeit miteinander), diese Zeit ist erfüllte Zeit, die unser Leben sinnvoll und reich macht.

Auch hier will Familienkatechese ermutigen, die eigene und die gemeinsame Zeit bewusst zu gestalten: in der Gruppe, Familie, Gemeinschaft und Gemeinde. Religion und Glauben insgesamt können als „im Glauben gestaltete Zeit" verstanden werden: Gebetszeiten und Sonntage als „Auszeit für Gott", Zeiten der Stille und Besinnung, Feier- und Festzeiten im Jahreskreis, Lebenszeit, die an den wichtigen Wendepunkten durch den Glauben geprägt wird. Familien werden ermuntert, ihre Zeitrhythmen in den Horizont der Gottesbeziehung zu stellen, z.B. beim Essen durch Tischgebete, beim Schlafengehen durch Abendrituale, im Alltag durch Momente der Besinnung.

* **Beziehung zu Gott:** Die Gottesbeziehung kommt nicht additiv zu den Beziehungen des Lebens hinzu, sondern steht hinter und unter und in all den erwähnten Beziehungsdimensionen. Sie „wirkt" sozusagen durch alle menschlichen Beziehungen hindurch, sie gibt den Beziehungen unseres Lebens eine besondere Qualität. Im „Licht des Glaubens" erscheinen die eigenen Beziehungen in einem „neuen Licht". Die Beziehung zu uns selbst, zu anderen Menschen, zur Welt, in der wir leben, und zur Zeit werden von der Gottesbeziehung geprägt und neu gestaltet. Dies ist mit dem biblischen Ruf zur „Umkehr" (z.B. Markus 1,15) gemeint: Die Menschen sollen umkehren von schlechten und unnützen Wegen, sie sollen ihre Beziehungen im Licht des Evangeliums erneuern.

Doch wie die menschlichen Beziehungen ist auch die Gottesbeziehung nicht einfach eine „heile Welt", wie am Zeugnis der Bibel deutlich wird. Die biblischen Gestalten, Propheten oder Beter hatten nicht nur „glatte", harmonische, sondern durchaus konflikthafte und wechselvolle Gottesbeziehungen. Sie haben mit Gott gehadert und gegen Gott geklagt (in den Klagepsalmen oder im Buch Ijob). Die Gottesbeziehung ist nicht einfach da, sondern will in jedem Lebensabschnitt und in jeder Lebenslage neu gefunden werden. Dabei können wir darauf vertrauen, dass uns Gott auch in der Suche und im Zweifel nicht im Stich lässt: „Denn du, Gott, verlässt keinen, der dich sucht" (Psalm 9,11).

Der familienkatechetische Kommunionweg will zu dieser Gottessuche ermutigen und für die vielfältigen Beziehungen der Kinder und Eltern bzw. Erziehungspersonen sensibilisieren. Gemeinsam sollen über alle Beziehungsdimensionen nachgedacht, gesprochen und sich ausgetauscht werden. Es geht nicht darum, „ideale", „perfekte" oder harmonische Beziehungen zu beschwören, sondern darum, die eigenen Beziehungen (zu denen auch die konfliktreichen und gebrochenen Beziehungen gehören) vor dem Hintergrund der Gottesbeziehung zu deuten. Familien werden angestiftet, dies gemeinsam zu tun, die Kinder auf ihrem Weg nicht alleinzulassen. Dies ist der tiefere Sinn des Satzes „Nicht das Kind geht zur Erstkommunion, sondern die Familie".

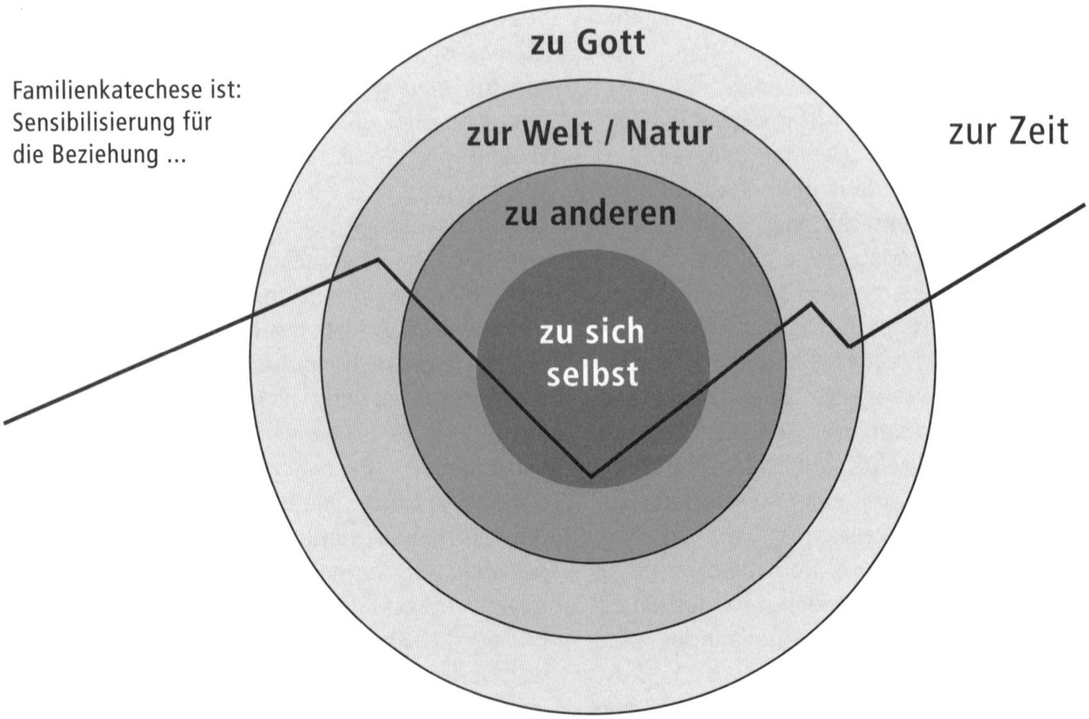

1.2 Eucharistie – *Communio* als Schlüsselbegriff

Eucharistie feiern

Der Begriff der *Erstkommunion* ist in den Gemeinden fest eingebürgert, er verweist auf ein erstmaliges Geschehen. Am Tag der *Erstkommunion* empfangen die *Erstkommunikanten* zum ersten Mal den *Leib des Herrn*, die *Kommunion*. In den Bänden *Gott mit neuen Augen sehen* findet sich der Begriff *Erstkommunion* eher selten. Dies ist nicht willkürlich so, sondern bewusst gewählt: Der Schwerpunkt des Geschehens liegt auf dem zweiten Teil des Wortes, auf der *Kommunion*. Die *Kommunion* soll weitergehen, nicht nur eine Woche, einen Monat oder ein Jahr, sondern ein Leben lang. Die Rede von *Kommunion* statt von *Erstkommunion* will die Blickverengung auf die damit – für manche – anscheinend nahegelegte Einmaligkeit des Empfangs der eucharistischen Gaben aufsprengen.

Taufe, Eucharistie und Firmung sind die sogenannten Initiationssakramente: Durch ihren Empfang werden die Empfänger *Christen*, sie werden eingegliedert und aufgenommen in die Gemeinschaft mit Christus und in die Gemeinschaft der Gläubigen.

Der Begriff *Kommunion* kommt vom lateinischen Wort *Communio* und heißt übersetzt *Gemeinschaft*. Theologisch verstanden ist *Communio* zunächst eine Wesensbezeichnung für Gott selbst:[9] Gott ist ein kommunikatives Wesen, ein Beziehungswesen, d.h. er ist aus sich heraus, in seinem innersten Sein, kommunikativ, was in der christlichen Tradition durch den Gedanken der Dreieinigkeit ausgedrückt wird. Gott ist Kommunikation und Beziehung zwischen Vater, Sohn und Heiligem Geist. Darin ist Gott nach dem Zeugnis der Bibel auch in *Communio* mit seiner Schöpfung, mit der Welt und mit den Menschen. Die tiefste Form dieser *Communio* ist in dem Glauben an die Menschwerdung Gottes in Jesus Christus enthalten. Gott wird Mensch – dies feiern wir Christen an Weihnachten. Gott ist nicht weit weg, geht nicht auf Distanz, schwebt nicht „über den Wolken", sondern ist durch Jesus Christus ganz und gar in *Communio* und Beziehung mit uns Menschen.

Communio ist auch eine Wesensbezeichnung für die Kirche.[10] Seit dem Zweiten Vatikanischen Konzil (1962–1965) hat sich *Communio* als Leitidee für die Kirche durchgesetzt: Kirche ist Gemeinschaft der Menschen in der Gemeinschaft mit Gott und Jesus Christus. Und schließlich ist *Communio* ein zentraler theologischer Gedanke der Eucharistie-Feier. Die *Communio* drückt sich zunächst einmal in der Versammlung der Gläubigen zum Gottesdienst aus und wird darin erfahrbar. Gemeinschaft wird dort Wirklichkeit, wo Menschen sich versammeln, sich zu einer Gemeinschaft zusammenschließen und sich Begegnung ereignet. Die Versammlung der christlichen Gemeinde zum Gottesdienst ist allerdings nicht irgendeine Zusammenkunft, sondern Versammlung zum Gedächtnishandeln in der Feier der Eucharistie. Für eine christliche Gemeinschaft ist ein Satz aus dem Evangelium grundlegend: „Denn wo zwei oder drei in meinem Namen versammelt sind, da bin ich mitten unter ihnen" (Matthäus 18,20).

Eucharistie feiern: Dank sagen

* Wir danken Gott für unser Leben – es ist ein Geschenk aus Gottes Hand.
* Wir danken Gott für die Menschen, mit denen wir zusammenleben und verbunden sind, denn in der Gemeinschaft mit den anderen findet unser Leben Sinn und Erfüllung. Mehr noch: Ohne Gemeinschaft, Liebe und Zuwendung ist menschliches Leben nicht möglich. Als Geschöpfe Gottes verdanken wir uns alle demselben Gott. ER ruft uns als Volk von Brüdern und Schwestern in seinem Namen zusammen, damit wir die Erde als Raum zum Leben für alle gestalten.
* Wir danken Gott für sein Wort, das uns verkündigt wird und das uns hilft, unser Leben als Einzelne und als Gemeinschaft auf Sinn, Zukunft und auf ein „Leben in Fülle" für alle auszurichten (vgl. Johannes 10,10).
* Wir danken Gott für seinen Sohn Jesus Christus, dessen Leben, Botschaft, Tod und Auferweckung uns in einzigartiger Weise der Nähe und Liebe Gottes öffnet.

Eucharistie feiern: Mahl halten

Die grundlegende Gestalt der Eucharistie-Feier ist das gemeinsame Mahl. Das gemeinsame Mahl spielte im Leben Jesu und in seiner *Frohen Botschaft* eine zentrale Rolle.[11] Dabei ist nicht nur an die jüdischen Wurzeln (Sedermahl, Pessachfest) und das letzte Mahl Jesu mit seinen Jüngern zu denken. Die Mahlgemeinschaften Jesu weit vor seinem Tod dürfen in ihrer Bedeutung für die Entstehung und das Verständnis der Eucharistie nicht unberücksichtigt bleiben. Auch die Berichte von den nachösterlichen Mahlgemeinschaften, wie die Emmaus-Erzählung (Lukas 24,13-35), die Erzählung von der Erscheinung des Auferstandenen am See (Johannes 21,1-14)[12], und die christliche Eucharistie-Feier, das „Mahl des Herrn" (1. Korintherbrief 10,16; 11,20), gründen in diesen Wurzeln.

Jesus hat mit den Menschen, denen er begegnet ist und denen er das Wort Gottes verkündigte, immer wieder Mahl gehalten. Das war eines seiner Zeichen für das Reich Gottes.

Mit seinen Mahlgemeinschaften hat sich Jesus über die sozialen und religiösen Schranken seiner Zeit hinweggesetzt: Vor Gott sind alle Menschen gleich! Jeder Mensch ist zu dieser Gemeinschaft mit Gott geladen (vgl. Markus 2,13-17; Matthäus 9,9-13; Lukas 5,27-32). Die Mahlgemeinschaften Jesu mit den Ausgestoßenen der damaligen Gesellschaft sind Wurzeln der Eucharistie-Feier. Auch die Eucharistie-Feier ist ein „Mahl der Sünder", ein Mahl für sterbliche und begrenzte Menschen, die oft hinter ihren von Gott gegebenen Lebensmöglichkeiten zurückbleiben. Sie ist kein Mahl nur für „fehlerlose" und vorbildliche Menschen. Jesus ruft besonders die in seine Nähe, die am Rand stehen, die unter den menschlichen Unzulänglichkeiten leiden – unter ihren eigenen und denen der anderen. Die Eucharistie-Feier kennt deshalb schon immer die Dimension der Sündenvergebung und Buße. Es bedarf daher nicht erst der Erfüllung irgendwelcher religiöser oder kirchlicher Pflichten, um daran teilnehmen zu können. Sie ist keine Belohnung für ein besonders ordentliches, gesellschaftlich oder kirchlich wohlgefälliges Leben, sondern vielmehr Ort der Christusbegegnung und der Gottesberührung im Empfang des gebrochenen Brotes – für alle, die Jesu Botschaft Glauben schenken und seine heilende Nähe suchen. Bedauerlicherweise – und für viele Menschen kaum nachvollziehbar – stößt die Einladung zur Mahlgemeinschaft für alle Christgläubigen immer noch auf kirchenamtliche Grenzen, an deren Bewahrung und Überschreitung es mitunter zu schmerzlichen Erfahrungen der Ausgrenzung kommen kann. Dies mündet seitens der beteiligten Kommunionfamilien (z.B. bei konfessionsverbindenden Eltern, bei Wiederverheirateten, Geschiedenen etc.) nicht selten in Resignation und Abkehr von der kirchlichen Gemeinschaftserfahrung. Hier liegt es nicht zuletzt in den Händen einer einfühlsamen Pastoral der kirchlichen Glaubensgemeinschaft vor Ort und ihrer haupt- und ehrenamtlichen Entscheidungsträger, um geeignete Wege der Teilhabe an der Eucharistie-Feier zu kommunizieren und zu verantworten.[13]

Die Eucharistie-Feier stellt symbolisch dar, dass sich in der Begegnung und in der Gemeinschaft unter Menschen die Zuwendung Gottes ereignet, insofern ist sie ein Bild für den inneren Kern des christlichen Glaubens. Das Mahl ist Zeichen des Bundes Gottes mit den Menschen. Der Bund Gottes mit den Menschen wird aber Wirklichkeit in der Ver-Bündung und Ver-Bindung von Menschen, die ihre größte Nähe in der Mahlgemeinschaft findet. So geschieht im gemeinsamen Essen und Trinken die Feier des Bundes, die ein erfülltes Leben aus dem Glauben ermöglicht.[14]

Eucharistie feiern: Gottes Verheißungen trauen

Jesus vergleicht das Reich Gottes oft mit einem Fest- oder einem Hochzeitsmahl (Lukas 14,15-24; Matthäus 22,1-10). Mit diesem Bild drückt er die vollkommene Gemeinschaft zwischen Gott und den Menschen wie auch der Menschen untereinander aus. In dieser Perspektive ist jede Eucharistie-Feier ein Unterpfand und ein Zeichen für diese endgültige Gemeinschaft mit Gott. Deshalb ist die Eucharistie auch eine Feier, ein Freudenmahl, das von der Zusage dieser noch ausstehenden Gemeinschaft Gottes mit den Menschen lebt und daraus seine Freude und Hoffnung schöpft.

Eucharistie feiern: IHN beim Brotbrechen erkennen

In der Eucharistie erinnern wir uns ausdrücklich an Jesus Christus, der am Vorabend seines Todes mit seinen Jüngern Mahl gehalten und bei diesem Mahl Brot und Wein als die Zeichen seiner Liebe und Hingabe eingesetzt hat (Lukas 22,14-20; Matthäus 26,20-29; Markus 14,17-25; 1. Korintherbrief 11,23-25). Wenn Christen sich zur Eucharistie versammeln, dann teilen sie Brot und Wein miteinander und erinnern sich an die Person und Botschaft Jesu Christi. In diesem Tun erfüllen sie das Vermächtnis Jesu, sich immer wieder zum Mahl der Liebe, der Versöhnung und der Hingabe zu versammeln (Lukas 22,19). Im gemeinsamen Teilen, im Essen und Trinken von Brot und Wein wird die Kommunikation mit Jesus Christus gegenwärtig und ER selbst wird gegenwärtig: REAL-PRÄSENZ.

Brot und Wein werden zu Realsymbolen seiner Gegenwart und Hingabe. In ihnen empfangen die Feiernden Jesus Christus selbst. Damit ist nicht gemeint, dass sie seinen materiellen Körper, seine Muskeln, seine Nase oder seinen Bart empfangen, sondern IHN als den Sohn Gottes, seinen Leib. Damit ist gemeint: Sie empfangen seine ganze Existenz. So können sie kommunikativ bei der Eucharistie die gleiche Erfahrung machen wie die zwei Emmaus-Jünger, die Jesus beim Brotbrechen erkannten (Lukas 24,13-35).

Die christlichen Gemeinden haben sich von Anfang an zur Feier der Eucharistie, zur gemeinsamen Mahlfeier, versammelt. Dies ist begründet im biblischen Wiederholungs- und Erinnerungsauftrag „Tut dies zu meinem Gedächtnis!", der uns im Zusammenhang mit den Abendmahlsüberlieferungen begegnet (vgl. Lukas 22,19; 1. Korintherbrief 11,24f.). Durch diesen Auftrag sind die christlichen Gemeinden angestiftet, die gesamte Abendmahlshandlung zur Erinnerung an Jesus zu *tun*. Es geht nicht um ein bloßes *Sich-Erinnern,* sondern in einem aktiven Sinn um einen handelnden Vollzug. Der Inhalt des Gedächtnisses ist die Person und die Botschaft Jesu, die Form des Gedächtnisses aber ist ein zeichenhaftes Mahl.[15]

Eucharistie feiern: Unser Leben wandeln und verwandeln lassen

Bei der *Wandlung* in der Eucharistie-Feier geht es dabei nicht um eine magisch geartete *Verwandlung* von Brot und Wein, es ist kein Zaubertrick. Vielmehr wandeln sich für uns deren Wesen und Bedeutung. Brot und Wein werden ganz und gar zu Leib und Blut Christi, so wie es Jesus seinen Jüngern beim letzten Abendmahl sagte: „Dies *ist* mein Leib ... dies *ist* mein Blut." Es geht also nicht um eine symbolische Handlung, als wären Brot und Wein nur Symbole für Jesus Christus. Die Lehre von der Verwandlung besagt etwas Tiefes und Wunderbares: Wenn wir uns um den Altar versammeln – also auch, wenn die Erstkommunionkinder zum ersten Mal an den Altar treten – und an Jesus erinnern, d.h. wenn wir ihn uns „vergegenwärtigen", dann kommt er selbst in unsere Gegenwart – ganz und gar! Dies ist das Geheimnis der Eucharistie: Jesus Christus, Gott selbst, ist da in unserer Mitte, er tritt ganz in Gemeinschaft, in Beziehung, in *Communio* mit uns Menschen. Brot und Wein sind durch die Erinnerung an das Abschiedsmahl Jesu mit seinen Jüngern und durch den tätigen Vollzug der Gesten und Worte Jesu bei diesem Mahl Jesus Christus selbst. Durch den Empfang von „Leib und Blut Christi", d.h. durch diese intensive Gemeinschaft mit ihm, bahnt sich auch in und an uns eine Wandlung und Verwandlung unseres Lebens an: Vom Ich-verhafteten, ego-zentrischen Menschen zum Du-orientierten, auf gelingende Gemeinschaft mit Gott und den Mitmenschen hin gerichteten Menschen; vom Menschen, der nur sich und seinen Vorteil sieht, zum Menschen, der den Nächsten sieht und sich in der Hingabe an andere selbst findet und realisiert; von der Gemeinschaft, die sich abschottet und andere ausgrenzt, zur Gemeinschaft, die offen ist für alle und die anderen an- und aufnimmt.

So wandelt sich die Gemeinschaft der Feiernden durch den Empfang des „Leibes Christi" selbst zum „Leib Christi" (vgl. 1. Korintherbrief 10,16f.), der aus Menschen besteht, die im Geiste Jesu Christi leben. Deswegen ist die Eucharistie-Feier Quelle und Höhepunkt kirchlichen Handelns. Die christliche Gemeinschaft lebt und wächst aus der Eucharistie heraus.[16]

Eucharistie feiern: Gemeinschaft erfahren

Innerster Kern der Eucharistie-Feier ist *Communio*, Gemeinschaft. Eucharistie kann man nur in Ausnahmesituationen als Einzelperson feiern. Eucharistie ist eine Feier, die manchmal sehr verschiedene Menschen zu einer Gemeinschaft verbindet. Diese drückt sich im gemeinsamen Hören auf das verkündigte Wort Gottes und im Empfangen von Brot und Wein aus. Die Gemeinschaft der Christen hat ihre geschichtlichen Wurzeln im Geheimnis des Lebens, des Sterbens und der Auferweckung Christi. Das gemeinschaftliche Gedächtnismahl Jesu Christi steht für die Gemeinschaft Gottes mit seinem Volk. Sie realisiert sich auch in der Gemeinschaft der Menschen untereinander. So hat diese Gemeinschaft eine horizontale und vertikale Dimension, die untrennbar miteinander verbunden sind.

Ziel und Höhepunkt der eucharistischen Feier ist der Empfang des Leibes und des Blutes Jesu Christi. Der Kommunionempfang will *Communio*, Gemeinschaft, sowohl zwischen den einzelnen Gläubigen als auch zwischen Jesus Christus und den Gläubigen eröffnen.[17] Die Symbolhandlungen Jesu beim letzten Abendmahl – das Brechen des

Brotes und das Darreichen des Kelches – erschließen uns den Kern des eucharistischen Geschehens: Jesus sammelt durch diese Symbolhandlungen seine Jünger in ein gemeinsames Schicksal. Die Gemeinschaftsbildung zwischen Christus und den Seinen ist Grundriss der Eucharistie.[18]

Die biblische Rede vom „Leib Christi" spielt hier eine wichtige Rolle. Dieser Begriff bezeichnet nicht nur das eucharistische Brot, sondern ebenso die versammelte Gemeinde (vgl. 1. Korintherbrief 10,16f. und 12,27). Den Leib Christi kann der Einzelne nur innerhalb der Gemeinschaft empfangen, und auch diese selbst heißt und ist „Leib Christi". Eucharistischer Leib Christi und kirchlicher Leib Christi bedingen sich gegenseitig, denn „aus zusammengelaufenen Menschen wird eine Jüngergemeinschaft, das Brot wird uns zum Leib Christi und eint uns so, dass wir selbst Christi Leib werden[19]". Die zur Eucharistie-Feier versammelte Gemeinde wird also zum „Leib Christi" durch den Empfang des „Leibes Christi". Mit anderen Worten: Durch den Empfang der *Kommunion*, verstanden als Leib und Blut Christi, entsteht die *Communio* der Gläubigen.[20]

Communio – Ein Wort hat Folgen

Die Überlegungen zur Eucharistie zeigen, dass der Gedanke der *Communio* in dieser Feier zentral ist. Für den Entwurf und die Durchführung eines Kommunionweges für Kinder und Eltern hat dies Konsequenzen. Da die Eucharistie-Feier Gemeinschaft in verschiedenen Dimensionen stiftet und gleichzeitig voraussetzt, spielt der Aspekt der Gemeinschaftsbildung auch bei der Hinführung zu dieser Feier eine zentrale Rolle. Gemeinschaft ist aber kein Lerninhalt, der als *Stoff* in Form von Wissen vermittelt werden kann. Gemeinschaft ist Lebensvollzug. Gemeinschaft wird weniger gelernt als vielmehr gelebt und im konkreten Leben erfahren. Ausgangspunkt hierfür ist die Gemeinschaftsfähigkeit, die entwickelt und gefördert werden kann. Gemeinschaft als ein Geflecht von Beziehungen muss einen Erfahrungsort, einen Sitz im Leben haben, um als lebensförderliche Wirklichkeit von Einzelnen erfahren zu werden.

Die kleinste und grundlegendste Gemeinschaft, die ein Mensch in seinem Leben zunächst erfährt, ist die Gemeinschaft mit seinen Eltern, mit seiner Familie, in die er hineingeboren wurde. Das gilt unabhängig von der konkreten – möglicherweise brüchigen – Gestalt dieser Familie.

Was Gemeinschaft ist und sein kann, erfährt das Kind also nicht durch Belehrung, sondern durch das Miterleben. Es kommt somit darauf an, von welcher Qualität die Gemeinschaft ist, die in den jeweiligen Familien(formen) gelebt und erfahren wird. Ist sie eine eher lebensförderliche Gemeinschaft, die Nähe, Wärme, Geborgenheit und Liebe schenkt, oder eine eher lebenshinderliche Form, in der Unterdrückung, Ausbeutung, Angst und Druck erzeugt und erfahren werden? Ist sie eine Gemeinschaft, in der das Kind etwas von Gott, seinem Schöpfer erfährt, oder wird diese Dimension verschwiegen oder sogar abgelehnt?

Wenn Eucharistiekatechese zum Vollzug und zur Feier der Kommunion, zur Gemeinschaft mit Jesus Christus und mit den Gläubigen führen will, muss sie gemeinschaftsstiftende Katechese sein. Eine solche Katechese ist primär eine Katechese in der Familie und durch die Familie (im Sinne von engsten Bezugspersonen), weil sie zunächst die Grundform menschlicher Gemeinschaft ist, an der das Kind Gemeinschaft und Glauben erfährt/erfahren kann. Schließlich geht es um eine Katechese der kleinen Gemeinschaften innerhalb der größeren Glaubensgemeinschaft der Kirche. Gemeint ist eine Katechese, die kleine Gemeinschaften in den verschiedenen Familien zusammenführt und sie mit der Gemeinschaft der Gemeinde und der Gesamtkirche vernetzt. In einer christlichen Gemeinde sollen die verschiedenen Gemeinschaften und Gruppen nicht beziehungslos nebeneinanderstehen; Menschen sollen im Miteinander, im gemeinsamen Leben, Handeln und Reden erfahren können: „Wir sind eine Gemeinschaft im Geiste Jesu Christi. Er ist die Mitte unserer Gemeinschaft."

INKONSEQUENT

Frag hundert Katholiken, was das Wichtigste ist in der Kirche.
Sie werden antworten: Die Messe.
Frag hundert Katholiken, was das Wichtigste ist in der Messe.
Sie werden antworten: Die Wandlung.
Sag hundert Katholiken, dass das Wichtigste in der Kirche die Wandlung ist.
Sie werden empört sein: Nein, alles soll bleiben, wie es ist.

Lothar Zenetti

1.3 Kommunionweg als Familienkatechese

Ein Netz an Kommunikation, ein Beziehungsnetz

Die Intensivierung der Gemeinschaft und der Glaubenskommunikation in den Familien und in den verschiedensten kirchlichen Gemeinschaftsformen durch den *Kommunionweg als Familienkatechese* betrifft nichts Zweitrangiges oder Beliebiges, sondern trifft ins Zentrum christlichen Lebens. Denn Kommunionkatechese will Eltern und Kindern einen Zugang zur Kommunion eröffnen, dabei meint Kommunion sowohl die Gemeinschaft mit Jesus Christus im Mahl der Eucharistie-Feier als auch die Gemeinschaft miteinander und mit den anderen Gläubigen. Die zwischenmenschliche Erfahrung von *Communio* ist wichtige Voraussetzung dafür, Jesus und seine Botschaft vom Reich Gottes aufnehmen und verstehen zu können.

Der Gedanke *Kommunion als Glaubenskommunikation* ist grundlegend für alle Gruppen beim *Kommunionweg als Familienkatechese*. Es geht um die Erfahrung: „Kirchliche Gemeinschaft in Gemeinde, Pfarrverband und Seelsorgeeinheit lebt auch von mir." Wenn Eltern und Kinder sich in den Gruppen treffen, können neue Begegnungsräume mit Gott und den Menschen entstehen. Familien öffnen sich füreinander und werden zum eigenständigen Ort christlichen Lebens, vernetzt mit der Ortsgemeinde und der Gemeinschaft aller Glaubenden. Deshalb ist es auch sinnvoll und wünschenswert, wenn Gruppen des Kommunionweges über die Feier des Kommuniontages hinaus weiterbestehen als Wurzelwerk und Bestandteil des vernetzten lebendigen Lebens in christlicher Gemeinschaft, als erlebbare Zeichen für Kommunion.

Familienkatechese trifft eine klare Option: Das Kommunionkind geht nicht alleine zur Kommunion, sondern die Familie geht mit ihrem Kind zur Kommunion. Das Entscheidende an diesem Kommunionweg ist, dass sich die verantwortlichen Bezugspersonen bei der Vorbereitung ihres Kindes ihrer eigenen zentralen spirituellen Bedeutung bewusst werden und in der Begleitung ihres Kindes ermutigt und unterstützt werden. Was familiäre Bezugspersonen ihrem Kind an *Glaubenskommunikation* erschließen oder nicht, kann niemand ersetzen.

Im Folgenden wollen wir Ihnen den Aufbau und die Anliegen der Familienkatechese darstellen. Denn beim Kommunionweg als Familienkatechese treffen sich Menschen in verschiedenen Gemeinschaften bzw. Gruppen:

1. Die Gemeinschaft der Familie: die Eltern und das Kommunionkind im Familiengespräch.
2. Die Gemeinschaft der Eltern in der Elterngruppe.
3. Die Gemeinschaft der Kinder in der Kindergruppe.
4. Die Gemeinschaft der (möglicherweise jugendlichen) Begleiterinnen und Begleiter der Kindergruppen.
5. Die Gemeinschaft der Begleiterinnen und Begleiter der Elterngruppen.
6. Die Gemeinschaft des katechetischen Leitungsteams in Ihrer Gemeinde, Ihres Pfarrverbundes, Ihrer Seelsorgeeinheit o.Ä.

Das Modell zeigt im Überblick, welche Gruppen beim Weg der Familienkatechese beteiligt sind und wie sie aufeinander bezogen sind.

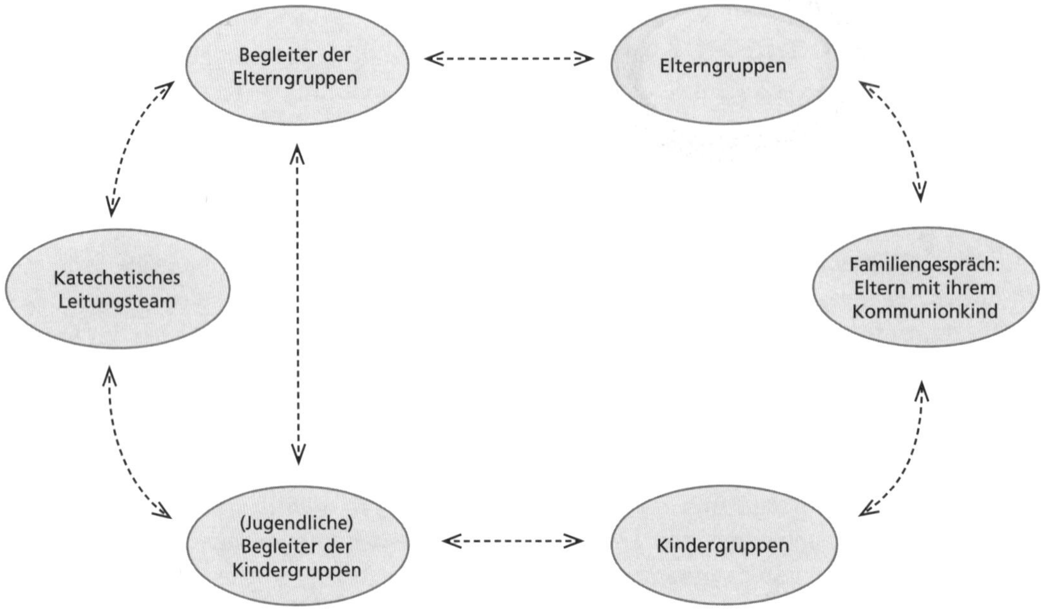

Familienkatechese realisiert sich in einem Netz von Gemeinschaften und Kommunikation. Sowohl die Eltern als auch die Kommunionkinder setzen sich mit ihrem Leben und ihrem Glauben auseinander. Sie, die Eltern und Kinder, die Begleiterinnen und Begleiter, entwickeln sich durch den gemeinsamen Kommunionweg in ihrem christlichen Leben und Glauben weiter und versuchen, das Geheimnis ihres Lebens tiefer zu verstehen.

Die Eltern treffen sich – Elterngruppe

Die Eltern (oder andere nahe Bezugspersonen) der Kommunionkinder werden in Gruppen zu regelmäßig stattfindenden Elterntreffen eingeladen. Die Eltern haben in ihrer Gruppe die Chance, sich untereinander auszutauschen und ihr Leben und ihren eigenen Glauben weiter zu bedenken und zu erfahren. Sie machen sich gemeinsam Gedanken über die Bedeutung, mit Gott in Beziehung zu leben, und überlegen, wie sich das auf ihr eigenes Leben und das Familienleben positiv auswirken kann. Viele kommen in die Gruppe mit eigenen Glaubenszweifeln und in großer kirchlicher Distanz, manche in Wiederannäherung. Alleinerziehenden fällt es aufgrund der Alltagsbewältigung manchmal schwerer teilzunehmen. Elterliche Bezugspersonen, die vordergründig nicht der (kirchlichen) Idealvorstellung einer „katholischen Familie" entsprechen, sind anfangs oft sehr skeptisch, und Familien mit Migrationshintergrund fühlen sich möglicherweise schon aus sprachlichen Gründen unsicher. Unsere Erfahrung zeigt jedoch, dass gerade auch kirchendistanzierte Eltern eine positive Rückmeldung zu den Treffen geben, wenn sie persönlich eingeladen werden und im Verlauf der Treffen erfahren, dass sie unvoreingenommen willkommen sind. Familienkatechese richtet sich auch bewusst an die Männer, die oft – bewusst oder unbewusst – die religiöse Erziehung den Frauen übertragen/überlassen.

Die Elterntreffen sind als ermutigende Einladung für Mütter und Väter zur Weiterentwicklung der eigenen Gottesbeziehung und Lebensgestaltung zu verstehen. Die *Einladung* ist deutlich als Zuspruch „Sie können es" und als Anspruch „Sie werden gebraucht" zu formulieren.

Jedwede Form von Zwang ist religionspädagogisch grundsätzlich abzulehnen.

Auf der weiteren Ebene werden die Eltern für die Glaubenskommunikation mit dem eigenen Kind unterstützt und gefördert. Zunächst bereiten sich die Eltern auf die Kommunion ihres Kindes vor, indem sie in dieser biografischen Situation – mein Kind geht zur Erstkommunion – für sich persönlich den Glauben neu *buchstabieren* und sich die Bedeutung von *Communio* gegenseitig erschließen. Diese Treffen sind nicht als Katechismusunterricht zu verstehen, sondern vielmehr als realistischer Austausch über die eigenen Glaubenserfahrungen und -zweifel, über die eigenen Hoffnungen und Bedenken in der Beziehung mit Gott, über Gottesbilder, über Vorstellungen von religiöser Erziehung usw.

Neben der Auseinandersetzung mit dem eigenen Glauben gehört zu den Elterntreffen immer auch die Überlegung, wie zu Hause das Familiengespräch mit dem Kommunionkind gestaltet werden kann. Die nächsten Bausteine des Familienbuches gemäß der örtlichen Planung sollten durchgesprochen werden. Dies stärkt die Motivation und Kompetenz für die häuslichen Familiengespräche. Die Elterntreffen werden von Begleitern geleitet; diese moderieren die Treffen und fördern bei den Eltern die Sensibilität, religiöse Erfahrungen – auch kritisch – wahrzunehmen und auszutauschen (vgl. hierzu auch Kapitel 3 in diesem Buch).

Das Familiengespräch

Kern der Familienkatechese ist die Glaubenskommunikation zu Hause in der Familie. In Familiengesprächen erleben, entwickeln und vertiefen Eltern und Kinder ihre Gemeinschaft untereinander und mit Gott. Durch das Gespräch bereiten die Eltern ihr Kind wesentlich auf den Empfang der Kommunion vor.

Themen, etwa wie die Familie Tag für Tag gut und versöhnt miteinander leben kann, die Einmaligkeit jedes Menschen, Fragen nach dem, was nach dem Tod geschieht, wie wir mit Jesus Christus Gottes Spuren entdecken können oder was Wandlung und Verwandlung in unserem Leben bewirken können, das sollen Kinder in erster Linie in ihrem unmittelbaren Beziehungsumfeld erfahren. Wie sonst wird die Nähe Gottes und seiner Botschaft auch im alltäglichen Familienleben präsent?

Anregungen und Grundlage für das Familiengespräch sind die Bausteine zum Familiengespräch aus *Gott mit neuen Augen sehen – Familienbuch*. Diese Bausteine sind kindgerecht gestaltet, sie dienen als Anregung für das Familiengespräch und unterstützen es. Für die Umsetzung sind in der Regel keine Vorkenntnisse nötig, wohl aber eine Ermutigung und Förderung seitens der Gemeinde durch die Elterntreffen (s.o.).

Die Kinder vertiefen ihre Erfahrungen – Kindergruppe

Die Kommunionkinder treffen sich in der Regel in einer Gruppe, damit sie sich mit Gleichaltrigen auf ihren Verstehensebenen austauschen und gemeinsam religiöse Erfahrungen machen können. Für Kinder öffnet bekanntermaßen auch die Gruppe der Gleichaltrigen wichtige Begegnungs- und Lernerfahrungen. Die Kindergruppentreffen sind geprägt vom Charakter des gemeinsamen Erlebens, des Feierns und des spielerischen Einfindens in die Glaubenskommunikation. Die Gruppe der Kommunionkinder wird von Begleiterinnen und Begleitern geleitet und begleitet. Sehr gute Erfahrungen wurden vielerorts mit jugendlichen Begleiterinnen und Begleitern gemacht, etwa aus dem Bereich der kirchlichen Jugendarbeit, der Firmvorbereitung, der Ministranten etc.

Die Kinder vertiefen in den Treffen dieselben Themen, die zu Hause in den Familiengesprächen zur Sprache kamen. Die Kindertreffen greifen die Themen und Kerninhalte des Familiengesprächs auf, sind aber in ihrem spielerischen Charakter eigenständig angelegt. Ein Kind, bei dem zu Hause kein Familiengespräch stattgefunden hat, kann daher in das Thema eines Treffens hineinkommen, ohne dass es für die anderen Kinder zu einer langweiligen Doppelung kommt. Für die Kinder, bei denen aus irgendwelchen Gründen – beruflich schwierige Situation, familiäre Krisen, Krankheiten, soziale Probleme, bewusstes Desinteresse usw. – eine aktive Begleitung durch die eigene Familie im Sinne des Modells Familienkatechese nicht möglich ist, wird so ebenfalls die Teilnahme am Kommunionweg der Gemeinde möglich. Für jene Kinder ist das Kindertreffen der zentrale Ort der katechetischen Vermittlung und Einübung in die Glaubenskommunikation. Die Einheiten des Buches „Für die Kindertreffen – Leitfaden" sind daraufhin abgestimmt und können entsprechend eingesetzt werden.

„Hilf mir, es selbst zu tun" – Katechetisches Leitungsteam

Selbstverständlich gibt es verschiedene Wege der Kommunionkatechese. Wenn man sich dabei vor allem auf die Katechese mit den Kindern konzentriert, kann man nicht von Familienkatechese sprechen. Es macht immer weniger Sinn, bei einem so wichtigen Lernprozess wie der Eucharistiekatechese nur die Kinder zu begleiten. Kinder leben in Beziehungen, die prägendste Zeit davon in ihren Familien, wie auch immer diese strukturiert sind. Voraussetzung für den *Kommunionweg als Familienkatechese* ist, dass Beziehungen gestiftet und Begegnungsräume in der Gemeinde eröffnet werden. Für das Selbstverständnis von katechetischer Begleitung und Leitung ist es daher wichtig, im Team zu arbeiten und möglichst viele Begegnungsräume zu eröffnen bzw. vorhandene Begegnungsräume auf den unterschiedlichsten pastoralen Ebenen zu vernetzen. Das Prinzip für die einzelnen Gemeinschaften und deren Begleitung lautet: „Anleitung zur Selbstleitung". Damit muss sich ein katechetisches Leitungsteam einerseits zurücknehmen und andererseits wird es in ganz besonderer Weise in seiner Leitungskompetenz gefordert: in der spirituellen Begleitung des gesamten Prozesses, in der religionspädagogischen Befähigung der Begleiter für die Eltern- und Kindergruppen sowie in der organisatorischen Gesamtplanung und Leitung des Kommunionweges als Familienkatechese. Das katechetische Leitungsteam der Gemeinde, eines Pfarrverbandes oder einer Seelsorgeeinheit – das sind Hauptamtliche und/oder befähigte Ehrenamtliche – bleibt in Kontakt mit den einzelnen Gemeinschaften (vgl. hierzu die Differenzierungen in Kapitel 2.1).

Zum einen werden Haupt- und Ehrenamtliche etwas „aus der Hand geben", was ihnen vielleicht lieb geworden ist. Zum anderen entstehen für sie neue Begleitungsaufgaben, die sich in verschiedenen Begegnungsräumen intensiv auswirken. Für

manche Verantwortliche ist vielleicht eine grundlegende Bekehrung nötig, um darauf zu vertrauen, dass in getauften und gefirmten Christinnen und Christen der Heilige Geist anwesend ist und sie bei entsprechender Unterstützung und Begleitung vieles selbst können. Je mehr Gemeindemitglieder (im weitesten Sinn!) auf diesem Weg unterwegs sind, umso mehr kann das katechetische Leitungsteam seine eigentliche Aufgabe der spirituellen und katechetischen Begleitung des Gesamtprozesses wahrnehmen: Mit seinen Fragen und Erfahrungen ist somit niemand alleingelassen. Als katechetisches Leitungsteam legen Sie die inhaltlichen Schwerpunkte und die Organisationsstruktur des Kommunionweges fest – und Sie befähigen und begleiten die Begleiter der Eltern- und Kindergruppen.
Diese Begleitung ist keine Einbahnstraße, sondern ein lebendiger, wechselseitiger Prozess, der alle Beteiligten entlastet und die Verantwortung für das Gelingen des Kommunionweges auf viele Schultern verteilt. Als katechetisches Leitungsteam begleiten Sie die Begleiter der Gruppen, und Sie selbst werden wiederum durch diese begleitet, denn deren Ansichten und Fragen werden Ihnen oftmals einen neuen Blick für Ihren eigenen Lebens- und Glaubensweg eröffnen. Grundgedanke der gegenseitigen Begleitung ist: Wir helfen einander, unseren Glauben besser zu verstehen, und überlegen gemeinsam, wie wir ihn leben können.

Spiritualität – ein befreiendes „Leben aus dem Geist"

Der Familienkatechese liegt eine Spiritualität der Befreiung und der zuvorkommenden Heilszusage Gottes zugrunde.[21] Diese Spiritualität hat ihr Fundament in der von Gott gestifteten Beziehung zu uns Menschen und in unserer Entscheidungsfreiheit, auf diese Beziehung einzugehen. Spiritualität, wie sie hier verstanden wird, ist deshalb nicht undefinierbar und allgemein, so wie der Begriff heutzutage oft gedankenlos verwendet wird, sondern etwas Spezifisches: Spiritualität bedeutet „Leben aus dem Geist" (Karl Rahner), aus dem Geist Gottes. Und dieser Geist ist ein Geist der Beziehung. „Leben aus dem Geist" heißt deshalb: in bewusster Beziehung leben zu Gott, zur Zeit, zur Welt, in der wir leben, zu anderen Menschen und nicht zuletzt zu uns selbst. Mehr als bloße Frömmigkeit bedeutet Spiritualität eine reflektierte, verantwortete Art und Weise des Glaubens, die eine von Christus gestaltete und befreiende Grundhaltung bewirkt und auf praktisches Handeln ausstrahlt. Es geht um eine bewusste Wahrnehmung von Welt und Wirklichkeit, eine vom Evangelium geprägte Gestaltung der Beziehungen und Handlungen. Eine solche „befreiende Spiritualität" ist gekennzeichnet durch folgende Elemente:

* Wenn Menschen sich Schritt für Schritt bewusst werden, dass sie mit dem, was sie heute tun, bereits in den Be-Reich Gottes hineinreichen, der unsere Herkunft umfasst, der uns Orientierung schenkt und der unsere *Zukunft* ist, lebt es sich anders.
* Wenn sie sich bewusst werden, dass sich Gott im eucharistischen Mahl in ihr jetziges, manchmal mühsames und konfliktbeladenes Leben hineingibt, dann entsteht jene Ankunft des Reiches Gottes, die in Jesus von Nazaret bereits in der Welt anfing.
* Wenn Menschen Schritt für Schritt wahrnehmen, dass sie von Gott herkommen, dass sie aus Gott sind, dass ER unser Schöpfer ist, dann wissen sie Wesentliches über ihr Leben: „Wir sind nicht Zufallstreffer unserer Eltern, sondern gründen in Gott selbst, der uns als seine Geschöpfe auch dann nicht verlässt, wenn wir von Leid und Krankheit betroffen sind."
* Wenn Menschen Schritt für Schritt verstehen, dass Gott unsere Zukunft ist, dass der Abbruch

unseres Lebens in dieser materiellen Welt nicht den Sieg des Todes, sondern das Tor zur neuen Welt Gottes bedeutet, dann haben sie vom christlichen Glauben Elementares begriffen.

* Wenn Menschen Schritt für Schritt verstehen, dass Gott in ihr Leben kommt, indem Jesus Christus Mensch geworden und in unsere Welt gekommen ist, dann können sie sich in die Beziehung mit Jesus Christus hineinziehen lassen, in die Befreiung durch Gott aus aller Not und vom endgültigen Ausgelöscht-Werden.
* Wer in diesem Bewusstsein Schritt für Schritt leben lernt, kann vertrauen und hoffen, dass es mit unserem Leben gut ausgehen wird, auch wenn wir durch dunkle Stunden hindurchgehen müssen.

Eine solche Spiritualität der Befreiung aus vielfältigen Zwängen, aus enggeführten und zu kurz greifenden Lebensdeutungen kann sich auch in der Begleitung der Kommuniongruppen auswirken. Je alltagsnäher und realitätsgerechter der Kommunionweg gestaltet ist, desto eher gewinnt das Leben christliche Konturen, die den Eltern und Kindern als lebensrelevant einsichtig werden. Zu einer solchen Spiritualität der Befreiung gehört es auch, aus den Situationen des Leids und der Zerbrochenheit vieler Menschen heraus die Botschaft vom angebrochenen Reich Gottes *wahr*-zunehmen. Eine befreiende Spiritualität lässt Eltern anderen Eltern helfen, sodass zwischen den einzelnen Gruppen und Menschen Solidarität entsteht und diejenigen, die Leid ertragen müssen, weniger allein gelassen werden/alleine sind. Dann verkommt Katechese nicht einfach zu einem Herantragen von „Glaubenspaketen" an Menschen, sondern wird lebendiger und solidarischer Verstehensprozess der Menschen.

Ein solcher Prozess der Befreiung vollzieht sich auch, wenn Menschen die Kirche neu verstehen lernen: Kirche nicht nur als Machtapparat, der Leben einschränken will, sondern Kirche als Zeichen und Werkzeug von Gottes Heilswillen. Einengende Kirchen- und Gemeindestrukturen führen nicht zur Erfahrung von befreiender *Communio*. Menschen merken das schnell und stimmen mit den Füßen ab. Umgekehrt ist auch eine Gemeinde mit befreiender Lebensqualität noch nicht automatisch Garantie dafür, dass Menschen in großen Scharen in die Gottesdienste strömen. Eine solche Gemeindeerfahrung ist aber für viele Menschen eine wichtige Voraussetzung für persönliche Glaubensprozesse und ist für sie Gradmesser der Glaubwürdigkeit von Kirche in der Gesellschaft.

Getragen von dieser Spiritualität der Befreiung will Familienkatechese keine Hürden für den Kommunionweg schaffen. Zwar lassen sich erfahrungsgemäß manche Eltern auf die Gruppenprozesse aus verschiedenen Gründen nur schwer ein, doch mit dieser Problematik der Eltern kann man sensibel umgehen. Die Entscheidung über Häufigkeit und Intensität der Teilnahme an den Elterntreffen sowie über die Durchführung der Familiengespräche zu Hause liegt ausnahmslos bei den Eltern selbst und ist – ebenso wenig wie die aktive Gemeindebindung – kein Gradmesser für die religiöse Praxis dieser Menschen. Wenn sich Eltern nicht auf diesen Kommunionweg einlassen wollen, haben die Kinder trotzdem ein Recht auf die Gemeinschaft mit Jesus Christus in der Eucharistie. Es macht theologisch und spirituell keinen Sinn, Kindern Hindernisse in den Weg zu legen, nur weil ihre Eltern und nahen Angehörigen sich nicht so verhalten, wie es dem vorgeschlagenen Kommunionweg entspräche.

Chancen und Grenzen

Der *Kommunionweg als Familienkatechese* kann einen Strom des Glaubens auslösen, kann Begeisterung und Hoffnung wecken. Familienkatechese funktioniert allerdings weder als neuer methodischer Trick noch als pastorales Allheilmittel, z.B. zur

Gewinnung von aktiven Kerngemeindemitgliedern! Wer so funktionalistisch denkt, scheitert von vorneherein und verkennt das Anliegen von Familienkatechese als Dienst an den religiösen (Familien-) Biografien – eingeladen, begleitet und vernetzt, aber niemals gezwungen, überredet oder vereinnahmt durch die etablierte Gemeinde vor Ort.

Familienkatechese kann aber ein Weg sein, der sich an den konkreten Lebenssituationen und Realitäten der Menschen orientiert und daraus die Weiterentwicklung des persönlichen Glaubensverständnisses anregt und unterstützt. Gemeinden können die Erfahrung machen, dass Schritt für Schritt immer mehr Eltern wieder ihre eigene religiöse Kompetenz erweitern, ihren Glauben vertiefen und damit in der Beziehung mit Gott vertrauter werden.
Die Option für eine Förderung und Unterstützung von Eltern und Kindern auf ihrem Weg und die Glaubenskommunikation zwischen den Generationen anzuregen, verdeutlicht die Perspektive, die Zeichen der Zeit zu erkennen und sie im Licht des Evangeliums zu deuten (Gaudium et Spes 4)[22]. Entwicklungs- und religionspsychologisch sprechen viele Argumente dafür, die Eltern-Kind-Kommunikation gerade auch unter dem Aspekt der Gottesbeziehung zu stärken. Gemeinden unterschätzen bisweilen den Glaubens-Lernort Familie und übernehmen sich letztlich, wenn sie versuchen, Kindern ohne deren Eltern den Weg zu Gott zu eröffnen.[23] Sicher gibt es vereinzelt auch Menschen, die zum Glauben kommen, ohne dass sie diesen in ihrer Familie erleben, durchzweifeln und gestalten konnten. Aber solche Erfahrungen stellen insgesamt eher die Ausnahme dar.

Familienkatechese bedeutet – wie jede Umgestaltung pastoraler Konzeptionen – in der Einführungsphase einen gewissen organisatorischen Mehraufwand. Da aber viele Aufgaben nicht an die Personen der Gemeindeleitung und das katechetische Leitungsteam gebunden sind, ist nach den ersten „Durchgängen" der Zeitaufwand vergleichbar mit dem anderer Modelle, die sich vornehmlich auf eine intensive Begleitung der Kinder konzentrieren. „Spar- und Kurzmodelle" von nur sechs bis acht kurzen Einheiten sind aus unserem religionspädagogischen Grundverständnis einer beziehungsorientierten Katechese, die zur Glaubenskommunikation in Familie und Gemeinde einladen und anstiften möchte, kein Maßstab.

Basiswissen: Kommunionweg als Familienkatechese

1. Familienkatechese versteht die Familie in ihrer jeweiligen konkreten Gestalt als Keimzelle der Entfaltung des Lebens und des Glaubens. Familienkatechese will unterstützen, dass Kommunion und Kommunikation aufeinander verwiesen sind, dass Leben- und Glaubenlernen ineinander verwoben sind.

2. Sakramentenkatechese für Kinder ist ohne entsprechende Elternkatechese aus theologischen und religionspädagogischen Gründen defizitär, daher plädiert Familienkatechese für Elternkatechese und unterstützt diese.

3. Familienkatechese geht von einer konkreten pastoralen Situationsanalyse aus, nimmt zentrale und unverzichtbare Deutungskategorien des Glaubens auf und versucht, Veränderungen bei den Einzelnen, in Familien, in der Gemeinde und in der gesamten Gesellschaft zu fördern. Es geht dabei um solidarische Diakonie (konkrete Hilfe zur Lebensgestaltung), Martyrie (Verkündigung/Glaubenszeugnis) und Liturgie für und mit Familien.

4. Familienkatechese versteht sich als Segment und als Ferment der Gemeindekatechese und Gemeindeentwicklung; indem sie konkret verschiedene pastorale Handlungsfelder miteinander verknüpft, hat sie auch gemeindebildenden Charakter. Familienkatechese versteht christliche Gemeinde

als Gemeinschaft von Glaubensgemeinschaften. Auch die kleinen Gemeinschaften sind als Weggemeinschaft in der Gottesbeziehung, als Volk Gottes zu verstehen.

5. Es geht der Familienkatechese nicht um Volkskirche, sondern um „Kirche des Volkes". Die Getauften und Gefirmten sind Trägerinnen und Träger des Glaubenszeugnisses in ihrer Umgebung und auch in ihrer Familie. Christinnen und Christen werden in ihren Lebenssituationen und mit ihren Fähigkeiten zum Aufbau der Gemeinde ernst genommen.

6. Es geht auf dem Kommunionweg um die gemeinsame Erschließung und Realisierung der Gottesbeziehung in Kommunikation und *Communio*. Zur *Communio* anstiften heißt Beziehungen ermöglichen und Raum schaffen für Begegnung untereinander und mit Gott. Dies bedeutet auch solidarisches Handeln und politischer Einsatz zugunsten besserer Lebensbedingungen für Familien.

7. Die Spiritualität dieses Kommunionweges basiert darauf, dass alle Getauften und Gefirmten Zeichen dafür sind, dass das Reich Gottes bereits angebrochen ist und dass sie Zeuginnen und Zeugen dafür sein können.

8. Familienkatechese öffnet Gemeinden für neue Formen von Familienliturgie. Über liturgische Erfahrungen können Glaubensverständnisse angestoßen und weiterentwickelt werden. Eltern und Kinder lernen mit allen Sinnen zu glauben/den Glauben. Wahrnehmungsmöglichkeiten auf verstandesmäßigen, emotionalen und pragmatischen Ebenen zu eröffnen, ist für die Prozesse der Familienkatechese unerlässlich.[24]

9. Die Option für Familienkatechese hält den Blick auf das Profil der Verkündigung. Sie stellt sich der Herausforderung, die Alternative von Kern- und Randgemeinde aufzuheben und diejenigen Menschen, die distanzierter zur Gemeinde stehen, genauso ernst zu nehmen wie diejenigen, die die Gemeinde (regelmäßig) tragen. Gerade dadurch profiliert sich Gemeinde.

10. Familienkatechese versteht sich als ganzheitliches Handeln. Glaube und Leben beziehen sich aufeinander. Dadurch kann das Reich Gottes immer mehr Raum in Familien, Gemeinden und Gesellschaft finden. Der Kommunionweg will – geleitet von der Reich-Gottes-Idee – „das Geheimnis erspüren und zum Glauben anstiften"[25].

VERHEISSUNG
Menschen
die aus der Hoffnung leben
sehen weiter
Menschen
die aus der Liebe leben
sehen tiefer
Menschen
die aus dem Glauben leben
sehen alles
in einem anderen Licht
Lothar Zenetti

1.4 Glaubenskommunikation in Familie und Gemeinde – Anliegen der Familienkatechese

1.4.1 Familienalltag – Lebensort der Gottesbeziehung

Kinder leben nicht losgelöst von einem sozialen Umfeld, sie leben in Beziehungen – wie auch immer diese beschaffen sind. Das primäre Beziehungsgeflecht für Kinder ist die Familie in all ihren verschiedenen Formen. Dies ist als Tatsache und Fundament katechetischen Denkens und Arbeitens so erst einmal zur Kenntnis zu nehmen, auch wenn es vom Evangelium her Optionen für bestimmte Familienformen geben mag. Das faktische – oft ambivalente – Beziehungsgeflecht der Kinder ist jener Ort, an welchem sie gelingendes Leben und einen tragfähigen Glauben lernen – oder eben nicht. Familienkatechese als *Option für die Familie* betrifft die Familie in vierfacher Weise[26]:

1. Familienkatechese hat die Familie als Adressat, insofern sie sich an die einzelnen Glieder der Familie – Eltern und Kind – richtet.

2. Familienkatechese macht die Familie selbst zum Inhalt der Katechese. Sie thematisiert die Gemeinschaft, die Beziehungs- und Kommunikationsstrukturen in der Familie im Licht des Evangeliums. Sie will aus der Botschaft des Evangeliums heraus auf die Sorgen und Nöte, aber auch auf die Freuden und Hoffnungen der Familie eingehen.

3. Familienkatechese macht die Familie zu einem zentralen Ort der Katechese. Im Gespräch zwischen Eltern und Kindern vollzieht sich Katechese. Diese gestaltet sich als wechselseitiger Prozess. Nicht die Eltern katechetisieren einfach ihre Kinder, sondern oft sind auch die Kinder die Evangelisatoren ihrer Eltern. Die Familie als Ort prägender religiöser Erfahrung und christlicher Praxis wird dadurch gestärkt und unterstützt. Dies darf nicht als eine Ideologisierung von Familie, als Beschwörung einer süßlichen und unwahren Familienidylle missverstanden werden. Es gilt, den konkreten Familien den notwendigen Mut zuzusprechen und die notwendige Rückenstärkung zu geben, sodass möglichst viele Eltern mit ihrem Kind die ihnen möglichen Schritte gehen können. Das können Schritte hin zu vertiefter Gemeinschaft sein, zu besser gelingender Kommunikation und hin zu gemeinsam gestalteter Glaubenspraxis.

4. Die Familie ist Subjekt der Katechese, insofern die Eltern verantwortlich sind für die Kommunionkatechese ihres Kindes, aber auch, insofern die Eltern durch die Elterntreffen im Glauben mündig(er) werden und den Prozess der Katechese entscheidend mitgestalten und mitbestimmen. Der Begriff Subjektwerdung bezeichnet ein ele-

mentares Anliegen von Familienkatechese. Es geht darum, mit den Eltern religiöse Sprachkompetenz aufzubauen bzw. wiederzugewinnen und ein Selbstverständnis aus dem christlichen Glauben zu ermöglichen.

Heute als Familien leben

Familie ist der Ort der primären persönlichen Entwicklung, dies gilt für das Leben-Lernen ebenso wie für das davon nicht abtrennbare Glauben-Lernen; deswegen ist es ein notwendiger Schritt, die gegenwärtigen Lebensbedingungen von Familien zu betrachten.[27]

Im Hinblick auf Familie kann man am treffendsten von einer zunehmenden Individualisierung von Lebensentwürfen und einer Pluralisierung der Lebenswelten sprechen. Ein in sich klar strukturierter und kontinuierlich verlaufender Lebensentwurf entspricht heute nicht mehr der Lebensrealität vieler Familien. Vielmehr sind Familien oder besser ihre einzelnen Mitglieder in vielfältige und sehr unterschiedlich strukturierte Lebenswelten eingebunden. Die vormaligen vorstrukturierten und in sich stabilen Lebensbedingungen in den verschiedenen Lebensphasen sind vielfach nicht mehr gegeben.

Ein positiver Aspekt dieser ambivalenten Entwicklung ist die Entfaltungsmöglichkeit der Einzelnen in persönlicher Freiheit. Aus pluralen Lebenssituationen ergeben sich aber für das Zusammenleben von Menschen – insbesondere für Familien – eine Reihe von Problemen: Die einzelnen Erlebnisse und Lebensverläufe driften auseinander. Die Entwicklung von Berufs- und Arbeitswelt gestaltet sich immer noch eher familienfeindlich.

Als Kind leben[28]

Jedes Kind weiß „im Normalfall", also in seiner gewohnten Umgebung und im normalen Tagesablauf, was zu tun ist, wenn diese oder jene Situation eintritt. Häufen sich aber immer wieder vollkommen andere, nicht abschätzbare Situationen, dann sind Kinder ständig neu gefordert, sich in und mit den veränderten Rahmenbedingungen zurechtzufinden. Sie werden durch ihr Lebensumfeld überfordert, wenn sie ständig mit Situationen konfrontiert werden, deren Bedeutung sie nicht einordnen können. Je pluraler sich das Lebensumfeld einer Familie darstellt, desto größere Anstrengungen sind nötig, mit dieser Pluralität so umzugehen, dass die Kontinuität des eigenen Lebens gewahrt bleibt. Im Hinblick auf Kinder heißt dies: Je unzuverlässiger sich ihnen ihre Umgebung darstellt, umso mehr Kraft brauchen sie, um ihr eigenes Leben zu gestalten – eine Aufgabe, die zur Überforderung werden kann.[29] Die Herausforderung, aus der Vielzahl von verschiedenen Lebensmöglichkeiten auszuwählen, bedeutet einerseits eine große Möglichkeit für den Einzelnen und ist andererseits eine Schwierigkeit und Überforderung, weil es vielen Menschen schwerfällt, das eigene Leben aktiv, überlegt und mit einem hohen Grad an Eigenverantwortung zu gestalten.

Familie zwischen Wunsch und Wirklichkeit[30]

Die Gründung einer Familie stellt (für Frauen) offensichtlich das größte Armutsrisiko dar; zwei Millionen Kinder in Deutschland leben unter der Armutsgrenze und 40% der Sozialhilfeempfänger sind alleinerziehende Frauen. Frauen, die Kinder bekommen, machen immer noch mehrheitlich die Erfahrung, dass die werdenden Väter sich aus der Hausarbeit zurückziehen und sich in den Beruf vertiefen. Die Statistiken zeigen eine anhaltend hohe Scheidungsrate.[31] Annähernd die Hälfte aller jungen Menschen im städtischen Raum entscheidet sich für das Singledasein. Warum gründet der Rest eine Familie?

Es mag erstaunen, aber: „Auf der Werteskala nimmt die Familie mit Abstand den höchsten Platz ein. ... Soweit es unter den jungen Eltern überhaupt kulturelle Selbstverständlichkeiten gibt, dann ist es die Sorge für die Familie. Die jungen Eltern geben sich ausgesprochen familienorientiert."[32] Die Gründe dafür sind verständlich: Die Familie ist die kleine geschützte Lebenswelt im Gegensatz zur „Welt draußen. Hier erhofft man ... Solidarität, gegenseitige Stütze, Beistand in der persönlichen Selbstentfaltung. Dies hat zur Folge, dass heute von der familialen Welt ungeheuer viel erwartet wird"[33]. Hohe Erwartungen werden an die Familie gerichtet. Dadurch gerät sie unter Druck. Dieser ist mitverantwortlich dafür, dass viele junge Menschen keine Ehe mehr eingehen. Er ist aber auch verantwortlich für das Scheitern so vieler Ehen: „Manche Konflikte ergeben sich aus der Überforderung durch einen hohen Anspruch, dem man ... nicht zu entsprechen vermag."[34] Andere Faktoren kommen hinzu: „Auch die gesellschaftlich gesetzten Bedingungen (Vorrang der Erfordernisse von Wirtschaft und Arbeitswelt, familiäre und berufliche Belastung vor allem der Mutter, Wohnverhältnisse, Isolation der Alleinerziehenden ...) sind bekanntlich alles andere als familienfreundlich."[35]

Unabhängig von einer detaillierten Ursachenforschung stellt sich die Frage nach den heute vorfindbaren Familienformen; keine andere gesellschaftliche Einrichtung ist in den letzten Jahrzehnten so ins Wanken gekommen wie die Familie. Die Vater-Mutter-Kind-Familie, die sogenannte Kernfamilie als klassisches Modell, ist weder der Normal- noch der Idealfall. Familie differenziert sich: Kern-, Stief-, Adoptiv-, Einelternfamilien, nichteheliche Lebensgemeinschaften, familiale Wohngemeinschaften[36], Pflegefamilien und unterschiedliche Heimsituationen. Einen raschen Überblick über einige Familienformen ermöglicht Ihnen das Schema auf S. 36.[37]

Die Familie als Lernort von Beziehung und Gemeinschaft

In der Familie (in welcher Form auch immer) lernen Kinder, Beziehung und Gemeinschaft zu leben. Beziehung und Gemeinschaft sind die Grundpfeiler von Familie und Gesellschaft. Sie sind auch die Grundpfeiler des Glaubens. Es darf nicht der Eindruck entstehen, religiöse Erziehung sei eine zusätzliche und zeitraubende Beschäftigung für die Familie. „In der Familie, in die es hineingeboren wird, lernt das Kind leben: Es lernt, wie Beziehungen aufgenommen und gestaltet werden. Es lernt, was es bedeutet, geliebt zu werden und zu lieben. Es lernt zu vertrauen, mit Ängsten fertigzuwerden (sic!) und seine Bedürfnisse zu befriedigen, mit seinen Gefühlen umzugehen und zu denken. Es lernt allmählich seine Sexualität in ihren verschiedenen Ausdrucksformen kennen. Mehr und mehr lernt es, sich selbst als Mensch mit Leib und Seele, die anderen als Mitmenschen und die Welt als Umwelt zu begreifen. Die Familie ist also in hohem Maß der primäre Ort des Lernens für grundlegende Lebensvorgänge und Lebenseinstellungen."[38]

Gerade weil die Familie der erste Lernort des Kindes ist, wird die Atmosphäre in ihr für das Kind zu einem Grundmuster. Sie wird für das Kind zu einem Modell für alle weiteren Beziehungen. Durch das tägliche Zusammenleben in der Familie lernt das Kind, was konkrete Gemeinschaft ist. Es „lernt den Umgang mit Macht und Autorität kennen ... Es lernt Toleranz, Kooperation, Solidarität. Es lernt, was es bedeutet, in der Minderheit bei einem Wunsch oder einer Entscheidung zu sein und damit entweder übergangen oder aber doch berücksichtigt zu werden. Das Kind lernt, sich anzupassen und unterzuordnen, aber auch kreativ neue

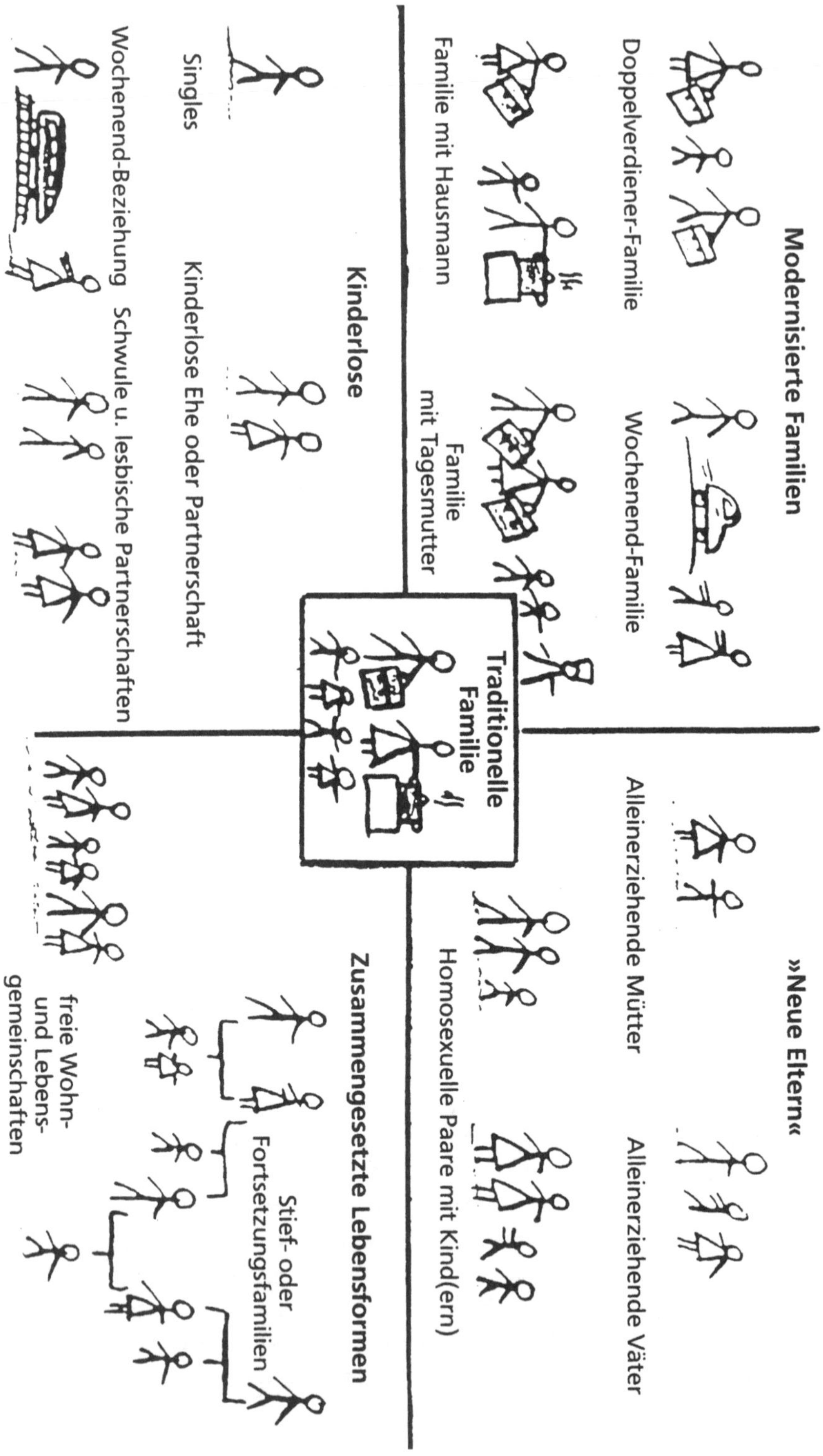
Modernisierte Familien
Doppelverdiener-Familie
Wochenend-Familie
Familie mit Hausmann
Familie
mit Tagesmutter
»Neue Eltern«
Alleinerziehende Mütter
Alleinerziehende Väter
Homosexuelle Paare mit Kind(ern)
Traditionelle
Familie
Kinderlose
Singles
Kinderlose Ehe oder Partnerschaft
Wochenend-Beziehung
Schwule u. lesbische Partnerschaften
Zusammengesetzte Lebensformen
Stief- oder
Fortsetzungsfamilien
freie Wohn-
und Lebens-
gemeinschaften

Wege zu finden, seine Interessen durchzusetzen. Dabei werden in der Familie die grundsätzlichen Werthaltungen vermittelt"[39]. Wenn eigenständige Entscheidungen der Kinder in der Familie respektiert werden, lernen sie damit auch in ihrem späteren Leben Position zu beziehen.

Heute in Familien glauben

Wie Familie ist auch der Glaube als eine bestimmte Qualität von Beziehung zu verstehen.[40] Kinder lernen in den frühen Jahren nicht nur, wie wir Menschen Beziehung miteinander leben. Sie lernen von den Eltern auch, wie sie die Beziehung zu Gott leben. Sie lernen von den Eltern deren Gottesbilder. Die Kinder machen sich ein Bild von Gott so, wie die Eltern IHN beschreiben, wie sie von IHM sprechen, wann und wie er im Leben der Eltern vorkommt. Der Theologe und Psychologe Karl Frielingsdorf SJ hat in den Seelen sehr vieler Menschen die Gottesbilder ihrer Eltern wiedergefunden.[41] Darin liegen Chance und Gefahr zugleich! Wenn die Eltern ein „dämonisches" Gottesbild in sich tragen, dann geben sie dieses ihren Kindern weiter – dasselbe gilt für positive Bilder von Gott.

Aber nicht nur Gottesbilder lernt/übernimmt das Kind von seinen Eltern. Die Familie ist überhaupt ein entscheidender Lernort des Glaubens.[42] Der Glaube und das Lernen des Glaubens ist ein Prozess: Glaube ist eine besondere Art zu leben, Glaube wird erlernt wie das Leben auch, in Beziehung und in Gemeinschaft. Nur so lernen die Kinder zu glauben. Glaube ist etwas, das Menschen täglich tun.

Der Glaube läuft nicht neben unserem alltäglichen Leben her. Glaube reduziert sich nicht auf feste Gebetszeiten und den sonntäglichen Gottesdienst. Glaube meint eine bestimmte Art zu leben, eine Art, wie wir unsere Beziehungen gestalten. „Ehe und Familie leben davon, dass man einander traut und glaubt, auch in Zeiten von Enttäuschungen. Und darf das kleine Kind und dürfen nicht die Erwachsenen gerade in der Familie gesellschaftliche Zwänge hinter sich lassen und sie selbst werden ..., auch mit den ungelösten Konflikten und Brüchigkeiten? Ist nicht gerade die Familie der Ort, wo Urvertrauen und Selbstbewusstsein reifen und wachsen können?"[43] Der keimende Glaube der Kinder braucht diese Atmosphäre zum Wachsen und Gedeihen.

Religiöse Erziehung kann nicht vom Familienleben getrennt werden. Denn Glaube hat mit Emotionalität und Beziehung zu tun. Beziehungen zu den eigenen Eltern, Geschwistern oder Großeltern sind für Kinder so elementar, dass es ein großer Fehler wäre, Kinder nicht in diesen Beziehungen wahrzunehmen und diese Beziehungen auch im Interesse der Kinder zu stärken. So kommt generell die Begleitung von Eltern immer auch ihren Kindern zugute; wenn sie ihre Konflikte besser lösen können, können sie auch anders in Beziehung mit ihren Kindern leben.[44]

Die Bedeutung der Familie ist im Blick auf die Begleitung von Kindern hinein in die Gottesbeziehung und die konkrete Gemeinde als Lernort hoch einzuschätzen. Der Religionspsychologe Bernhard Grom hat dies in einem grundlegenden Aufsatz kompetent aufgewiesen. Seinen Untersuchungen zufolge ist davon auszugehen, dass sich in den nächsten Jahren Kirche im Blick auf diese Erkenntnisse noch erheblich verändern muss. Aufgrund der entsprechenden Wohnungssituation sind die meisten Familien zu Kernfamilien ohne Großeltern geworden.[45] Werden Jugendliche direkt nach der Bedeutung ihrer Eltern und anderer Bezugspersonen für ihre religiös-kirchliche Entwicklung und Einstellung befragt, nehmen die Eltern unangefochten die erste Stelle ein. Nichtelterliche Einflüsse werden zwar anerkannt, von den meisten aber in ihrer Bedeutung geringer eingestuft. Die Jugendlichen erklärten, dass für ihr Selbstkonzept zwar die engsten Freunde wichtiger seien als die

Eltern, für ihre religiösen Ansichten jedoch seien die Eltern maßgeblich.[46] Studien, in denen die Ähnlichkeit der religiösen Überzeugungen und Verhaltensweisen von Jugendlichen mit denen ihrer Eltern und Freunde untersucht und daraus auf deren Einfluss geschlossen wurde, zeigten, dass religiös-kirchliche Überzeugungen und Verhaltensweisen umso eher übernommen werden, je mehr Bedeutung die Herkunftsfamilie der religiösen Erziehung beimisst – obgleich die Weiterführung des religiös-kirchlichen Lebens mit zunehmendem Alter auch von außerfamiliären Einflüssen abhängt.[47]

Grundsätzlich können Sie davon ausgehen, dass die Familie im religiösen Bereich „weder ‚allmächtig' noch ‚alleinerziehend' ist, sie bildet allerdings den Ort der Ersterziehung und der primären Sozialisation. Damit kann sie einerseits den Einstieg ins religiöse Leben grundlegend erleichtern oder dies unterlassen und andererseits die religiösen Anregungen außerfamiliarer Lernorte unterstützen oder aber neutralisieren"[48].

Obwohl für viele Eltern religiöse Erziehung ein wichtiges Anliegen ist, fühlen sie sich angesichts der veränderten gesellschaftlichen Situation hinsichtlich der religiösen Erziehung ihrer Kinder unsicher und hilflos. Die Individualisierung und Beschleunigung in der pluralisierten Gesellschaft schwächt zwar die Kraft der Eltern zu religiöser Erziehung, aber „die Ansprechbarkeit der Eltern für religiöse Erziehung ist größer, als der zurückgegangene Gottesdienstbesuch vermuten lässt. Eine konsequente Familienorientierung der Seelsorge stößt zwar bald auf die Grenzen, die die unverbindliche Touch-and-go-Mentalität ihr setzt, und niemand darf von ihr eine Rückkehr zu volkskirchlichen Verhältnissen erwarten, aber sie lohnt sich."[49]

„Der Gottesdienst wird feierlicher, der Sakramentenunterricht systematischer und informationsreicher und die Jugendarbeit gleichaltrigenbezogener sein als das religiöse Leben in der Familie, doch kann der Glaube an keinem Lernort so lebenskontextgemäß, emotional intensiv, regelmäßig und durch das alltägliche Zusammensein plausibilisiert vermittelt werden wie in ihr – wenigstens grundsätzlich."[50] Familienkatechese kann zu mehr Gesprächsfähigkeit beitragen und zu einer Familienkultur, in welcher die Gottesbeziehung gelebt, gefeiert und bezeugt wird – nicht in einer Familienidylle, sondern in solidarischem Zusammenwirken mit der Gemeinde. Über die einzelne Familie hinaus werden durch die Elterntreffen und die Familiennachmittage die Kontakte mit anderen Familien gestärkt und neue Begegnungen und Anregungen für eine alltägliche christliche Familienkultur initiiert.

Für den *Kommunionweg als Familienkatechese* ist bedeutsam: „Wer heute religiös erzieht, tut es gegen einen mächtigen Säkularisierungstrend in der modernen Gesellschaft. Und wenn die nachwachsende Generation überhaupt noch einen Zugang zu einem religiös-kirchlichen Leben findet, führt er in erster Linie über die Herkunftsfamilie."[51]

Warum Eltern in der Kommunionvorbereitung wichtig sind

Eltern werden in der Weitergabe des Lebens von Gott, dem Schöpfer des Lebens, berührt. Dort, wo das Leben entsteht und gepflegt wird, stellt sich auch die Herausforderung, gemeinsam den Sinn des Lebens zu suchen. Religiöse Erziehung der eigenen Kinder ist keine „Leistung". Wer sich selbst in der Gottesbeziehung vorfindet, kann sich aus dieser Grunderfahrung heraus anderen Menschen, auch den eigenen Kindern, im Horizont der Gottesbeziehung zuwenden. Katechese in der Familie kann für Kinder, Väter und Mütter im Alltag „Unterbrechung des Üblichen" (Johann Baptist Metz) und Oase des Lebens sein.

Eltern sind zunächst die wichtigsten Wegbegleiter der großen Fragen ihrer Kinder. Religiöse Fragen können dabei von den anderen Lebensfragen gar nicht getrennt werden. Indem Väter und Mütter Leben weitergeben, lassen sie ihre Kinder an ihrem Leben Anteil nehmen. Sie geben ihnen Wichtiges ins Leben mit, wenn sie ihre Kinder entsprechend begleiten und in förderlicher Beziehung mit ihnen leben. Lebensdeutungen lesen Kinder an ihren Eltern ab; in Beziehungs- und Erziehungsprozessen zwischen Eltern und Kindern entstehen Welt- und Lebensdeutungen. Kinder können aber auch um die Beziehung zu Gott betrogen werden, indem die Gottesbeziehung verbaut oder gar nicht zugelassen wird.[52] Es stellt sich die Frage, ob Eltern wissen, dass sie den Kindern immer auch religiöse Lebensdeutung vermitteln oder aber verbauen.

Eltern verstehen ihren Glauben durch ihr Kind neu

Eltern, die ihre Kinder in die Gottesbeziehung hineinstellen und ihr Kind taufen lassen, werden bei der Taufe gefragt, ob sie ihr Kind in die Gottesbeziehung hinein begleiten werden.[53] Viele Eltern bejahen dies, tun sich aber schwer damit. Darin steckt auch eine Anfrage an die Gemeinden und Gemeindeleitungen, wie sie die Eltern bei der religiösen Erziehung ihrer Kinder unterstützen (können). Wer Kinder hat, wird durch sie in der Regel auch religiös herausgefordert. Viele Eltern finden Gott gerade mit ihren Kindern neu und anders, manche finden ihn sogar wieder. In diesem Sinne wird in der Situation des Elternseins biografisches Glaubenlernen wichtig.[54] Viele Eltern verstehen ihre eigene Gottesbeziehung anders, wenn ihre Kinder sie mit ihren religiösen Fragen zum Nachdenken bringen. Eltern kommen dabei in der Regel nicht darum herum, ihre Erfahrungen mit der eigenen religiösen Erziehung zu reflektieren. Bestehende Gottesbilder und vor allem auch eigene religiöse Vorstellungen fließen immer mit ein.

Dies hat auch Auswirkungen auf die Gestaltung der Elternkatechese auf dem Kommunionweg. Die aktuelle Situation in den Familien, ob und wie die Eltern mit ihren Kindern überhaupt religiös sprechen können, ob und wie die Kinder sich öffnen oder abblocken, kann hier sensibel thematisiert werden. Eltern werden als Subjekte in ihrer eigenen Lebens- und Glaubensbiografie so begleitet, dass sie sich im Blick auf das Geheimnis ihres Lebens selbst leiten und sich im Blick auf die Kommunikation mit ihren Kindern in ihrer religiösen Kompetenz entwickeln können. Dadurch wird religiöse Sprachfähigkeit und Intensivierung ihrer Grundbefähigung zum Glaubenszeugnis unterstützt. Eine solche Grundbefähigung, Zeugnis von der Gottesbeziehung geben zu können, ist eine zukunftsfähige und unverzichtbare Aufgabe gemeindlicher Erwachsenenkatechese. Familienkatechese mit ihrer starken Gewichtung der Elternkatechese ist für viele Mütter und Väter ein Prozess, der Persönlichkeitsentwicklung und Glaubenskompetenz, persönliche Lebenseinstellungen und eigene Bedürfnisse nach Sinnerfahrung integriert.

Manche Eltern haben in ihrer Biografie aufgrund verschiedenster Ursachen – zum Teil auch aufgrund einer fragwürdigen religiösen Erziehung – Störungen in ihrer Glaubensentwicklung erlitten und konnten diese nicht bearbeiten, sodass sie ihren Kindern nur schwer die Gottesbeziehung erschließen können. Die Selbsteinschätzung, für religiöse Erziehung nicht (mehr) kompetent zu sein, muss in der Elternbegleitung auf dem Kommunionweg als eine zentrale Herausforderung begriffen werden. In der biografischen Situation „Erst war mein Kind ganz klein und jetzt geht es schon zur Kommunion" beginnen viele Eltern neu über ihr (Zusammen-/Familien-)Leben und ihre Lebensdeutung nachzudenken. Grundsätzlich kann die Elternbegleitung im Kontext der Familienkatechese eine produktive Weiterentwicklung bisheriger, eingespielter Lebensvollzüge ermöglichen.

Die Erstkommunion eröffnet das Gespräch und die Begegnung mit vielen Eltern, die ohne Dauerkontakt mit der Gemeinde leben. Vielleicht werden einige – wieder neu – nach ihren vergessenen oder verschütteten Glaubenserfahrungen fragen. Manche werden zu gewinnen sein, den Weg ihres Kindes in der Glaubensgemeinschaft der Gemeinde zu begleiten, nach entsprechender Befähigung vielleicht sogar selbst mit anderen Eltern zusammen die Erstkommunion ihres Kindes verantwortlich vorzubereiten. Vielleicht bildet ein solches Zutrauen der Verantwortung für manche auch einen Neuanfang ihres eigenen Glaubensweges.
Daneben ist auch die (kleinere?) Zahl derjenigen Eltern sehr wichtig, die in einem Dauerkontakt zur Gemeinde stehen und für die diese Zeit eine Zeit intensiv gelebter Glaubensgemeinschaft mit ihren Kindern sowohl in der Familie als auch in gemeindlichen Gruppen werden kann. Sie zur Mitarbeit als Gruppenleiter der Eucharistiekatechese oder auch für eine Erstkommunionvorbereitung in eigener Regie zu gewinnen und dazu zu befähigen, ist heute eine vorrangig pastorale Aufgabe.

In der Begegnung mit Eltern lassen sich unterschiedliche Ziele und Formen unterscheiden:
Den Eltern die Chancen für die religiöse Erziehung ihrer Kinder bewusst machen (Eltern als erste Katecheten ihrer Kinder).
Ermutigung und Befähigung der Eltern, nach ihren individuellen Möglichkeiten und Fähigkeiten die Kinder zu einem Leben aus dem Glauben zu erziehen.
Belebung einer christlich geprägten Familienkultur, die sich ausdrückt im gemeinsamen Erleben des Kirchenjahres in Familie und Gemeinde, im gemeinsamen Gebet und Gottesdienst-Feiern und im gemeinsamen Lesen der Heiligen Schrift.
Ermöglichung vertiefter Erfahrung, als Familie Teil einer christlichen Gemeinde zu sein.

Diesen Zielen dienen die folgenden Formen:
Elterntreffen: Information und Absprache zu den Rahmenbedingungen der Erstkommunionvorbereitung/-feier mit möglichst allen Eltern; Einladung zur weiteren vertiefenden Begegnung mit interessierten Eltern; Dialogprozesse über konkrete pastorale Fragen (Teilnahme der Eltern an der Eucharistie; Probleme von wiederverheirateten Geschiedenen; ökumenisch-eucharistische Gastfreundschaft u.a.).

Elternkatechese: Bemühungen, Eltern dazu zu gewinnen, den katechetischen Weg ihrer Kinder in der Zeit der Erstkommunionvorbereitung zu begleiten, sei es durch die Mitarbeit in einer Kindergruppe und/oder durch die entsprechende Begleitung zu Hause in der Familie.

Erwachsenenkatechese: Erwachsene Frauen und Männer werden als Eltern selbst zur unmittelbaren Zielgruppe und Träger der Katechese; es geht um die Intensivierung oder Erneuerung ihrer eigenen Glaubensgeschichte in der Glaubensgemeinschaft mit anderen suchenden, fragenden und glaubenden Christen.

Die Notwendigkeit einer mehr elternorientierten Kommunionvorbereitung im deutschsprachigen Raum ist von verschiedenen Seiten her erkannt und begründet worden. In diesem *Kommunionweg als Familienkatechese* wurden religionspädagogische Ansätze und Beispiele pastoraler Praxis aus Südamerika und Europa weiterentwickelt. Der Anstoß zu einer Kommunionvorbereitung konsequent als Familienkatechese ging für uns von der nachweisbaren Breitenwirkung in den südamerikanischen Kirchen aus. Dass das regelmäßige Familiengespräch als entscheidendes Gelenk zwischen Kinderkatechese und Elternkatechese durch entsprechende Materialien und intensive katechetische Begleitung aller Eltern unterstützt werden kann, lernten wir von der südamerikanischen Kirche.

Katechese als differenzierter Lehr- und Lernprozess mit Erwachsenen

Verstehen Sie Katechese als Lehr- und Lernprozess der Erschließung der Gottesbeziehung, dann geht es Ihnen nicht einfach um die Erschließung von Begriffen der Glaubenslehre, sondern um das, was diese Begriffe mehr oder weniger deutlich und verstehbar ausdrücken: die Beziehung Gottes zu uns Menschen und die Beziehung von uns Menschen zu Gott. Argumentieren Sie offenbarungstheologisch, dann ist Katechese die Erschließung des ANT-WORT-Aktes auf die Zuwendung Gottes in seinem WORT unter den Dimensionen von Lehren und Lernen.[55] Dieser lebenslange Prozess realisiert sich in verschiedenen biografischen, gesellschaftlichen und kirchlichen Situationen eines Menschen.

Differenzierte Lernprozesse in heterogenen Gruppen

Wege einer inneren Differenzierung sind für einen solchen Lehr- und Lernprozess ein wichtiges pädagogisches Postulat. Eine wichtige Aufgabe in der Begleitung von Erwachsenen auf dem Kommunionweg ist, auf sie mit ihren Vorverständnissen und Lernmöglichkeiten so kompetent einzugehen, dass sie tatsächlich die ihnen möglichen Schritte gehen können. Dabei treffen Sie häufig auf folgende Situationen:

1. Das nicht vorhandene Einverständnis im Glauben[56]

Den Eltern fehlen Kenntnisse der christlichen Zeichen und Symbole, der religiösen Sprache, Gebetserfahrung usw. Es ist davon auszugehen, dass religiöses Nichtverstehen und Ganz-anders-Verstehen empirisch zunehmend an Bedeutung gewinnen. Die Verkündigung ist enorm herausgefordert, mit oft agnostischen (= „über Gott kann man nichts aussagen/wissen") oder synkretistischen (Vereinigung zweier oder mehrerer Glaubenslehren unterschiedlicher Herkunft) Verständnissen kompetent und konstruktiv-kritisch umzugehen.

2. Das verloren gegangene Glaubensverständnis

Je nach Gemeindesituation, aber auch je nach Region innerhalb des deutschsprachigen Raumes, bedauern manche Eltern den Verlust eines breiten gesellschaftlichen Einverständnisses im Glauben. Manche nehmen ihn ohne weitere Überlegungen hin, andere aber greifen die Wegbegleitung ihres Kindes zur Kommunion als Herausforderung zu erneuter Glaubensreflexion auf. Menschen, denen das Einverständnis im Glauben verloren gegangen ist, bedürfen einer seelsorglich nachgehenden, betont biografisch orientierten und empathisch-sensiblen Begleitung. Die Zweifel der Eltern, die persönlichen Sehnsüchte, Schwächen und Suchbewegungen sind dabei gerade nicht hinderlich. Ein lebendiger Prozess des Glaubens entwickelt sich bei fast allen Menschen auch zweifelnd, suchend und tastend. Die Ermutigung der Eltern, ihr Kind selbst in Familiengesprächen zu Hause auf die Kommunion hin zu begleiten, hat also für den Weg einer Gemeinde Konsequenzen.
Eltern bedürfen der Begegnungsräume, um in Suchbewegungen ihr eigenes religiöses Denken und Empfinden wahrzunehmen und zu verändern. Auch Erwachsene lernen den Glauben im

Vollzug. Lebenslanges Glaubenlernen ist eine logische Forderung. Beim familienkatechetischen Ansatz geht es um eine handlungsorientierende und handlungsorientierte Erwachsenenkatechese als Dimension der Gemeindekatechese.

3. Das vorhandene Einverständnis im Glauben

Die christliche Sprache und Praxis ist den Menschen in diesem Fall mehr oder weniger durch Elternhaus, Religionsunterricht, kirchliche Jugendarbeit vertraut. Die Menschen wissen, was christliche Sprache bedeutet, der Interpretationsprozess kann aber zu einem Stillstand gekommen sein. Für diese Gruppe war es oft entscheidend, ob sie den Gebrauch der Glaubenssprache und -symbole teilnehmend lernen konnte oder nicht. Für solche Menschen kann man in der Regel eine feste Zustimmung im Blick auf die religiöse Sprache und hinsichtlich der durch sie repräsentierten Wirklichkeit voraussetzen; sie fühlen sich bereits von Gott getragen und können oft in die Gottesbeziehung als Gabe einführen und – mit der nötigen Unterstützung – anderen davon Zeugnis geben.

Die meisten Menschen suchen von ihren entsprechenden Ausgangslagen ausgehend ein jeweils (neu) zu bestimmendes Einverständnis im Glauben. Eine weitere Herausforderung für die Erwachsenenkatechese sind die Ergebnisse milieuspezifischer Erhebungen für die katholische Kirche in Deutschland[57], dabei wird zwischen verschiedenen Einzelmilieus unterschieden, die sich nicht nur nach Einkommen und Bildungsstand differenzieren (früher sprach man von sozialen Schichten), sondern es geht vornehmlich auch um Einstellungen, Werte und vor allem den jeweiligen Lebensstil. Die einschlägigen Studien kommen dabei zu dem Ergebnis, dass die katholische Kirche nur in drei von insgesamt zehn gesellschaftlichen Milieus verwurzelt ist und sich weite Teile der Gesellschaft durch ihre Angebote nicht angesprochen fühlen. Die Gründe für die Ablehnung sind vielfältig: veraltete Kommunikationsformen, hierarchische Grundstruktur, sozialästhetische Gründe etc. Viele Frustrationserfahrungen in der Pastoral lassen sich mit diesem Verstehensschlüssel als „Milieukonflikte" identifizieren. Die Herausforderung liegt nun darin, die eigene Milieuverhaftetheit wahrzunehmen und nach Wegen der Öffnung für andere Milieus zu suchen. Letzteres wird am ehesten gelingen, wenn Vertreter und Vertreterinnen aus unterschiedlichen Sozialmilieus in Leitungsfunktionen einer Gemeinde oder größeren Pastoralen Einheit als kirchliche Ansprechpartner in Erscheinung treten.

Für ein zeitgemäßes Konzept von Familienkatechese sind diese Grundüberlegungen sehr ernst zu nehmen, denn ohne Rücksicht auf die verschiedenen Verstehensvoraussetzungen und Milieuzugehörigkeiten können Chancen verspielt werden. Bei der Gruppenbildung zu Beginn des Kommunionweges ist dieses Phänomen zu bedenken. Gruppen finden sich oft nach Bekanntheit der Eltern untereinander, nach soziokulturellen Milieus oder nach Wohngebieten zusammen.

Wenn Sie die drei Einverständnisse und die differenzierten Milieuzugehörigkeiten zugrunde legen, gibt es aber möglicherweise interessante andere Lernsituationen. Welche Eltern mit welchen Voraussetzungen kommen, zeigt sich in der Regel erst, nachdem sich die Eltern in Gruppen zusammengefunden haben. Die Bausteine im dritten Teil dieses Buches *Für die Elterntreffen – Leitfaden* bieten für die Begleiter der Elterngruppen Anhaltspunkte, auf differenzierte Grundsituationen kompetent einzugehen.

Spirituell ist vor Ort zu entscheiden, wie evangelisierend eine Gemeinde ist oder sein will. Wenn nur diejenigen mit einem bestimmten Einverständnis unter sich bleiben und nicht mit denen kommunizieren, die in den anderen Verständnissen leben, führt dieses Verhalten zu einer abgeschlossenen, ausgrenzenden Gemeinde. Gerade wenn man von verschiedenen Glaubensverständnissen und soziokulturellen Milieus ausgeht, kann es zwar zu Konflikten unter den verschiedenen Personengruppen kommen, sie können sich aber auch gegenseitig provozieren und dadurch weiterbringen. Zeugniskompetenz einerseits und der Suchprozess im Glauben andererseits dürfen nicht nur nicht auseinanderdividiert, sondern müssen vielmehr aufeinander hinbewegt werden.

Demzufolge ist eine Qualität der Erwachsenenkatechese anzustreben, die das volle Leben der Menschen mit all seinen Brüchen und Problemen aufnimmt. Im Kontext des Kommunionwegs sind dabei die Herausforderungen des Zuspruchs und des Anspruchs an die Eltern zu thematisieren, ihr Kind in die Gottesbeziehung hineinzubegleiten.

Ganz entschieden ist beim konkreten Individuum und seinen Möglichkeiten anzusetzen und nicht bei theoretisch vorausentwickelten Regeln und Strukturen. Die Wahrnehmungsmöglichkeiten und die Fähigkeiten der Eltern im Blick auf die Symbolbildung – wie z.B. Brot und Wein als Zeichen der Verwandlung der Gemeinde und der Welt durch Jesus Christus zu verstehen – sind zentrale kommunikative Herausforderungen im katechetischen Verstehensprozess. Theologisch kompetent zu formulieren, was Eucharistie bedeutet, kann auf verschiedenen Sprach- und Ausdrucksebenen geschehen. In der Praxis ist einfühlsam vorzugehen, sodass es den Teilnehmenden möglich wird, von ihren Voraussetzungen aus zu verstehen und ihr bisheriges Glaubensverständnis weiterzuentwickeln.

Differenzierte Wege

Im Blick auf zukunftsfähige Gemeinden sind verschiedene Begabungen und Glaubenswege zu fördern und anzuerkennen. Allerdings ist es für die Weiterentwicklung der unterschiedlichen Glaubensverständnisse sinnvoll, sich mit einem Thema unter einem bestimmten Gesichtspunkt zu beschäftigen. Für Menschen, die in Symbolen zu denken gelernt haben und die sich bereits entschieden haben, sich in der Gemeinde zu engagieren, kann ein entsprechend anderer katechetischer Weg nötig sein als für Menschen, deren Glaubensverständnis vor allem an wichtigen Personen in der Gemeinde und an den üblichen religiösen Gewohnheiten hängt.

Der Leitfaden für die Elterntreffen geht bewusst von differenzierten Ausgangslagen und Themensetzungen in der Elternkatechese aus. Den Vorbehalt, dass durch einen solchen Weg diejenigen, welche die Gemeinde tragen und sich in ihr engagieren, jetzt mit solchen zusammenkommen müssten, die nur zaghaft und unentschieden seien, umweht auch ein Hauch von Arroganz und lässt missionarisches Bewusstsein im Sinne einer Einladung zum Glauben vermissen. Die Differenzierung nach Interessens- und Motivationsgruppen darf nicht so erfolgen, dass sich sogenannte Kerngruppen abschotten. Differenzierungen sind allerdings auch nicht so zu verstehen, dass die Optionen der Familienkatechese verschleiert und abgeschliffen werden.

Zumutung an die Eltern? – Zutrauen zu den Eltern!

Der Einwand, dass eine Gemeinde doch nicht allen Eltern diese Aufgabe zumuten könne und viele Eltern zu unsicher seien, um ihren eigenen Kindern den Glauben erschließen zu können, ist ernst zu nehmen. Dieses Argument darf aber nicht dazu führen, den Eltern seitens der Gemeinde erst gar keine Lernmöglichkeiten und Begegnungsräume zur Verfügung zu stellen, die sie ermutigen, die ihnen möglichen Schritte mit ihrem Kind zu gehen.

Die von Eltern geäußerten Bedenken sind ein wichtiger Anknüpfungspunkt, um mit ihnen darüber zu reflektieren, welche Unterstützung und welche Art von Begleitung sie wünschen und brauchen. Für die Eltern, die sich zunächst nicht völlig versperren, sind intensive Gespräche über den katechetischen Lehr- und Lernprozess mit seinen Hintergründen und seinen Anliegen nötig und sinnvoll. Wer sich dagegen entscheidet, sich auf diesen Prozess einzulassen, ist in seiner Entscheidung zu akzeptieren. Dies entbindet die Gemeinde aber nicht von der Aufgabe, möglichst viele Eltern hilfreich bei der Glaubenskommunikation mit ihrem eigenen Kind zu fördern. Zuspruch und Anspruch in einer als hilfreich wahrnehmbaren Balance zu halten, ist die hohe Kunst in der Begleitung von Eltern.

Die Qualität der Kommunikation in der Familie ist für die Wegbegleitung der Kinder zur Kommunion von großer Bedeutung. Kommunikative Kompetenz erlangen Kinder dort, wo sie dafür entsprechende Kommunikationsbedingungen vorfinden. Dies schließt nicht aus, dass Familien verschiedene Strukturen haben. Die ideale oder heile Familie gibt es nicht. Umso mehr sind die Bedingungen der real existierenden Familien – Alleinerziehende, Rückzug der Väter aus dem Erziehungsprozess, Erwerbstätigkeit beider Elternteile, Patchworkfamilien usw. – konstruktiv aufzugreifen und als konstitutive Faktoren zu integrieren. In lateinamerikanischen Gemeinden und Diözesen sind die Zusammenbrüche in den Familien aufgrund verschiedenster Faktoren – vor allem aufgrund der materiellen Armutssituationen – erheblich dramatischer als im deutschsprachigen Raum. Und gerade in diesen Situationen ist der Ansatz *Catequesis Familiar* entstanden und weiterentwickelt worden – ein Zeichen gegen Resignation und gegen Stagnation.

Basiswissen: Unterwegs mit Familien in der Erziehungsphase

These 1: Christlich orientierte Familien sind hinsichtlich der innerfamiliären Glaubensweitergabe, -praxis und -kommunikation zunehmend auf sich allein gestellt und überfordert. Eine „nachchristliche Gesellschaft" mit all ihren Konsequenzen für das Glaubenlernen (Fehlen adäquater Erfahrungsräume, Pluralisierung weltanschaulicher Überzeugungen und Lebensstile, Abschmelzen des Gemeindemilieus) fördert diese Entwicklung.

These 2: Eine Gemeindekatechese, welche die historisch gewachsenen Familienrealitäten, Familienthemen und die familiale kommunikative Praxis bzgl. dieser Themen in ihrer christlich-religiösen Dimension außen vor lässt oder nur am Rande streift, greift ins Leere. Auch wer ausschließlich in die punktuelle Vermittlung traditioneller „ekklesialer Riten" investiert und dabei vornehmlich betont sakramententheologische, liturgiekatechetische Themen insistiert, stiftet über kurz oder lang Ex-*Communio*, zumindest was die Gemeinschaftsbildung und Gemeindebindung betrifft.

These 3: Auf der anderen Seite verzehren sich gemeindekatechetische Bemühungen in der Praxis weitgehend durch eine kräfteraubende Kinderkatechese mit gelegentlicher Elternarbeit, die von der intra- und interfamiliären Glaubenskommunikation abgekoppelt ist. Ebenso rückt der Inhalts- und „Zeitdruck sakramentaler Termine" (Dieter Emeis) immer mehr in den Vordergrund. Oft erfolglos, doch nicht folgenlos.

These 4: Für diejenigen Familien, die *Communio* leben wollen, bleibt unter den gegenwärtigen kirchlichen Rahmenbedingungen keine Zeit einer intensiveren katechetischen Begleitung zur „Subjektwerdung". Und diejenigen, die „etwas" von der *Communio* wollen, fühlen sich durch komplizierte Vorbereitungszeiten rasch überfordert.

These 5: Geht es in der Gemeindekatechese wirklich um eine nachhaltige Förderung von Glaubenskommunikation in den Familien? Dann darf sie ihre gesamten pastoralen Ressourcen nicht länger ausschließlich in unverbunden aufeinanderfolgenden, punktuell aufgeblähten katechetischen Interventionen investieren, anlässlich der (berechtigten) Bitte um die Sakramente. Vielmehr sollte sie sich kontinuierlich den biografischen und situativen Knotenpunkten und Verdichtungen des pluralen Familienlebens verschreiben.

These 6: Provokant formuliert, verfehlt die Gemeindekatechese im Blick auf heutige Familien ihr bleibend oberstes Ziel einer Hilfe zur Lebensgestaltung aus dem Glauben heraus, wo sie nicht darauf abzielt, die real existierenden Familien in ihren alltäglichen familienbiografischen Situationen darin zu unterstützen, dass ihr (privates) Familienleben fragmentarisch gelingt, indem sie als Familie auf den Zuspruch und Anspruch Gottes eingeht.

These 7: Im konkreten Familienalltag ereignen sich die „sakramentalen Situationen" von Menschen in familialen Bezügen, an denen sich die jeweils biografische Wahrheit über die Gottesbeziehung zeigt – oder auch verschleiert.

1.4.2 Familienkatechese und Gemeindeentwicklung

Der *Kommunionweg als Familienkatechese* ist Ferment der Gemeindekatechese, er ist nicht als Insel in der pastoralen Arbeit einer Gemeinde oder größeren Organisationseinheit zu verstehen, die keine Verbindung zu anderen pastoralen Arbeitsfeldern hat. Dennoch hat er spezifische Voraussetzungen, Herausforderungen und mögliche Folgen, die zu benennen sind.

Gemeinde-Vision im Horizont der Reich-Gottes-Vision

Die Gemeinde Christi ist Volk Gottes vor Ort. Das Volk Gottes birgt Begegnungsräume mit Gott und dem Menschen in sich, weil Gott selbst diese Begegnung bereits eröffnet hat und dazu einlädt – „Gott kommt vor dem Missionar" (Leonardo Boff). Die Gemeinde (ob räumlich oder an Personen gebunden) ist ein wichtiger Ort, an dem die Gottesbeziehung gelebt werden kann. Für viele Menschen wird sie Ort der Begleitung, Anleitung und Unterstützung auf dem Glaubensweg. Von daher gesehen ist es eine zentrale Aufgabe der Gemeinde, den christlichen Glauben zu verkünden, Wege gemeinsamer Erschließung zu entdecken und vor allem die Menschen einfühlsam mit dem Zuspruch und Anspruch des Evangeliums in Begegnung zu bringen. Gemeinde kann in diesem Sinne ein Gegenentwurf zu einer individualisierenden Gesellschaft in der Perspektive und Kraft des Reiches Gottes sein, weil in ihr diejenigen, die schwach sind und sich schwertun – auch mit dem Glauben –, Lebens- und Begegnungsräume finden.

Im Blick auf Familienkatechese ist differenziert darüber nachzudenken, wo Sie die Grenzen von Gemeinde ziehen. Die einen haben einen eng gefassten Begriff von Gemeinde und zählen zu ihr nur diejenigen, die in die Gottesdienste kommen und sich im Rahmen der Gemeinde engagieren. Familienkatechese geht dagegen von einem weit gefassten Gemeindeverständnis aus und lädt deswegen alle Eltern ein, ihr Kind auf dem Weg zur Kommunion zu unterstützen. Familienkatechese grenzt bewusst jene nicht aus, die sich – aus welchen Gründen auch immer – mit dem Glauben und mit gemeindlicher und kirchlicher Praxis schwertun.

In religionssoziologischer Sicht ist dies ein bedeutsamer Prozess: „Kommunikationspastoral steht für ... das Ernstnehmen der Biografie und Lebenslage des Adressaten der pastoralen Kommunikation."[58] Für einen Teil der Eltern ist es tatsächlich eine „Geh-mit-Pastoral". Für andere öffnet diese Kommunikationspastoral den Weg, sich um die Gemeinde herumzugruppieren oder die Gottesbeziehung in den vielen „Zwischenräumen inner- und außerkirchlicher Art"[59] zu realisieren. Gerade in einer Situation, die durch „eine Beschleunigung der Erosion des Gottesbegriffs als einer Grundkonsensformel in der Bevölkerung"[60] gekennzeichnet ist, dient die Kirche grundlegend den Menschen, damit diese sich des eigenen Gottesglaubens vergewissern. Katechese, die sich an alle Eltern und wichtige elterliche Bezugspersonen richtet und diese zu unterstützen versucht, leistet somit einen Dienst an den religiösen Biografien und authentischen religiösen Selbstvollzügen Erwachsener. Eine Gemeinde kann sich gerade im Bereich der Katechese nicht auf immer weniger Mitglieder zurückziehen, sondern sollte sich selbstbewusst, offen und einladend an alle Getauften wenden und ihnen verschiedenste Begegnungsräume eröffnen, also auch entsprechende Differenzierungen suchen. Gemeinde verortet die meisten Menschen an der Basis. Eltern und Kinder werden deswegen nicht von außergemeindlichen religiösen Beziehungen und Erfahrungen abgehalten; zur Feier der Kommunion aber gehen Eltern und Kinder in der Regel in die Kirche vor Ort und nicht in Autobahnkirchen oder in ein kirchliches Museum. Der Religionssoziologe Michael N. Ebertz weist auf die Grenzen der Milieuverengung in vielen Gemeinden hin[61]: Wenn Gemeinde nicht die Einladung an alle Eltern der Kommunionkinder formuliert, gerade an jene, die weit weg sind von den üblichen Gemeindevollzügen, kommt es zu einer Milieuverengung mit wachsender Geschwindigkeit.

Jene Menschen, die sich mit der sogenannten Kerngemeinde schwertun, nur selten im Gottesdienst oder bei anderen Gemeindevollzügen auftauchen, werden in der Familienkatechese ernst genommen und kommen bewusst in den Blick. Auch das soziale Gefälle einer Gemeinde wird aufgeweicht, wenn etwa der Bürgermeister mit einer Aussiedlerfrau in derselben Elterngruppe sitzt und damit für beide ein ungewohnter Perspektivenwechsel zustande kommt. Alle Familien, auch die armen und ausgegrenzten, werden eingeladen. Damit nimmt eine Gemeinde ihre diakonische Berufung und Sendung sensibler und ernsthafter wahr. Bisweilen beginnen Eltern, die abgesichert leben können, auf diejenigen zuzugehen, die an den gesellschaftlichen Rand gedrängt werden.

Die Gemeinde ist ein Raum der Spurensuche und der zeichenhaften Realisierung der Gottesbeziehung. Kirche ist immer auch vorläufig; am Ende der Zeiten wird auch Kirche aufgehoben sein in die Vollendung durch Gott.

Der Glaube an das angebrochene Reich Gottes bringt immer auch eine kritische Anfrage an die Kirche mit sich, ob und wie sie mit der Verkündigung des Evangeliums dem Reich Gottes, seiner Wahrnehmung und Realisierung dient. Die Kirche ist dauernder Bekehrung bedürftig – „ecclesia semper reformanda". Die Berufung der Gemeinde liegt darin, das in Jesus Christus bereits angebrochene Reich Gottes zu verkünden, in der Praxis zu bezeugen, zu feiern und *alles* von Gott zu erwarten – aber auch all das Mögliche zu tun, was sie selbst tun kann. Dadurch, dass auf dem Kommunionweg (wieder) mehr Menschen einen Zugang zum Evangelium Jesu Christi, zur Gemeinde mit ihrer Liturgie, Martyrie und Diakonie bekommen können, eröffnet Familienkatechese Begegnungsräume. Familienkatechese geht es um die Verkündigung des Reiches Gottes, sie will möglichst vielen Menschen die Wahrnehmung eröffnen, dass das Reich Gottes schon angebrochen ist. Sie will und kann die Glaubenskommunikation in der Familie stärken und Männer und Frauen dazu ermutigen, „auf unaufdringliche und überzeugende Weise auszusprechen, was ihnen der Glaube bedeutet"[62].

Sich als Gemeinde auf den Weg machen

Die pastorale Konzentration vorwiegend auf Familien mit einer bereits vorhandenen christlich-kirchlichen Identität ist zu hinterfragen. Gerade wenn eine Gemeinde bestrebt ist, dass Familien sich nicht abschließen, sondern sich auf Gemeinde und Kirche hin öffnen, dürfen diejenigen Familien nicht für unwichtiger gehalten werden, die von der Kirche nur im Kontext der Kommunion eine befristete Begleitung und eine Feier wollen.
Rolf Zerfass und Klaus Roos diagnostizierten bereits 1986, dass Gemeinden „*nicht* mehr Orte sind, an denen man den Glauben erlernen kann"[63]. Sie sahen beklemmende Anzeichen dafür, „dass unsere Gemeinden Orte sind, wo der Glaube eher vorausgesetzt als erschlossen, eher in Pflicht genommen und reklamiert, als entdeckt und bedankt wird; wo Gott als kulturelle Selbstverständlichkeit betrachtet, aber nicht in Furcht und Zittern gesucht wird"[64].
Mit Blick auf Gemeindemodelle gehen wir davon aus, dass die Subjekte des Gemeindelebens weder der Pfarrer noch die hauptamtlichen Mitarbeiter sind. Es sind vielmehr die Menschen selbst, die sich nach Bedürfnissen in Gruppen zusammenfinden, Konflikte bearbeiten, Solidarität realisieren. Menschen müssten so in einer Gemeinde erfahren und lernen können, die Frage nach Gott offen- und die Hoffnung wachzuhalten. Sie sollen entdecken, wer unser Gott ist: „Einer, der unsere Leiden kennt, unseren Schrei hört (Exodus 3,7), unsere Tränen sieht (2. Buch der Könige 20,5) und in seinem Krug sammelt (Psalm 56,9)."[65]
Wichtig für die Kommunikation bleibt, die Reichtümer Gottes, die ER uns zugedacht hat, in den verschiedenen Begabungen und Biografien der Menschen wahrzunehmen und zu bedenken. Solche Gemeinden – als Gemeinschaft von kleinen Gemeinschaften – können sehr wohl zukunftsfähig sein oder (wieder) werden. Dass dies eines längeren Zeitraums und klarer Optionen bedarf, ist selbstverständlich. Ohne Optionen entstehen in der Regel auch keine Veränderungen, und wer als Verantwortlicher nur abwartet, wird auch in fünf Jahren noch keine positiven Veränderungen in Aussicht haben.
Hinderlich für den Prozess der Familienkatechese kann es sein, wenn die Mentalität der Gemeinde nur auf sich selbst fixiert ist, sie anderen den Neuzugang erschwert und erste, vielleicht sehr wenige und unsichere Schritte von einzelnen Menschen als nicht gläubig genug verdächtigt. Jesus von Nazaret hat nicht so gehandelt: Er hat alle eingeladen, vor allem die, die sich im damaligen religiösen System und in den damals gesellschaftlich vorherrschenden Strukturen besonders schwergetan haben. Hier muss die Gemeindeleitung mit einfühlsamer Großzügigkeit und Solidarität auf

diejenigen hinwirken, die sich mit dem Glauben und in der Mehrheitsgesellschaft schwertun und für die schon wenige Schritte sehr viel bedeuten.

Familienkatechese fordert und fördert ein differenziertes Bild von Gemeinde

Indem jährlich neue Begegnungsräume entstehen, *Communio* und Kommunikation intensiver aufeinander bezogen werden, schlägt Gemeinde tiefere Wurzeln und lässt sich neu auf den Suchprozess nach „Quellen lebendigen Wassers" (Johannes 4,14) ein.
Wenn die Vernetzung von Kommunionkindergruppen und Begegnungsräumen für Kinder und Jugendliche günstig konzipiert ist, werden mehr Kinder als vorher in Kindergruppen sein und auch nach der Kommunion in nahem Kontakt mit der Gemeinde bleiben.
Wenn Sie bedenken, wie selten sich viele Erwachsene im Glauben in den üblichen Formen der Erwachsenenkatechese weiterentwickeln, dann sind die Perspektiven im Bereich der Familienkatechese sehr erfreulich: In den Gemeinden setzen sich Hunderte von Erwachsenen neu mit ihrem eigenen Glauben und dem Glauben ihrer Kinder auseinander.
Der Ansatz von Familienkatechese bei der Kommunionvorbereitung wäre missverstanden, wenn die Eltern jetzt „müssen" und die Gemeinde jetzt eben auch einmal – etwa nach Marketinggesichtspunkten – Bedingungen setzen kann. Vielmehr brauchen viele Menschen entsprechende Anlässe, um sich mit bestimmten Aspekten des Lebens zu beschäftigen. „Mein Kind geht zur Erstkommunion", fordert viele Mütter und Väter biografisch heraus.

Familie und Gemeinde sind gegenseitig aufeinander bezogen. Familienkatechese ist deswegen Teil der Gemeindekatechese. Familie ist auf die Gemeinde angewiesen. Gemeinde ist aber auch auf die Familie angewiesen, weil sie der alltägliche Ort ist, an dem getaufte Christinnen und Christen leben, die sich mit ihrem Kind auf die Initiation in die eucharistische Mahlgemeinschaft hinbewegen.
Familie abgespalten von der Gemeinde würde ihr Ziel ebenso verfehlen wie eine Gemeinde, die dahingehend überschätzt wird, dass nur sie diesen Initiationsprozess allein realisieren könne. Die Gemeinde nimmt durch Unterstützung ihrer Familien diese Aufgabe dann kompetenter wahr, wenn sie die Eltern der Kommunionkinder fördert und fordert.
Gemeinde besteht aus Zellen von vielen kleinen Gemeinschaften unterschiedlicher Zielsetzung und Personengruppen. Auch Familien sind bereits kleinste Basisgruppen in der Gemeinde. Die Gemeinschaften, die sich auf dem Kommunionweg als Familienkatechese ergeben, können zu einer Erneuerung der Familienpastoral in einer Gemeinde führen. Familie und Gemeinde sind nicht unabhängige, isolierte Größen; sondern der Raum der Familie als Gemeinschaft ist bereits Gemeinde im Kleinen. Gemeinde lebt aus diesen kleinen Gemeinschaften, sie sind – wie andere kleine Gemeinschaften (z.B. Gebetsgruppen, Erwachsenenkatechumenatsgruppen, Chöre, Seniorenkreise, überregionale Gemeinschaften und Institute etc.) – ihre Basis.

Familienkatechese in größeren pastoralen Kooperationseinheiten

Auch wenn die neueren kirchlichen Organisationsstrukturen (Pastoralverbände, Seelsorgeeinheiten, pastorale Kooperationsräume etc.) qua Entstehungsgeschichte eher Notlösung in Anbetracht einer Finanz-, Tradierungs- und Berufungskrise sein mag als allerorts herbeigesehnte Zukunftsvision für die Gemeindeentwicklung in den Diözesen, so birgt die auch, wie jede Irritation des Gewohnten, ein beachtliches Erneuerungspotenzial in sich, das es rechtzeitig und klar in den Blick zu nehmen gilt. Insbesondere für eine familienbiografisch orientierte Sakramentenkatechese mit jungen Familien in der Erziehungsphase ist es bedeutsam, dass zunächst jede einzelne Gemeinde als pastoraler Naherfahrungsraum eines größeren pastoralen Raumes (Kooperationseinheit, Seelsorgeeinheit o.Ä.) ihre eigenen (sakramenten-)katechetischen Wege initiiert und verantwortet. Die übergeordnete Organisationsstruktur stellt Planungshilfen, finanzielle Unterstützung und Begleitung durch Hauptamtliche zur Verfügung. Erst wenn sich für die Optionen eines familienkatechetischen Ansatzes ein gemeindeübergreifender Konsens der zuständigen Leitungsgremien (Pfarrer, Pfarr-/Kirchengemeinderat, Team der Hauptamtlichen, Familienausschuss o.Ä.) erzielen lässt, bietet es sich an, diese mit anderen Gemeinden zusammen oder auf der Ebene der Seelsorgeeinheit (des Pfarrverbundes oder des Dekanates etc.) zu konzipieren und aufeinander abzustimmen. Aufgrund ihrer befreiungstheologischen und basisgemeindlichen Wurzeln in der lateinamerikanischen *Catequesis Familiar* sucht und bildet ein familienkatechetischer Ansatz überschaubare Gemeinschaften (Stichwort: Wohnviertelapostolat), in denen Menschen einander auch im Alltag wahrnehmen lernen können. Die größere pastorale Kooperationseinheit wird deshalb in diesem Zusammenhang gerade für junge Familien auch in absehbarer Zukunft vornehmlich eine zentrale organisatorische Größe bleiben und weniger eine seelsorgerliche oder gemeinschaftsbildende. Dennoch eignet sich ein familienkatechetischer Ansatz aufgrund seiner innovativen Netzwerkstruktur durch das Ineinandergreifen von (mindestens) drei unterschiedlichen Begleitungs- und Interaktionsebenen (Elterngruppen; Familiengespräche; Kindergruppen) gerade auch für die Verknüpfung einer Vielzahl seiner „Basisgruppen" (= Eltern-/Kindergruppen) auf unterschiedlichen Leitungs-/und Begleitungsebenen (katechetisches Leitungsteam, Begleitung der Elterngruppen, Begleitung der Kindergruppen). Aus der Vielzahl denkbarer Variationen lassen sich mögliche Praxismodelle dahingehend differenzieren, ob sich ein *Kommunionweg als Familienkatechese* lediglich in einer, mit einzelnen oder aber mit allen Gemeinde(n) einer größeren pastoralen Kooperationseinheit realisieren lässt:

Der Kommunionweg als Familienkatechese in einzelnen Gemeinden eines größeren pastoralen Raumes

Nicht jeder einzelne katechetische Prozess, aber jede Katechesekonzeption verlangt eine eigenständige Leitungs- und Begleitungsstruktur. Deshalb scheint es ratsam, sowohl das katechetische Leitungsteam als auch die Begleitung der Eltern- und Kindergruppenbegleiter auf der Ebene der Gemeinde(n) selbst zu verorten. Unbeschadet dessen ist es jedoch denkbar, dass die hauptamtlich Verantwortlichen für die Kommunionvorbereitung in einer pastoralen Kooperationseinheit gemeinsam mit den Gemeinden vor Ort je unterschiedliche Modelle entwickeln und individuell begleiten.

Der Kommunionweg als Familienkatechese in allen Gemeinden eines größeren pastoralen Raumes

In diesem Fall ist es sinnvoll, ein katechetisches Leitungsteam für den Gesamtprozess auf der Ebene der pastoralen Kooperationseinheit einzurichten. Eltern- und Kindergruppenbegleiter bleiben dabei i.d.R. auf die Wohnviertel bezogen, werden nun jedoch gemeinsam und zentral für ihren Dienst befähigt und begleitet.

Angesichts des pastoralen Wandels und der sich daraus ergebenden Herausforderungen für katechetische Prozesse haben wir die Thesen für den *Kommunionweg als Familienkatechese* entsprechend weiterentwickelt:

Basiswissen: Familienkatechese in größeren pastoralen Räumen

These 1: Der Kommunionweg und der familienkatechetische Prozess vollziehen sich im überschaubaren Lebensbereich der Familien. Der Kommunionweg als Familienkatechese bleibt somit in erster Linie vitaler Prozess der Gemeinde vor Ort.

These 2: Familienkatechese setzt auf Kooperation und Synergie-Effekte auf der Ebene des katechetischen Leitungsteams. Die Begleitung der Begleiter von Eltern- oder Kindergruppen folgt dem Prinzip der Subsidiarität innerhalb eines größeren pastoralen Raumes, insofern sie diese Prozesse in den einzelnen Gemeinden realisiert, wo es möglich ist, und diese Begleitung dort synergetisch bündelt, wo es aufgrund personeller Gegebenheiten sinnvoll und notwendig ist.

These 3: In das katechetische Leitungsteam für einen größeren pastoralen Raum können befähigte Männer und Frauen aus den einzelnen Gemeinden als „Brückenbauer" für ihre Gemeinden intensiver integriert werden. Langfristig wünschenswert ist der Aufbau von katechetischen Leitungsteams in jeder Gemeinde eines größeren pastoralen Raumes.

These 4: Die professionelle Befähigung und Begleitung der Begleiter von Eltern- oder Kindergruppen kann durch die Infrastruktur der Katholischen Bildungswerke und Dekanate als Dienstleister für die größeren pastoralen Räume unterstützt werden.

These 5: Familienkatechese geht von der spirituellen Option aus, dass Gott in der Familie präsent ist. Daher trägt die basiskirchliche Vernetzung von jungen Familien mit Kindern im Lebensraum vor Ort zur Verwurzelung der Menschen in ihrer Gemeinde trotz der Struktur von größeren pastoralen Räumen bei.

These 6: Familienkatechese weckt und verstärkt das Interesse von Menschen an gelingender Gottesbeziehung und vitalem Gemeindeleben. Sie knüpft an den religiösen Ressourcen in den real existierenden Familienformen an und verstärkt diese (Stichwort familienbiografische Orientierung).

These 7: Familienkatechese würdigt das religiöse Engagement von Eltern und Kindern in der eigenen Familie. Sie greift damit wieder das weitgehend verlorene jüdische Erbe der frühen christlichen Gemeinden auf: Der Glaube wird auch zu Hause erfahren, gelebt und gefeiert.

These 8: Die solidarische Vernetzung verschiedener Gemeinschaften in der Familienkatechese ist elementar, damit *Communio* nicht selbstgenügsam privatisiert wird. Der größere pastorale Raum als Austauschbasis und Plattform der Vernetzung der Gemeinden kann diese regionale Solidarität der Gemeinden untereinander in geeigneter Weise stimulieren und realisieren. Im größeren kirchlichen Horizont können aus diesem Prozess der Familienkatechese diakonische Projekte und politisches Engagement für Menschen in Not im Inland wie auch im Ausland entstehen. Dies profiliert den *Kommunionweg als Familienkatechese* befreiungstheologisch.

II Familienkatechese in der pastoralen Praxis – Katechetische Konkretionen

2.1 Das katechetische Leitungsteam

Das *katechetische Leitungsteam* für den Kommunionweg als Familienkatechese ist nicht von vorneherein identisch mit der *Gemeindeleitung*, allen Hauptamtlichen einer Gemeinde oder pastoralen Kooperationseinheit. Das katechetische Leitungsteam kann sich – je nach den personellen Gegebenheiten – sowohl aus Hauptamtlichen als auch aus engagierten und befähigten ehrenamtlichen Mitarbeitern zusammensetzen. Es sollten in der Gemeindeleitung von Konsens getragene Entscheidungen über Zuständigkeiten getroffen werden, welche Hauptamtlichen und welche Ehrenamtlichen das katechetische Leitungsteam für den Kommunionweg bilden. Bei großen Gemeinden oder pastoralen Kooperationseinheiten mit mehreren Hauptamtlichen ist es sinnvoll, unter sich einig zu werden, wer im katechetischen Leitungsteam den Kommunionweg verantwortlich organisiert, begleitet und moderiert.

In allen Gemeinden – ob mit vielen oder wenigen Hauptamtlichen ausgestattet – ist es eine Frage der ekklesiologischen Option, dass befähigte Ehrenamtliche im katechetischen Leitungsteam vertreten sind. Der Prozess der Subjektwerdung einer Gemeinde kann nicht besser angestoßen und gefördert werden, als wenn engagierte Christen – bestenfalls aus unterschiedlichen sozio-kulturellen Milieus – verantwortlich in das katechetische Leitungsteam eingebunden werden.

Leitung als Begleitung

Ihre Aufgaben als katechetisches Leitungsteam lassen sich auf drei Ebenen von Begleitung unterscheiden: die spirituelle, die religionspädagogische und die organisatorische Ebene im Gesamtprozess Familienkatechese.

1. Spirituelle Ebene der Begleitung

Für Familienkatechese ist eine Spiritualität der Befreiung und Ermutigung, eine Spiritualität der Beziehung und der Gemeinschaft mit Gott und untereinander (*Communio*) lebens-notwendig. Dies gilt für alle Gemeinschaften des Kommunionweges im Sinne eines geisterfüllten kommunikativen Prozesses. Geisterfüllte kommunikative Praxis bezieht sich auch auf solidarisches Handeln, auf konstruktive Konfliktlösung, auf die Bewahrung der Schöpfung etc. Dabei sind Mystik (= Erfahrung der inneren Verbundenheit mit Gott) und gesellschaftliches Handeln (Politik) bei der Kommunion untrennbar miteinander verknüpft.

Wesentlich ist, dass die Gruppen auf dem Kommunionweg mystagogisch-liturgische Erfahrungen[66] mit der Eucharistie-Feier machen und auf diese Weise das Geheimnis des christlichen Glaubens erspüren können. Ein Verstehen dessen, was in der Liturgie warum und wie gefeiert wird, bedarf mystagogischer (hier: das geheimnisvolle Geschehen erschließender) Lernprozesse, da jenes Verstehen angesichts der Entfremdung vieler Kinder und Erwachsener heute besonders schwierig ist. Für diesen mystagogisch-liturgischen Bereich, verstanden als Einführung und Einübung in die Symbole und Vollzüge der Eucharistie-Feier, kommt vor allem den Priestern eine wichtige Aufgabe zu. Sie leiten die Eucharistie-Feier der Gemeinde und tragen daher für die Erschließung dieser Feier auch besondere Verantwortung. In ihrem Dienst nehmen die Priester eine spirituell unverzichtbare Verweisfunktion wahr, indem sie die Gemeinden darauf aufmerksam machen, dass das Volk Gottes aus allen Gläubigen weder aus sich selbst noch für sich selbst lebt, sondern in seinen Ursprüngen und in seinem Ziel angewiesen ist auf Gott.

Die Leitung des katechetischen Leitungsteams muss aber nicht vom Pfarrer wahrgenommen werden; diese Aufgabe kann in Absprache mit der Gemeindeleitung auch eine andere kompetente Person aus dem Leitungsteam übernehmen.
Zur spirituellen Ebene der Begleitung gehört, gemeinsam mit den Begleitern der einzelnen Gruppen, den Kommunionweg und seine Inhalte zu meditieren und zu reflektieren. Für einen „von Herzen kommenden" und „zu Herzen gehenden" Kommunionweg ist es für die Begleiter unverzichtbar, erst sich selbst intensiv spirituell mit den Themen und Deutungskategorien zu beschäftigen, die sie den Eltern, Kindern und Begleitern der Gruppen erschließen wollen. Wo dieser Aspekt vordergründig zugunsten organisatorischer Dringlichkeiten vernachlässigt wird, leidet die Nachhaltigkeit und evangelisierende Ausstrahlungskraft jeder Katechese.

2. Religionspädagogische Ebene der Begleitung
Mit Erziehungsverantwortlichen und Kindern nach den Spuren Gottes in ihrem Leben und in unserer Welt zu suchen, stellt eine verantwortungsvolle Angelegenheit dar. Wer Eltern- oder Kindergruppen auf ihrem Weg in die Kommunion mit Gott innerhalb der Gemeinde begleitet, benötigt dafür Grundkompetenzen. Diese Kompetenzen beginnen mit der Achtung vor und Zuwendung zu den Kindern und Eltern, so wie sie sind. Diese Grundhaltung kann in verschiedenen pädagogisch-didaktischen Fähigkeiten entfaltet werden. Ein wesentliches Anliegen in der Begleitung aller Begleiter besteht darin, deren pädagogische Fähigkeiten, die sie bereits mitbringen, zu fördern und weiterzuentwickeln.
Eine wichtige Vorüberlegung bezieht sich auf das Ansprechen von Begleitern für die Eltern- und Kindergruppen. Hierbei hat es sich bewährt, gemeinsam im katechetischen Leitungsteam nach befähigten und befähigbaren Erwachsenen und Jugendlichen zu suchen, diese persönlich zu ermutigen und ihnen die jeweilige Unterstützung, die Sie realistischerweise geben werden, im Vorfeld konkret zu verdeutlichen.
Ihre Zusammentreffen mit den Begleitern dienen dazu, die besonderen Eigenheiten des Glaubenlernens von Kindern oder von Erwachsenen sowie die Dynamik von Gruppenprozessen zu verstehen. Das Ziel ist dabei nicht, die Begleiter der Eltern- und Kindergruppen zu religionspädagogischen Profis zu machen. Es geht vielmehr darum, dass Sie deren unterschiedliche Charismen entsprechend fördern und auf themenbezogene Gruppenprozesse hin sensibilisieren. Deshalb ist die ständige Reflexion der zurückliegenden Treffen und der Erfahrungsaustausch unter den Begleitern der Gruppen wesentlich. Dadurch unterstützen diese sich gegenseitig und erweitern gemeinsam ihre je persönlichen Kompetenzen.
Ein zweiter wichtiger Schritt bei der Begleitung der Begleiter geschieht in der Vorbereitung der jeweils bevorstehenden Eltern- und Kindertreffen. Diese sind bereits in den vorliegenden Materialien *Gott mit neuen Augen sehen* gut durchdacht und vorstrukturiert. Dennoch sollten sie auf die jeweilige Situation vor Ort hin geplant werden:

* Welcher (theologische) Kerninhalt des Treffens steht im Vordergrund?
* Welche grundlegende Bedeutung (Wahrheit) hat das Thema?
* An welchen grundlegenden Erfahrungen knüpft es an?
* Welche Eigenheiten und Verstehensvoraussetzungen in der Gruppe sind bei der Erschließung des konkreten Themas zu beachten?
* Welche methodischen und organisatorischen Fragestellungen ergeben sich?

Die Auseinandersetzung mit diesen Fragen soll den Begleitern helfen, die Themen bewusst aus der Perspektive der Kinder bzw. der erwachsenen Bezugspersonen anzugehen.
Zur Begleitung gehört auch das Kennenlernen und Einüben verschiedener Methoden der Grup-

penarbeit sowie der angemessene Umgang mit Medien und Materialien. Vor allem eine motivierende Gesprächsführung und -gestaltung sind wichtige Grundlagen für die Begleiter. Diese Kompetenzen und Methoden vermitteln Sie als katechetisches Leitungsteam am besten und wirkungsvollsten durch die Art und Weise, wie Sie selbst die Treffen mit den Begleitern der Eltern- und Kindergruppen vorbereiten, gestalten und leiten.

Da jeder Mensch anders ist und jede Gruppe ihr eigenes Profil, ihre ganz spezifischen Chancen und Grenzen hat, kommt es in den Gruppen zu unterschiedlichen Problemen. Damit die Begleiter sowohl für die Gruppe als auch für sich persönlich angemessen auf solche Herausforderungen reagieren können, sollte/muss sich das katechetische Leitungsteam in der Begleitung der Begleiter mit der Realität in den Gruppen auseinandersetzen und die Begleiter entsprechend unterstützen. Es ist sinnvoll, sich mit den Begleitern der Elterngruppe und Kindergruppe getrennt zu treffen, da jeweils unterschiedliche Inhalte, Anregungen und Probleme zu besprechen sind. Innerhalb des katechetischen Leitungsteams kann diese Begleitung der Begleiter natürlich aufgeteilt werden: Eine Person begleitet die Begleiter der Elterngruppen und eine andere Person die Begleiter der Kindergruppen. Daher ist es notwendig, dass Sie sich regelmäßig untereinander austauschen und so nie den Gesamtprozess aus dem Blick verlieren.

3. Organisatorische Ebene der Begleitung

Es geht bei der Begleitung auch um pragmatisch-organisatorische Fragen. Für die Gesamtleitung des Kommunionweges sollten Sie sich als Leitungsteam im Vorfeld über die einzelnen Schritte Klarheit verschaffen, einen inhaltlichen und organisatorischen Verlaufsplan erstellen und den Kommunionweg Woche für Woche durchplanen. Damit entsteht ein Verlaufsplan für die gesamte Dauer des Kommunionweges, der den Familien und den Begleitern ausgehändigt wird und eine Vernetzung der einzelnen Gruppen sowie eine organisch ineinandergreifende Abstimmung der entsprechenden Inhalte und Prozesse ermöglicht. Zusammen mit den Begleitern der Gruppen können Sie absprechen, wie den Gruppenprozessen in diesem Verlaufsplan genügend Platz und Flexibilität eingeräumt werden kann, z.B. wenn ein Thema in einer Gruppe mehr Zeit braucht als in einer anderen. Der Verlaufsplan kann die inhaltliche Struktur und die Gruppenprozesse ausbalancieren, indem die zeitliche Abfolge nicht zu eng gestaltet wird.

Zum Verlaufsplan zählt z.B. auch der Aspekt der Einbindung des Kommunionweges in die Liturgie der Gemeinde, die Feier der Beichte als Feier der Versöhnung sowie natürlich die frühzeitige Festlegung der Termine für die Kommunionfeiern. Gemeindespezifische Akzente, wie etwa regelmäßige Familiengottesdienste, die u.a. auch von Kommuniongruppen vorbereitet und gestaltet werden können, oder spezielle Heiligen- und Gemeindefeste (Patrozinium), die mit dem Kommunionweg vernetzt werden können, ermöglichen den Beteiligten Partizipation an der Gemeindeliturgie. Da der vorliegende Kommunionweg *Gott mit neuen Augen sehen* eine flexible Auswahl aus einer Vielzahl von Themen ermöglicht, sollten Sie bei den Treffen mit den Begleitern der Gruppen diese Auswahl verbindlich treffen und auch begründen. Mit Sorgfalt und Umsicht durchgeführt, kann eine rechtzeitige Planung und Information gewährleisten, dass in den jeweiligen Gruppen der vernetzte Verlaufsplan des Kommunionwegs verwirklicht wird. Für anfallende Koordinierungsaufgaben sind zunächst Sie als Leitungsteam verantwortlich. Es geht hier um Fragen wie die Auswahl und Bereitstellung von katechetischen Materialien, um die Raumbelegung in Abstimmung mit anderen Gruppen in der Gemeinde usw. Diese organisatorischen Angelegenheiten rechtzeitig und vorausschauend zu klären, ermög-

licht Ihnen selbst und allen Gruppen einen reibungslosen Prozess beim Kommunionweg.
Ein Spezifikum dieses Kommunionweges ist, dass Ihnen kein in sich geschlossener Ablauf, also kein geschlossenes Curriculum, vorliegt, sondern Sie die Möglichkeit haben, mit Unterstützung der modulartigen Materialien den eigenen Kommunionweg in Ihrer spezifischen pastoralen Situation zu gestalten und miteinander zu gehen (vgl. auch Kapitel 2.6, S. 88–98).

Reflexionen und Optionen

Da Glaubensverkündigung als lebendiger Prozess in Raum und Zeit geschieht und von konkreten Voraussetzungen abhängt, ist es für die Gemeindeleitung und das katechetische Leitungsteam auf dem Kommunionweg hilfreich, selbst die derzeitige Praxis der Gemeinde zu reflektieren und – um der Zukunftschancen der Gemeinden willen – sehr bewusst Prioritäten und Optionen zu setzen. Deshalb ist es jedes Jahr vor dem Neubeginn des Kommunionweges sinnvoll, zunächst in sich selbst hineinzuhorchen und Klarheit zu gewinnen:

* Wie motiviert bin ich? Welche Frustrationen muss ich auflösen?
* Welche Optionen für Gemeindebildung und *Communio* treffe ich?
* Welche Personen sind mir in der Begleitung und Leitung der Gemeinde wichtig?
* Welche Personen sind mir für die Begleitung der Kinder- und Elterngruppen wichtig?
* Wie unterstütze ich diese Personen?
* Wer trägt Veränderungsprozesse mit?
* Wie lief es in unserer Gemeinde bisher, welche Schlüsse sind daraus zu ziehen?
* Welche konkreten Schritte sind in nächster Zeit nötig und möglich?

Angesichts kirchlicher Probleme und mancher personeller Engpässe, angesichts der gewandelten Religiosität und der gesellschaftlichen Situation wird es noch wichtiger, die Zeichen der Zeit zu erkennen, im Licht des Evangeliums zu deuten (vgl. Gaudium et Spes 4) und sich innovativ-integrativ mit Menschen auf die Wahrnehmung und die Feier der Gottesbeziehung einzulassen.
Dass sich dabei Gemeinden und Gemeindeleitungen von manchem Althergebrachten verabschieden müssen, sich vom Denken in Zahlen loslösen und von gewissen Vorstellungen, was pastoraler Erfolg sei, befreien sollten, liegt auf der Hand. Dabei schmälern wir dieses Althergebrachte in seiner Bedeutung für vergangene Zeiten nicht. Doch stellt sich angesichts der veränderten Situationen heute die Frage, welche Schritte in der Gegenwart notwendig sind, um Zukunft zu gewinnen und zu gestalten. Die Grundfrage lautet: Was ist für die Reich-Gottes-Verkündigung in unseren Gemeinden wesentlich? Was ist für die Zukunfts- und Lebensfähigkeit unserer Gemeinden, was ist zum Zeugnis für das Reich Gottes heute und morgen wichtig?
Wenn Sie sich selbst zusammen mit jenen, die mit Ihnen gemeinsam den Kommunionweg in den Gemeinden begleiten, klar geworden sind, welche Option Sie im Bereich der Kommunionkatechese treffen wollen, können Sie eine grundlegende Veränderung auf Familienkatechese hin in Ihrer Gemeinde einleiten. Wenn Sie sensibel argumentieren, an die positiven Begabungen und das meist wache Verantwortungsgefühl von Eltern und anderen Erziehungsverantwortlichen anknüpfen, wird diesen oft schnell klar, dass sie die religiöse Erziehung ihres Kindes nicht einfach anderen überlassen können. Umgekehrt wird deutlich, dass der *Kommunionweg als Familienkatechese* nicht einfach „machbar" ist. Er birgt vielmehr eine *spirituelle Umkehr* in sich, die Abschied nimmt von der Idee: „Religiöse Erziehung ist Sache der Spezialisten. Ich kann das nicht und ich weiß nicht, wie es gehen soll." Viele Eltern und Erziehungsverantwortliche können über die Praxis des

Kommunionweges als Familienkatechese die Hemmung verlieren, über den Glauben zu sprechen. Sie können Mut fassen, mit den ihnen anvertrauten Kindern zu und über Gott zu sprechen. Sie als katechetisches Leitungsteam sollten mit Sorgfalt den Prozessverlauf reflektieren, jeweils Pro und Kontra der bisherigen Entwicklungsschritte bedenken und die Ihnen und der Gemeinde möglichen künftigen Schritte gehen. Am Ende des Kommunionweges empfiehlt es sich, mit den Begleitern gemeinsam den gesamten Prozess zu reflektieren. In der Regel kommen überwiegend konstruktive Kritik, was zu verbessern ist, und eine Bestätigung dessen, was beizubehalten ist. Ebenfalls ergibt sich aus solchen Gesprächen, wer für das nächste Jahr bereit ist, sich als Begleiter wieder auf den Kommunionweg einzulassen. Nach dem ersten Jahr Familienkatechese kann z.B. bei einem Klausurtag aus den ersten Erfahrungen gelernt und der Kommunionweg für das Folgejahr weiterentwickelt werden.
Setzen Sie sich selbst, die Eltern und Kinder nicht unter Leistungsdruck! Wenn Sie sich für die Option *Kommunionweg als Familienkatechese* entschieden haben, dann beginnen Sie einen gemeinsamen Prozess, der wie alle Wachstumsprozesse seine Zeit braucht. Es ist völlig legitim, wenn es in Ihrer Gemeindepraxis einen gleitenden Übergang von einem bisherigen Modell des Kommunionweges zum Modell Familienkatechese gibt. Durch den bausteinartigen Aufbau von *Gott mit neuen Augen sehen* wird Ihnen eine flexible Praxis ermöglicht, die von den pastoralen Optionen und Bedürfnissen Ihrer Gemeinde ausgeht.

Communio-Praxis

Teamfähigkeit und Kooperation wird durch Familienkatechese nicht nur gefördert, sondern ist wichtige Voraussetzung für diesen Weg. Wer als katechetisches Leitungsteam von *Communio* und Glaubenskommunikation redet, tut gut daran, im Kreis der Mitarbeiter *Communio* und Glaubenskommunikation auch zu praktizieren.
Communio als Schlüsselbegriff für den Kommunionweg versteht sich als ein Knotenpunkt im Kommunikationsnetz der Gemeindepastoral. Das heißt konkret, dass die pastoralen Handlungsfelder in der Gemeinde aufeinander zu beziehen sind, damit möglichst viele Menschen miteinander in Beziehung kommen und Glaubensgemeinschaft vielschichtig und konkret entstehen kann. Dies kann zu interessanten Synergieeffekten führen. Eine Vernetzung mit anderen pastoralen Handlungsfeldern wird durch Familienkatechese zum Teil provoziert.
Niemand verliert Kompetenzen, vielmehr werden die vorhandenen Kompetenzen und Begabungen in der Gemeinde miteinander vernetzt und bekommen damit mehr Intensität und Entfaltungsfähigkeit. Für das katechetische Leitungsteam einer Gemeinde (oder einer größeren pastoralen Kooperationseinheit) bringt dies mittel- und langfristig eine Entlastung, weil die vielfältigen Aufgaben von vielen Menschen in den Gemeinden mitgetragen werden. Die Gemeinden sollten wie ein Tausendfüßler mit vielen Beinen als Volk Gottes unterwegs sein und nicht nur auf den Beinen des Priesters, der Gemeindeleitung oder des katechetischen Leitungsteams stehen, wenngleich diese eine unersetzbare Leitungsfunktion und Stimulierungsaufgabe innehaben.
Als katechetisches Leitungsteam stehen Sie vor der kreativen Aufgabe, *Communio* Gestalt werden zu lassen und ihr Gestalt zu geben. Diese Aufgabe ist nicht als „Damoklesschwert" zu verstehen, sondern als Chance, als lebensfördernder, erfreulicher Prozess. Denn Familienkatechese ist bewusste Beziehungsarbeit, sie ist Anstiftung zu Beziehung und Gemeinschaft. Realistischerweise muss man aber sagen, dass diese Beziehungsarbeit natürlich auch scheitern kann – selbst/sogar dann, wenn Sie alles für ein Gelin-

gen getan haben. Beziehung und gelingende Gemeinschaft lassen sich nun einmal nicht machen. Sie sind nicht alleine für das Gelingen oder Scheitern des Kommunionweges als Familienkatechese verantwortlich. Sie können jeweils nur das Ihnen Mögliche dazu tun – nicht mehr und nicht weniger. Beziehung und Gemeinschaft können Sie anstoßen und anstiften. Ein Gelingen dieses Weges hängt auch von den anderen Weggefährten ab.
Einer lebensförderlichen Kommunikation nach den örtlichen Möglichkeiten und zeitlichen Rahmenbedingungen Raum zu geben, ist Ihre Aufgabe und Ihr Dienst an den Menschen in der Gemeinde. Wo Personen und Gruppen miteinander in Glaubenskommunikation gebracht werden, dort realisiert sich *Communio* konkret – in den Brüchen und mühsamen Kontexten im Alltag einer Gemeinde. Einzelne Menschen zu begleiten, sie ehrlich und persönlich zu bestärken, an ihren Stärken anzuknüpfen und sie wiederum mit anderen Menschen in Kontakt und Austausch zu bringen, wirkt für Familienkatechese hilfreich. Denn damit verdichtet sich Kommunikation in der Gemeinde. Ihre Aufgabe besteht darin, zu begleiten, zu moderieren und zu integrieren. Selbstverständlich gehört dazu auch, Konflikte aufzugreifen und – wenn möglich – versöhnlich zu lösen; ebenso Menschen zu integrieren, die eher am Rand stehen und sich nicht trauen, der Gemeinde näher zu kommen. Es kann große Freude machen, verschiedene Menschen und Interessen einer Gemeinde aufeinander zu beziehen.

Was ist, wenn ...

Oft wird gefragt: „Was passiert auf dem *Kommunionweg als Familienkatechese*, wenn sich Eltern auf die Begleitung ihres Kindes nicht einlassen wollen oder können?" Auch wenn die Erfahrung gezeigt hat, dass die überwiegende Mehrheit der Erziehungsverantwortlichen liebevoll und engagiert ihre Kinder begleitet, ist hier zu differenzieren.[67]
Es kann sein, dass Eltern nicht an der Elterngruppe teilnehmen können oder wollen. Dies kann vielfache Gründe haben – berufliche Beanspruchung, negative Gruppenerfahrungen, Desinteresse usw. Gleichzeitig ist dies allerdings kein Gradmesser dafür, ob diese Eltern sich auf das Familiengespräch zu Hause einlassen oder nicht. Umgekehrt können sich durchaus Mütter und Väter auf die Erfahrungen in der Elterngruppe einlassen, aber nicht den Willen oder die Zeit aufbringen, das Familiengespräch mit ihrem Kind zu führen. Dies betrifft die Kinder dann zwar unmittelbar, bedeutet aber nicht, dass diese auf dem Kommunionweg der Gemeinde Teilnehmer zweiter Klasse sind. Vielmehr werden Sie als katechetisches Leitungsteam und die Begleiter der Kindergruppe überlegen, wie auch diesen Kindern die Erschließung der Gottesbeziehung, die Berührung durch Gott in der Eucharistie, ermöglicht wird. Gefragt sind hierbei vor allem die Kindergruppen, in denen das Familiengespräch weiter vertieft wird. Daher werden deren Begleiter auf die Möglichkeit hin sensibilisiert, dass eines oder mehrere Kinder ihrer Gruppe den Baustein zum Familiengespräch zu Hause eventuell nicht besprochen hat/haben.
Es gibt zwei grundsätzliche Möglichkeiten, mit dieser Situation umzugehen: Entweder wird dem Kind das anstehende Thema allein mittels des jeweiligen Materials zum Kindertreffen erschlossen – es findet also über den Verlauf des Kindertreffens in das Thema hinein – oder die Begleitung nutzt die Möglichkeit, einzelne Elemente aus dem *Familienbuch* in den Verlauf des Treffens einzubauen, um nochmals elementarer in das Thema einzusteigen. Letztendlich ist es für Gruppen von Gleichaltrigen nichts Ungewöhnliches, dass zu einem Thema innerhalb der Gruppe ein unterschiedlicher Wissens- und Erfahrungsstand herrscht.

Grundsätzlich hat im Einzelfall das nicht vorhandene Familiengespräch zur Folge, dass die Kinder in der *Kindergruppe* auf die Begegnung mit Gott in der Feier der Eucharistie vorbereitet werden. Wertungen einer besseren oder schlechteren Vorbereitung in den einzelnen Familien dürfen nicht vorgenommen und auch nicht zugelassen werden.
Ist eine Vorbereitung in der Familie nicht möglich, sollten umso mehr andere Christen auf dem Kommunionweg dieses Kind unterstützen. Gleichwohl kann es nach feinfühligem Abwägen im Sinn einer „nachgehenden Pastoral" angebracht sein, das Gespräch und den Kontakt mit den betreffenden Eltern zu suchen – nicht um einer Kontrolle, sondern um der Beziehungsstiftung und der möglicherweise benötigten Hilfestellung willen. Viele Erziehungsverantwortliche – nicht zuletzt Familien in Notsituationen – registrieren sehr sensibel, welche Signale des Interesses und der persönlichen Zuwendung und der Unterstützung von der Gemeinde her überhaupt kommen. In diesem Sinne ist ein empathisches Zugehen auf die Eltern und Familien durchaus möglich und angebracht.
Wenn sich im Gespräch mit den Eltern ergibt, dass sie ihr Kind auf dem Kommunionweg nicht begleiten wollen, da ihnen selbst der christliche Glaube fremd oder gleichgültig geworden ist, so ist ihnen – bei allem Verständnis für ihre Glaubensbiografie – im Interesse des Kindes aber auch bewusst zu machen, dass die begleitende Hilfe der Eltern für die religiöse und christliche Erziehung ihres Kindes von wesentlicher Bedeutung ist. Ohne auf die Eltern Druck auszuüben, sollte ihnen ihre elterliche Verantwortung deutlich werden. Denn ohne Unterstützung des engeren Beziehungsumfeldes bleibt die Begleitung der Gemeinde nur Stückwerk und „die meisten Kinder werden ohne Unterstützung durch ihre Eltern nicht auf Dauer in die Eucharistiegemeinschaft hineinwachsen"[68].

MANCHE MENSCHEN WISSEN NICHT

Manche Menschen wissen nicht,
wie wichtig es ist, dass sie da sind.
Manche Menschen wissen nicht,
wie gut es tut, sie nur zu sehen.
Manche Menschen wissen nicht,
wie tröstlich ihr gütiges Lächeln wirkt.
Manche Menschen wissen nicht,
wie wohltuend ihre Nähe ist.
Manche Menschen wissen nicht,
wie viel ärmer wir ohne sie wären.
Manche Menschen wissen nicht,
dass sie ein Geschenk des Himmels sind.
Sie wüssten es,
würden wir es ihnen sagen.
Petrus Ceelen

2.2 Wie beginnen?

Für viele Gemeinden und Gemeindeleitungen, die mit dem Kommunionweg als Familienkatechese beginnen wollen, stellt sich die Frage nach dem ersten Schritt. Organisatorisches drängt sich in den Vordergrund. Ängste und Widerstände sowohl von den Gemeindemitgliedern als auch im eigenen Denken und Fühlen lassen manches katechetische Leitungsteam und manche Gemeindeleitungen zögern.

Diese Ängste und Hemmungen sind teilweise verständlich und nachvollziehbar. Wir machen aber auf eine grundlegende Realität von Gemeindeleitung aufmerksam, deren Wirksamkeit sich letztlich keine Gemeindeleitung und kein katechetisches Leitungsteam entziehen können. Gemeinde leiten heißt immer auch Entscheidungen zu treffen. Einen Neuansatz in der Sakramentenkatechese einzuführen, setzt auf alle Fälle einen dialogischen Entscheidungsprozess voraus. Als katechetischem Leitungsteam fällt in Ihre Zuständigkeit und Verantwortung, die Katechese – bewusst pointiert formuliert – nicht nur zu verwalten, sondern neue, theologisch reflektierte Impulse und Ansätze aufzunehmen und in die Gemeinde einzubringen. Dieses „Einbringen in die Gemeinde" geschieht zunächst über Information und Aufklärung der zuständigen Leitungsgremien, wie Kirchengemeinderat, relevante Ausschüsse, die Gesamtgemeinde (Veröffentlichung im Gemeindeblatt, Predigtreihe usw.) und besonders der Eltern, die davon unmittelbar betroffen sein werden. Auch Ihnen werden die Kriterien und Optionen für einen *Kommunionweg als Familienkatechese* verständlich offengelegt. Familienkatechese ist nicht einfach eine neue Methode der Kommunionvorbereitung, sondern vor allem eine spirituelle, gemeinschaftsbildende und gemeindeverändernde Angelegenheit.

So wird nochmals deutlich, dass zunächst Sie sich für diesen ekklesiologischen Ansatz und diesen *Kommunionweg als Familienkatechese* entscheiden müssen, um diesen Weg entsprechend positiv gegenüber der Gemeinde vertreten und vermitteln zu können.

Entwicklungen brauchen nicht nur beim einzelnen Menschen Zeit, sondern auch bei einer Gemeinde. Das Tempo einer Entwicklung kann von Gemeinde zu Gemeinde unterschiedlich sein – je nach den Chancen und Grenzen einer Gemeinde und ihrer Leitung. Darin liegen Entlastung und Verantwortung zugleich. Oft ist der Grat zwischen dem Anliegen, einerseits niemanden mit Entwicklungen zu überfordern und andererseits die Gemeinde nicht zu unterfordern und Entwicklungen nicht zu verschleppen, sehr schmal. Deshalb raten wir, solche Entwicklungen nicht als „Einzelkämpfer" und als Ein-Mann/Frau-Unternehmen zu betreiben, sondern eingebunden in eine Gemeinschaft, von dieser getragen und verantwortet. Anderes würde auch dem Denkansatz einer Theologie des Kommunionweges als Familienkatechese widersprechen. Konkret sollten Sie den Kommunionweg als Familienkatechese nicht gegen den erklärten Widerstand der Gemeinden durchdrücken. Wenn in der Gemeinde die Zeit für diesen Paradigmenwechsel in der Katechese noch nicht gekommen zu sein scheint, kann es aber Ihre Aufgabe bleiben, weiterhin die Option für Familienkatechese zu verdeutlichen, beharrlich Überzeugungsarbeit zu leisten und die Widerstände Einzelner oder einzelner Gruppen konstruktiv und argumentativ zu bearbeiten.

Wer trifft die Option?

Jeder Weg beginnt mit dem ersten Schritt – dies gilt auch für den *Kommunionweg als Familienkatechese*. Letztlich bedeutet es eine sensible und mutig-zuversichtliche Entscheidung vor Ort, den ersten Schritt zu wagen und eine Gemeindeentwicklung nicht durch Einzelmeinungen und einzelne Gruppierungen blockieren zu lassen. Widerstände wird es vermutlich immer geben – gespeist aus unterschiedlichen Kirchenerfahrungen und Kirchenbildern, hinter denen stets auch eine geprägte Vorstellung von Glaube, Spiritualität und Sakramenten steht. Insofern bleibt dies auch eine Frage Ihrer persönlichen theologischen und spirituellen Kompetenz, welchen Stimmen im Konzert der Gemeindemitglieder Sie mehr und welchen Sie weniger Gehör schenken wollen.

Die Entscheidung, ob und wann die Zeit reif ist, in Ihrer Gemeinde den Kommunionweg als Familienkatechese zu gestalten, muss von der Gemeindeleitung getroffen und getragen werden. Nicht sinnvoll ist es, wenn nur das katechetische Leitungsteam oder Einzelpersonen diesen Prozess anstoßen und durchführen wollen. Zum einen würde der Kommunionweg von zu wenigen mitgetragen. Zum anderen macht es theologisch und spirituell keinen Sinn, einen so sehr auf gelingende *Communio* und Kommunikation angewiesenen Weg wie den Kommunionweg als Familienkatechese unkommunikativ und ohne tragende Gemeinschaft realisieren zu wollen.

Die Entscheidung ist also nach Prozessen der Information über die Inhalte, Anliegen und Hintergründe dieses Kommunionweges von der verantwortlichen Gemeindeleitung zu treffen – von den Hauptamtlichen und von den zur Gemeindeleitung gewählten Gremien. Ob der gedankliche Anstoß zur Familienkatechese vom Pastoralteam in den Kirchengemeinderat eingebracht wird oder von jemand anderem, ist irrelevant. Wichtig bleibt, dass die zur Gemeindeleitung bestellten Gremien und Personen kommunikativ und mehrheitlich gemeinsam eine konsensfähige Entscheidung für diesen Weg fällen. In den Entscheidungsprozess sollten deshalb die entsprechenden Gremien und Ausschüsse der jeweiligen Pfarr-/Kirchengemeinderäte, wie z.B. der Ausschuss *Ehe und Familie* oder *Gemeindeentwicklung* besonders einbezogen werden. Möglicherweise verläuft ein solcher Entscheidungsprozess in Ihrer Gemeinde in mehreren Phasen und die Gemeindeleitung trifft zunächst eher generelle Optionen und konkretisiert sie nach und nach in einzelnen Schritten. Für einen solchen Entscheidungsprozess schlagen wir zunächst eine Phase der umfassenden und ausführlichen Information vor. Alle Entscheidungsträger sollten wissen, „was Sache ist und um was es da eigentlich geht". In einem zweiten Schritt analysieren Sie nüchtern und ehrlich die gegenwärtige Situation Ihrer Sakramentenpastoral: „Wo steht unsere Gemeinde?" An die Bestandsaufnahme kann sich eine „Visionsarbeit" anschließen, d.h. die Überlegung, wie sich die Zukunft der Gemeinde gestalten soll und welche Wege der Verwirklichung gehbar sind.

Sind diese Überlegungen in angemessener Gründlichkeit und Klarheit erfolgt, müsste sich für die Verantwortlichen erkennen lassen, ob und wie das Anliegen *Familienkatechese* den Bedürfnissen der Gemeinde entspricht und ob es sich als ein richtiger Weg für die Zukunft erweisen könnte – oder eben nicht (vgl. S. 62).

Eine erste Entscheidungshilfe: Machen Sie sich bewusst, dass eine solche Entscheidung für einen neuen Kommunionweg nicht für alle Zeiten, sondern zunächst für einen überschaubaren Zeitraum zu treffen ist. Es erleichtert Ihre Entscheidung, dass eine Umsetzung von Familienkatechese in Ihrer eigenen Gemeindepraxis nicht von heute auf morgen erfolgen muss, sondern dass hier sinnvolle Zeiten des Übergangs und der Veränderung in der Praxis Ihrer Gemeinde anzusetzen sind.

Wer stärkt mir den Rücken?

Das Bild vom Kommunion*weg* legt die Frage nach einer *Wegbegleitung* nahe. Für viele Hauptamtliche und Ehrenamtliche, die den *Kommunionweg als Familienkatechese* zu gehen bereit und entschlossen sind, stellt sich die legitime Frage: „Wer geht mit mir, wer stärkt mir den Rücken?"
Zunächst unterstützen und ergänzen sich die Personen in einem katechetischen Leitungsteam untereinander, und zwar auf allen Ebenen. Ein Kommunionweg würde sich selbst widersprechen, wenn schon das Team selbst in Konkurrenz statt in Kooperation zueinander stehen würde. Die Grundachse Kommunion – Kommunikation muss auch im Leitungsteam stimmen.
Eine weitere realistische Unterstützung wirkt von Gemeinde zu Gemeinde. Im Anliegen einer Vernetzung können Sie sich kundig machen, welche Gemeinden oder größere pastorale Organisationseinheiten den Weg der Familienkatechese gehen. Gemeindeleitungen und katechetische Leitungsteams können sich mit Kollegen aus anderen Gemeinden treffen, sich zusammensetzen und die Fragen und Problemstellungen, die sich auf jedem Weg immer ergeben werden, gemeinsam lösen bzw. nach Lösungsmöglichkeiten suchen. Eine Gemeinde kann so von den Erfahrungen der anderen profitieren. Der Austausch von Erfahrungen kann Sie oftmals konkreter weiterbringen als manche theoretische Ausführung. Auch Fehler und Versäumnisse können in einem solchen Praxis- und Erfahrungsaustausch auf Gemeindeebene offengelegt und bedacht werden, denn die negativen Erfahrungen sind ein Lernpotenzial, das für künftige Gemeindepraxis zu nutzen ist.
Mehrere Gemeinden innerhalb desselben Dekanates können diese Ebene nutzen, um hier z.B. eine gemeindeübergreifende Schulung und Befähigung von Begleitern einzurichten. Dies ersetzt die Begleitung der Begleiter vor Ort allerdings nicht, da in jeder Gemeinde der Kommunionweg unterschiedliche Bestandteile hat und die Auswahl sowie die Reihenfolge der Lernprozesse von Gemeinde zu Gemeinde unterschiedlich sein können.
Der Weg der Familienkatechese hat in den letzten Jahren maßgeblich die deutschsprachige Diskussion und Entwicklung auf dem Gebiet der Sakramentenkatechese beeinflusst und vorangebracht. Weltkirchliches und gegenseitiges Lernen kann jenseits aller funktionalen und organisatorischen Fragestellungen den oft verengten Blick wieder weiten. Zu Recht können wir feststellen, dass Teile der europäischen Kirche von den Schwestern und Brüdern in Lateinamerika lernen und sich von den Erfahrungen dieser Gemeinden und Diözesen ermutigen lassen, einen neuen Weg zu gehen.
Gerne unterstützen wir Sie bei inhaltlichen und organisatorischen Fragen Ihres *Kommunionweges als Familienkatechese vor Ort*.
Unter www.koesel.de/gemeinde finden Sie Hinweise auf häufig gestellte Fragen sowie weitere Unterstützungsangebote.

Entscheidungshilfen

Familienkatechese versteht sich selbst als Antwort auf die Realität von Familien und Gemeinden. Sie schreibt aber nicht den Status quo fest, sondern provoziert Weiterentwicklung und Veränderung der Realität. Familienkatechese geht davon aus, dass die Menschen nur gemeinsam und mithilfe des Wortes Gottes ihre Situation – in der Familie, in der Gemeinde – verändern und verbessern können. In Pastoral und Katechese werden natürlich noch andere gute Wege vorgeschlagen. Ob aufgrund der Situations- und Realitätsanalyse Ihrer Gemeinde *Familienkatechese* die passende Antwort ist, können Sie als Gemeindeleitung und katechetisches Leitungsteam anhand folgender Fragen weiter entscheiden:

* Kennen wir im Bereich der Kommunionkatechese bessere Alternativen?
* Wie sehen diese aus und wie qualifiziert sich dieses „besser"?
* Welches Leitbild, welche Vision von Gemeinde tragen wir in uns?
* Welche Optionen hinsichtlich Gemeinde (-aufbau) treffen wir?
* Welche Wege gehen wir, um diese Optionen zu realisieren?
* Welche konkrete, konstruktive Hilfe gibt unsere Gemeinde den Familien zur Gestaltung eines christlichen Familienlebens?
* Was hindert Eltern in unserer Gemeinde, ihre Kinder religiös zu erziehen?
* Wie unterstützen wir die Eltern bei der religiösen Erziehung ihrer Kinder?
* Wo teilen in unserer Gemeinde erwachsene Christinnen und Christen ihren Glauben und lassen ihn fruchtbar werden für Kirche und Welt als *Salz der Erde*?

Erwartungshaltungen klären – Aufträge und Arbeitsbündnisse in katechetischen Prozessen

Viele Enttäuschungen und Reibungsverluste in katechetischen Prozessen beruhen auf unterschiedlichen, ja kontroversen Erwartungshaltungen seitens der einladenden Gemeinde und der nachfragenden Kommunionfamilien. Diese Konflikte können nur entschärft werden, wenn sich die Beteiligten bestenfalls bei einer ersten Kontaktaufnahme im Vorfeld, aber auch im Verlauf des Prozesses um eine transparente Klärung der „Aufträge" und „Angebotsstrukturen" bemühen und entsprechende Arbeitsbündnisse zustande kommen.

Auf die Katechese bezogen bedeutet das zugespitzt: Warum sollte man Einzelne oder gar ganze Familiensysteme gegen ihren Willen in langwierige und pastorale Ressourcen zehrende katechetische Prozesse einbinden, wenn ihre Anliegen eventuell gänzlich anderer Art sind? Damit soll einer rigoristischen Sakramentenpastoral nicht nach dem Mund geredet werden, sondern die Forderung nach differenzierten Wegen, welche die Bedürfnisse und Ressourcen *aller* Beteiligten wahrnehmen, entsprechend aufgegriffen werden und sich zu einem Arbeitsbündnis formieren, in dem die gemeinsamen Ziele und Arbeitsweisen abgesprochen und vereinbart werden. Ein katechetisches Arbeitsbündnis umfasst dabei die Vereinbarung über *Themen, Inhalte* und *Art des katechetischen Prozesses, die Begleitungsstrukturen, die differenzierten Erwartungen an die Mitarbeit, gemeinsame Feiern* und *Unternehmungen* sowie bereits die *Vernetzungsaspekte und Verweisungszusammenhänge mit anderen kirchlichen Gruppen und Kreisen.*

Differenzierte Wege ermöglichen

Schon aufgrund des volkskirchlichen Erbes lassen sich die Teilnehmererwartungen an katechetischen Angeboten grob vereinfacht polarisieren nach Menschen, die Kirche leben wollen, und Menschen, die nur kurzfristig etwas von der Kirche wollen. Erfahrungsgemäß führen differenzierte Parallelstrukturen zur Qual der Wahl seitens der eingeladenen Familien. Auch vermitteln parallel verlaufende katechetische Zwei-Wege-Varianten den Eindruck einer Zwei-Klassen-Katechese. Darüber hinaus kann es leicht zu einer organisatorischen (und spirituellen) Überforderung des katechetischen Leitungsteams kommen – man kann nicht allen Forderungen gleichzeitig gerecht werden. Ein ressourcenschonender Ausweg aus diesem Dilemma richtet den Blick auf die konzeptionelle Entwicklung einer binnendifferenzierten familienbiografischen Katechese.

Organisatorische Entflechtungen und neue thematische Akzente

Gemeint ist die Unterteilung der bestehenden (Sakramenten-)Katechesen in eigenständige Wegstrecken nach thematisch/inhaltlichen Kriterien, die als Gesamtstrecke über einen längeren Zeitraum hinweg konzipiert werden und bei der *ein* Abschnitt die unmittelbare Sakramentenvorbereitung und feierliche Sakramentenspendung umfasst. Dabei bestimmen die zu allen Wegstrecken eingeladenen Familien selbst, welche Abschnitte (oder welchen Abschnitt) des Kommunionweges sie verbindlich mitgehen und mitgestalten wollen und welche nicht.

Einige Beispiele:

* Die zeitliche und thematische Entflechtung des Kommunionweges auf mehrere, voneinander unabhängige Kurse, die sich über einen längeren Zeitraum, ggf. mehrjährigen Verlauf erstrecken und verschiedene Themenschwerpunkte, wie z.B. Brauchtumspflege im Kirchenjahr, die Tauferneuerung, die Einführung in zentrale biblische Geschichten (Bibelwochen), die Feier der (sakramentalen) Versöhnung etc. behandeln.
* Angebote zu gemeinsamen Festen, Spielnachmittagen, Gottesdiensten für die ganze Familie
* Differenzierte Angebote zur Beteiligung von Eltern an der Kommunionvorbereitung, z.B. durch ein rotierendes System der Begleitung der Kindergruppen – so können sich verschiedene Eltern als Kindergruppenbegleiter abwechseln.
* Sensibilisierung des katechetischen Prozesses für „besondere" Familienkonstellationen – Wiederverheiratete, Geschiedene mit ihren Kindern, Stieffamilien, Ein-Eltern-Familien etc., Familien in familienbiografischen Übergangssituationen (Trennung, Scheidung, Erwerbslosigkeit, Tod etc.) und chronisch bzw. pathologisch gebrochenen Familiensituationen (Drogensucht, Gewalt, Unterversorgung/Überbehütung der Kinder, übersteigerte Leistungsorientierung etc.), um ggf. entsprechende außerfamiliale Ressourcen für diese Familien zur Verfügung zu stellen.
* Informelle Gelegenheiten zum Dialog mit Familienmitgliedern und Eltern(teilen) anbieten, die der Kommunionvorbereitung kritisch gegenüberstehen.

Konzeptionelle Vernetzungen

Gemeint ist die Verknüpfung von möglichst vielen bestehenden (ggf. sakramenten-)katechetischen und familienpastoralen Angeboten auf unterschiedlichen pastoralen Handlungsebenen zu einem integrativen Gesamtkonzept der Familienpastoral.

* Grundschulweg (s. S. 95f.)
* Beteiligung von Jugendlichen, möglicherweise Firmlingen oder älteren Ministranten an der Erstkommunionvorbereitung (z.B. durch die Begleitung von Kindergruppenstunden, Ausflügen, katechetischen Nachmittagen oder im Anschluss an die Kommunionvorbereitung).
* Übernahme von Gebetspatenschaften für die Kommunionfamilien durch Gemeindemitglieder.
* Anregungen und Bereitstellung von Ressourcen zur Gründung von kirchlichen Familiengruppen oder -kreisen, die aus der Kommunionvorbereitung hervorgehen.
* Beteiligung der Kommunionfamilien an Brauchtum und kirchlichen Festzeiten während des Kommunionwegs (z.B. Einladung zur Mitgestaltung von Advents-, Weihnachts-, Oster- oder Pfingstgottesdiensten).
* Vernetzung der Kommunionvorbereitung mit der diakonischen Gemeindepraxis durch „handlungsorientierte" Alternativen zu den

traditionellen Kinder- und Elterngruppentreffen, z.B. die Einladung der (ganzen) Kommunionfamilie zur Beteiligung an karitativen Aktivitäten der Gemeinde/Seelsorgeeinheit während der Kommunionvorbereitung (Sternsingeraktion, Senioren(heim)-/Kranken(haus)-besuche, Geburtstagsbesuche, Neuzugezogenenbesuche).

* Anregungen zu gemeinschaftlichen Arbeiten, die das Gemeinwesen betreffen, z.B. Kirchplatz-, Spielplatzgestaltung, Sicherung des Schulweges, Wald- und Wiesensäuberungsaktionen, Altpapiersammlung etc.

Der Faktor Zeit

Wenn Sie z.B. für die Begleitung der Begleiter der Elterngruppen und der Kindergruppen jeweils pro Monat einen Abend/Nachmittag einplanen und sich als Leitungsteam selbst etwa alle sechs Wochen treffen, dann reicht dieser Zeitaufwand in der Regel aus. Allerdings ist jedes Treffen mit einer entsprechenden Vor- und Nachbereitung Ihrerseits verbunden. Diese Zeitinvestition wirkt erheblich, weil Sie viele Gemeindeglieder unterstützen, die ansonsten nicht in einen solch intensiven Begegnungsraum der Gemeinde hineinfinden. Für manche scheint eine solche Intensivierung von Begegnungs- und Lernräumen, wie sie dieser Kommunionweg mit sich bringt, nicht von Anfang an überschaubar. Im ersten Jahr ist der Zeitaufwand, den Sie für diesen *Kommunionweg als Familienkatechese* benötigen, sicher höher, weil sich noch vieles einspielen muss.

Die Gruppenbildung

Beim *Kommunionweg als Familienkatechese* ist die Gruppenbildung elementar wichtig. Dieser Kommunionweg geht von Kindergruppen mit sechs bis acht Kindern aus und entsprechend ebenso großen Elterngruppen. Eine Elterngruppe umfasst also idealerweise die Erziehungsverantwortlichen dieser sechs bis acht Kinder. Möglich ist aber auch, die Eltern von zwei oder drei Kindergruppen zu einer Elterngruppe zusammenzufassen – insbesondere, wenn es hierfür zwingende Gründe gibt, wie etwa zu wenig Begleiter für Elterngruppen. Da bei jedem Elterntreffen von jedem Kind selten zwei Elternteile/Erziehungsverantwortliche zum Elterntreffen kommen, ist diese Gruppengröße auch realisierbar.
Es gibt bei der Gruppenbildung verschiedene Variationen. Die optimale Variante der Gruppenbildung wählen Sie aus Ihrer pastoralen Situation heraus. Gruppenbildung ist immer eine sensible Angelegenheit, weil dadurch von vorneherein – noch vor jeglichen Treffen – Behagen oder Unbehagen bei den Eltern und Kindern entstehen kann. Deshalb sollten Sie das von Ihnen festgelegte Verfahren der Gruppenbildung vor den Eltern offen und transparent ansprechen. Legitimerweise können Sie als katechetisches Leitungsteam von Jahr zu Jahr eine andere Variante der Gruppenbildung ausprobieren, um durch die Erfahrungen und über die Rückmeldungen seitens der Eltern den optimalen Weg finden zu können. Entscheidend ist, dass Sie den Eltern im Einzelfall keine Gruppeneinteilung unvermittelt aufzwingen, sondern dass Sie dialogisch und partnerschaftlich die Bedürfnisse einzelner Familien innerhalb der Grenzen, die der Gesamtprozess mit sich bringt, berücksichtigen.
Der *Kommunionweg als Familienkatechese* beinhaltet intensive Vernetzungen zwischen Eltern- und Kindergruppen – sowohl thematisch als auch organisatorisch-strukturell (Datum des Kommunionfeiertags, Familiennachmittage usw.). Mögliche Varianten zur Gruppenbildung werden im Folgenden kurz skizziert:

Kriterium: Termin des Kommunionfeiertags

Einige Gemeinden nehmen als Ausgangspunkt für die Einteilung der Gruppen für Eltern und Kinder den Termin der Kommunionfeiertage. Diese Art der Gruppenbildung ist für Gemeinden mit einer großen Zahl von Kommunionkindern sinnvoll. Eine solche Gemeinde feiert Kommunion nicht nur an einem einzigen Sonntag, sondern an mehreren Sonntagen mit einer jeweils überschaubaren Zahl von Kommunionkindern, damit es keine Massenveranstaltung wird. Bei dieser Vorgehensweise bietet das katechetische Leitungsteam den Kommunionfamilien mehrere Termine zur Auswahl an. Die Eltern melden sich und ihr Kind für einen bestimmten Feiertagstermin an und bilden dadurch ihre jeweilige Gruppe. Diese Art der Gruppenbildung hat den Vorteil, dass so Eltern zusammenkommen, die sich noch nicht kennen. Bisweilen treffen sich aber auch einander bekannte Eltern in einer Gruppe. Wenn sich die Eltern bereits kennen, aus einem ähnlichen sozio-kulturellen Milieu kommen und keine Zwistigkeiten aus anderen Kontakten in die Kommuniongruppe mitbringen, erhöht dies im positiven Fall den Verstehensprozess und das Zusammenwachsen als Gruppe. Eine Elterngruppe birgt aber auch die Chance, sich mit anderen, noch unbekannten Gemeindemitgliedern auf den Weg zu machen und entsprechend neue Erfahrungen zu sammeln. Da die Familien bei diesem Verfahren eine relativ große Wahlfreiheit haben, sind die Eltern in der Regel positiv gestimmt im Hinblick auf ihre Gruppe.

Kriterium: Wohnviertel

Eine Gruppenbildung, die das Wohngebiet als Kriterium wählt, in dem die Familien auch im Alltag Kontakte haben bzw. diese aufbauen können, ermöglicht in besonderer Weise persönliche Beziehungen. So wird eine alltägliche, nachbarschaftliche, gegenseitige Unterstützung, Begleitung und manchmal auch Tröstung auf dem und durch den Kommunionweg möglich. Gemeinden, die auf eine Weiterführung von Elterngruppen als spätere Basisgruppen oder Familienkreise im Wohnviertel Wert legen, haben mit dieser Gruppenbildung gute Erfahrungen gemacht. Der Gedanke, dass die Kommuniongruppe dort gebildet werden muss, wo die Menschen auch in ihrem Alltag als *Communio* zusammenleben, wird hier am deutlichsten umgesetzt. In den Wohngebieten wird den Menschen leichter bewusst, dass sie bereits in einer *Communio* zusammenleben und die anscheinend profane *Communio* mit der *Communio* der Eucharistie eng zusammenhängt. Ein weiterer Vorteil ist, dass es für die Mütter und Väter leichter möglich ist, sich als Gruppe dort zu treffen, wo sie leben; die Elterntreffen können möglicherweise in den eigenen Wohnungen stattfinden. Für die Eltern wird bei dieser Art der Gruppenbildung augenfällig: „Wir wohnen hier in diesem Viertel, in dieser Straße zusammen. Wir gehören zusammen." Gemeinden, die bereits eine fruchtbare Wohnviertelpastoral praktizieren oder eine solche aufzubauen bestrebt sind, haben mit dieser Art der Gruppenbildung auf dem Kommunionweg eine praktikable Möglichkeit, entsprechende Impulse zu setzen.

Kriterium: Pastorale Option und Wahlmöglichkeit

Ein sogenanntes Mischverfahren ist eine weitere Möglichkeit für die Gruppenbildung. Das katechetische Leitungsteam macht aus pastoralen Überlegungen heraus gewisse Vorgaben und räumt dabei gleichzeitig den Eltern und Kindern eine Wahlfreiheit ein. So könnte z.B. jedes Kind einen Freund oder eine Freundin benennen, mit dem/der es in eine Kommuniongruppe gehen will. Gleichzeitig können – insofern mehrere Termine für die Kommuniongottesdienste vorgesehen sind – die Eltern den Termin streichen, der für ihre Familie der ungeeignetste ist. Für die Gruppen- und Gemeinschaftsbildung hat es den Vorteil, dass Menschen, die in der Gemeinde einander noch nicht bekannt sind oder in bereits bestehende Freundesgruppen eher zögernd aufgenommen werden, zusammenkommen. So sind ausländische Gemeindemitglieder, die Sprachprobleme haben, oder Zugezogene in den Gruppen nicht nur Anhängsel. Dieses Mischverfahren beugt also einer gewissen Tendenz zur Abschottung von bereits bestehenden Gruppen vor. Andererseits trifft jedes Kind bzw. jede Familie mindestens auf eine im Voraus schon bekannte und vertraute Familie in der Gruppe, sodass sich von vorneherein eine gewisse Beheimatung in der Gruppe vollziehen kann. Auch die Frage nach der Terminierung des Kommunionfeiertags ist für jede Familie in der Regel positiv gelöst, da der ungeeignetste Termin ausgeschlossen werden kann.

Familien mit Migrationshintergrund

Grundsätzlich sind die Materialien *Gott mit neuen Augen sehen* explizit kultursensibel angelegt und ermöglichen und befördern durch die konsequent biografieorientierten Methoden auf der Ebene der Elterngruppentreffen einen gelingenden interkulturellen Austausch.
Eine spezielle Differenzierung bzgl. der Gruppenbildung ist im Blick auf die kulturellen und sprachlichen Voraussetzungen von Familien mit Migrationshintergrund zu bedenken, wenn diese bereits im Vorfeld in eigenständigen Gemeinschaftsformen organisiert sind. Hier wäre eine Erprobungsphase vor Ort angebracht:

* Sollen z.B. die italienischen Familien mit ihrer kulturellen Prägung und in ihrer Glaubenspraxis in einer eigenen Gruppe den Kommunionweg als Familienkatechese gehen? Wie wird aber bei einer solchen Option die wichtige Integration in die Gesamtgemeinde ermöglicht?
* Stimmt es, dass es z.B. für Äthiopierinnen und Äthiopier möglicherweise sogar besser ist, wenn sie in ihrer eigenen Gruppe Glaubensbeheimatung erleben können? Werden sie aber dadurch nicht auch ausgegrenzt und finden weniger Kontakt zur Ortsgemeinde?

Verschiedene Gemeinden haben zu solchen Problemstellungen verschiedene Erfahrungen gemacht. Im Falle von zusammengesetzten Gruppen kam es zu Freundschaften und Zusammenhalt bis hin zum sonntäglichen Gottesdienst, der vorher nicht denkbar gewesen wäre. Entscheidungen darüber werden am besten vor Ort vom katechetischen Leitungsteam in Absprache mit den zuständigen Migrantenseelsorgern und mit den Familien vor Ort getroffen.

Ihre pastorale Kompetenz ist bei all diesen Entscheidungen und Anpassungen des Kommunionweges für Ihre Gemeinde primär gefragt, denn Ausgangspunkt hierfür ist die differenzierte Ausgangslage in Ihrer Gemeinde.

2.3 Begleitung der Begleiter

Sie begleiten als katechetisches Leitungsteam die Begleiter der Eltern- und Kindergruppen. In der Begleitung dieser Multiplikatoren für die Eltern und Kinder sind Sie unverzichtbar. Ihr wichtigster Beitrag ist, die Begleiter von Eltern und Kindern entsprechend zu motivieren und zu befähigen, sie zu unterstützen und zu fördern.

Im Folgenden geht es um die Bedeutung Ihrer Rolle in der Begleitung der Begleiter. Dies umfasst auch die Frage Ihres Selbstverständnisses und der speziellen Möglichkeiten, wie Sie diejenigen unterstützen können, die ihrerseits wiederum die Eltern oder Kinder unterstützen. Die Arbeit mit Multiplikatoren ist ein Schwerpunkt in der heutigen und zukünftigen pastoralen Situation größer werdender pastoraler Räume. Diese Gewichtung kann nicht nur die Gemeinde, sondern auch Sie persönlich weiterbringen.

Als katechetisches Leitungsteam wirken Sie als Ansprechpartner, Koordinator und Spiritual für die Begleiter der einzelnen Gruppen. Diese Begleitung ist sehr ernst zu nehmen, weil Menschen ihre Freizeit für diese Aufgabe einsetzen und sie von Ihnen selbstverständlich und völlig zu Recht erwarten, dass sie kompetent unterstützt werden.

Grundlegend bei einer solchen Begleitung ist, dass Sie die Begleiter als Ihre wichtigsten Mitarbeiter auf dem Kommunionweg verstehen. Das schließt ein, sich für deren Begleitung die nötige Zeit zu nehmen und die Ehrenamtlichen, die sich hier einsetzen, spüren zu lassen, dass Sie mit ihnen gemeinsam auf dem Weg sind und sie nicht funktionalisieren wollen. Dies wäre ein harter Widerspruch zur Spiritualität der Familienkatechese!

Begleitung der Begleiter von Elterngruppen

Motivation und Engagement der Begleiter

Eine der wesentlichen Aufgaben vor Beginn des *Kommunionweges als Familienkatechese* besteht darin, Begleiter für die Elterngruppe(n) zu finden. Einem *Communio*-Weg angemessen ist, wenn Sie Männer und Frauen, denen Sie die Kompetenz für diese Aufgabe zutrauen, persönlich ansprechen. Zur Kompetenz eines Begleiters gehört, kommunikativ und unverkrampft eine Gruppe moderieren und entsprechende Themen in die Gruppe einbringen zu können. Die entsprechenden Hinweise, wie Sie eine Gruppe moderieren können, finden Sie im Kapitel 3, S. 106ff. Das eigene Zutrauen und die innere Bereitschaft zum wohlwollenden Umgang mit anderen Menschen sind entscheidend, um die Gruppe zu begleiten. Dieses Zutrauen in die eigene Kompetenz fällt in der Regel nicht vom Himmel. Das Anliegen wird konkret, indem Sie Frauen und Männern gezielt Ihr Vertrauen und Zutrauen aussprechen und ihnen dadurch den Rücken für diese Aufgabe stärken. Einige werden sich leichter bereit erklären, eine solche Aufgabe zu übernehmen, wenn ihnen klar wird, inwiefern sie von Ihnen kontinuierlich und Schritt für Schritt unterstützt und befähigt werden. Die Unterstützung muss sowohl hinsichtlich der zu besprechenden Themen als auch hinsichtlich der Gruppenmoderation, des Umgangs mit Störungen in der Gruppe und der Methoden und Materialien erfolgen.

Ein Begleiter für die Elterngruppe sollte ein grundsätzliches Interesse an Lebens- und Glaubensfragen und Freude am Gespräch mit anderen Men-

schen mitbringen. Sie sollten andere Menschen und deren Ansichten, Erfahrungen und Lebenshaltungen ernst nehmen und sensibel darauf eingehen können. Die Fähigkeit, Gespräche ohne autoritäres Gebaren moderieren zu können, ist eine ebenso wünschenswerte Voraussetzung wie eine grundlegende Toleranz und wohlwollende Haltung gegenüber anderen Lebens- und Glaubensformen. Ungeeignet als Begleitung für den *Kommunionweg als Familienkatechese* sind Männer oder Frauen mit fundamentalistischer Mentalität sowie Männer und Frauen mit erkennbaren Tendenzen zu einer missverstandenen rigoristischen Orthodoxie bzw. -praxie.
Das katechetische Leitungsteam muss unter sich klären, wer konkret die Begleitung der Elternbegleiter verantwortlich übernimmt.

Wie beginnen?

Der erste Schritt in der Begleitung besteht in einem Treffen dieses Kreises vor Beginn des Kommunionweges. In einem solchen vorbereitenden Treffen können die Erwartungen, Hoffnungen und Ängste der Begleiter thematisiert und konstruktiv bearbeitet werden. Die Grundbegriffe und Grundhaltungen (von) *Communio* und Kommunikation sollten die Begleitung, das methodische Vorgehen und den Umgang miteinander bestimmen. Als Leitungsteam gehört es zu Ihren Aufgaben, mit den Begleitern die Auswahl der Bausteine aus dem Familienbuch zu besprechen und zu begründen. Durch diese Auswahl ergibt sich auch der Zeitrahmen für den Kommunionweg vor Ort. Insgesamt muss mit den Begleitern der Verlaufsplan für die Konkretion des Kommunionweges in Ihrer Gemeinde festgelegt werden. Sie werden entsprechende Vorüberlegungen anstellen und dieses Gesamtpaket von Inhalten und Organisationskriterien so vorbereiten, dass ein Mitsprechen und Mitentscheiden für die Elternbegleiter möglich wird. Es müssen z.B. alle relevanten Informationen für die Begleiter vorliegen.
Ein weiterer wichtiger Punkt: Wählen Sie in der Begleitung der Elternbegleiter einen Modus, der einerseits eine größtmögliche Parallelstruktur in der Begleitung der einzelnen Gruppen ermöglicht, damit ein Auseinanderdriften der einzelnen Gruppenprozesse verhindert und damit eine gemeinsame Linie erkennbar wird. Andererseits muss der einzelnen Elterngruppe und ihrer Begleitung ein genügend großer Freiraum zur eigenverantwortlichen Ausgestaltung der einzelnen Treffen gegeben sein. Weder ein Uniformismus noch eine unverbindliche Beliebigkeit sind angeraten, sondern die Vielfalt in der Einheit.
Die konkreten Aufgaben mit und in der Elterngruppe muss den Begleitern vermittelt werden, und anstehende Elterntreffen sind mit ihnen thematisch und methodisch so zu erarbeiten, dass sie die Inhalte gut und sinnvoll in den Gruppen vermitteln und zum Ausdruck bringen können. Das Vorgehen ist hierbei von einer eindeutigen Grundoption gekennzeichnet: Was wir uns mit anderen Eltern gemeinsam erschließen wollen, müssen wir uns zunächst selbst erschließen. Die Begleitung der Begleiter ist also keine frontale Angelegenheit, bei der es funktionalistisch um Themensetzung, Methoden und Materialien geht. Vielmehr eröffnen Sie ihnen einen eigenen, inneren Zugang zum Thema: „Was hat dieses Thema mit mir und meinem persönlichen Glauben zu tun?", „Was bedeutet das jeweilige Thema eines Elterntreffens für mich selbst?"
In einem weiteren Schritt kann sich die Begleitung der Elternbegleiter auf Überlegungen zu den Lernprozessen in der Elterngruppe konzentrieren: „Wie kann ich das Thema mit den Eltern in der Gruppe erschließen?"
Im methodischen Vorgehen spiegelt sich die biografieorientierte Grundstruktur der Elterntreffen wider. Zuerst geht es um die Erschließung des Themas für die eigene Person, und in einem zwei-

ten Schritt um die Überlegung, wie das Thema mit anderen Eltern erschlossen werden kann.

Zahl der Begleiter

Langfristig ist es sinnvoll, die Elterngruppen im Zweierteam zu begleiten. Dies hat den Vorteil, dass die Belastung für den Einzelnen nicht zu hoch ist und die Gruppentreffen z.B. krankheitsbedingt seltener ausfallen. Außerdem können sich zwei Begleiter austauschen; sie ergänzen sich in ihrer Kreativität und in ihren Fähigkeiten. Der Idealfall wäre, wenn ein Mann und eine Frau die Elterngruppe leiten könnten, da dadurch verschiedene Zugänge, Mentalitäten und Ansprechsituationen entstehen. Im Idealfall kann ein Elternpaar, das selbst als Vater und Mutter in der eigenen Praxis mit den Fragen religiöser Kindererziehung und des familiären Glaubenslebens konfrontiert ist, authentisch und realistisch mit anderen Eltern ins Gespräch kommen.
Vielleicht finden sich im ersten Durchgang noch nicht genügend Begleiter. Aber in der Regel werden es Jahr für Jahr mehr. Wenn für Frauen und Männer deutlich wird, dass dies keine Aufgabe auf Lebenszeit oder Jahrzehnte ist, sondern nur für ein Jahr oder einige wenige Jahre, dann sind sie in der Regel (eher) bereit sich darauf einzulassen. Sollten sich im ersten Jahr noch nicht genügend Gemeindemitglieder diese katechetische Aufgabe zutrauen, so können zunächst Personen aus dem Leitungsteam die Gruppenbegleitung übernehmen. Positiv daran ist, dass Sie die Begleitung einer Elterngruppe selbst erleben und dadurch im nächsten Jahr die Elterngruppenbegleiter umso kompetenter unterstützen können.
Es sollte allerdings von Anfang an Ihr konsequentes Anliegen sein, sich möglichst bald aus diesem Kreis zurückzunehmen. In der Begleitung der Elterngruppen durch andere Väter und Mütter realisiert sich das Anliegen der Familienkatechese, eine Katechese von Laien für Laien zu sein. Mit *Laie* ist nicht ein „Nichtexperte", Unwissender oder Untauglicher gemeint. Laie meint im familienkatechetischen Zusammenhang stets *laios tou theou*, getauftes und gefirmtes Mitglied des „Volkes Gottes".

Regelmäßigkeit und Häufigkeit

Der Verantwortliche für die Elternbegleitung und die Gruppenbegleiter sollten sich so oft wie nötig treffen, um die unterschiedlichen Voraussetzungen und Erfahrungen, die jeder Einzelne mitbringt, auszutauschen. Es ist entscheidend, dass der Verantwortliche des Leitungsteams sich dafür auch einen zeitlichen Spielraum einräumen muss. Sie müssen auch hier selbst einschätzen und gewichten, wie viel Engagement dieser Veränderungsprozess Ihrer Gemeinde wert ist und demzufolge auch Ihrer Tätigkeit.

Nach unserer Erfahrung finden Sie sich anfangs am besten vor jedem Elterntreffen mit den Begleitern zusammen und überlegen gemeinsam die konkrete Vorbereitung eines Elterntreffens. Im Folgenden werden mögliche Aspekte der Begleitung genannt, keine zu leistende Abfolge:

- Eigenheiten des Glaubenlernens bei Erwachsenen
- Methodische Hilfen für Lernprozesse mit Erwachsenen
- Grundregeln für Gesprächsführung und Gruppenleitung
- Themensicherheit bezüglich der Inhalte der Elterntreffen
- Religiöse Biografien der Eltern und religiöse Praxis in der Familie
- Negative Gemeinde-/Gottesdiensterfahrungen der Eltern und der Umgang damit
- Störungen in der Gruppendynamik und der Umgang damit

* Persönliche Schwierigkeiten mit einzelnen Eltern und der Umgang damit
* Organisatorische Fragen, Planung

Insbesondere bei den Elternbegleitern kann es im Verlauf des Kommunionweges passieren, dass in einzelnen Gruppen Themen wichtig werden, die im Gesamtfahrplan der Gemeinde nicht vorgesehen waren, oder dass für manche Themen mehr Zeit benötigt wird. In diesem Fall kann der jeweilige Begleiter der Elterngruppe die Problematik/das Thema aufgreifen und in Abstimmung mit dem katechetischen Leitungsteam den Verlaufsplan für seine Gruppe entsprechend anpassen. Denn der Verlaufsplan soll den einzelnen Gruppenprozessen genügend Raum zum „Atmen" lassen.

Materialien

Mit dem Kommunionkurs *Gott mit neuen Augen sehen* wurde die Wahl für ein bestimmtes Arbeitsmaterial bereits getroffen. Dieser Kurs stellt den Begleitern der Eltern (in diesem Buch unter dem Kapitel III, S. 99ff. *Für die Elterntreffen – Leitfaden*) zehn ausgearbeitete Entwürfe für Elterntreffen zur Verfügung. Im Aufbau dieser zehn Elterntreffen, die thematisch auf das Familienbuch und die Kindertreffen abgestimmt sind, sind an manchen Stellen alternative Bausteine als Wahlmöglichkeiten aufgeführt. So kann jeder Begleiter die für seine Gruppe angemessene Vermittlungsform wählen.
Für die Begleiter könnte in der Gemeinde eine kleine Handbibliothek mit Grundlagenliteratur und verschiedenen Materialien zur Elternbegleitung eingerichtet werden, sodass sie weiterführende Materialien und Medien zur Gruppenbegleitung zur Verfügung haben.
Wichtig in der Elternbegleitung und somit auch in der Begleitung der Elternbegleiter ist, dass einzelne Materialien und Methoden nicht überstrapaziert werden. Entsprechend der verschiedenen Voraussetzungen und Verstehensmöglichkeiten sollten verschiedene Materialien zur Verfügung stehen und unterschiedliche Methoden in den Elterntreffen zum Einsatz kommen. Jede Gruppe ist anders und jede Gruppe bevorzugt anderes Material. Wichtig ist, solche Medien und Methoden einzusetzen, die Denkprozesse sensibel anstoßen und immer auch emotionale Zugänge ermöglichen. Das Eigentliche wird nicht durch ein Methodenfeuerwerk verstärkt bzw. hervorgebracht, sondern ist vielmehr ein lebendiger, kommunikativer Lehr- und Lernprozess der Gruppe, angestoßen durch die Person des Begleiters.

Begleitung der Begleiter von Kindergruppen

Motivation und Engagement der Begleiter

Auf der Suche nach geeigneten Begleitern für die Kindergruppen können Sie Väter und Mütter (und andere Erziehungsverantwortliche), bevorzugt aber gefirmte Jugendliche gezielt ansprechen und ihnen Mut machen, diese Aufgabe zu übernehmen. Dieses Ansprechen meint nicht, im Geheimen „die Fäden zu ziehen" und die Eltern vor vollendete Tatsachen in Personalfragen zu stellen. Vielmehr sollten Sie einen offenen und jederzeit durchsichtigen Weg in der Motivation von Begleitern gehen. Schritt für Schritt können Sie als Leitungsteam die Gemeinde darauf hinführen, dass die Eltern sich untereinander offen und konstruktiv verständigen, wer sich in der Begleitung der Kindergruppe wie und mit wem engagieren möchte, sodass eine Regulierung „von außen" zunehmend überflüssig wird.
Bei der Frage, ob die Kommunionkindergruppen von elterlichen Katecheten und/oder Jugendli-

chen zu leiten sind, sollten nicht nur pragmatische Aspekte eine Rolle spielen. Mit dem Verständnis von Jugendlichen als Träger der Verkündigung ist es sehr sinnvoll, sie im Kontext der Kindergruppen mit Leitungsaufgaben zu betrauen. Als Subjekte der Verkündigung können sie bereits Zeugen der Gottesbeziehung für die jüngeren Kinder werden. Es ergeben sich folgende Möglichkeiten:

* Eltern/Erziehungsverantwortliche des aktuellen Kommunionwegs begleiten die Kindergruppen.
* Eltern/Erziehungsverantwortliche des aktuellen Kommunionwegs und Jugendliche begleiten gemeinsam die Kindergruppen.
* Jugendliche begleiten bei entsprechender Befähigung die Kindergruppe eigenständig.

Im deutschsprachigen Raum ist die Entwicklung, dass Väter und Mütter als Eltern-Katecheten und -Katechetinnen Kommunionkindergruppen leiten, nach dem II. Vatikanischen Konzil sehr positiv zu bewerten. Sie ist aber ergänzungsbedürftig, da die Kommunionkindergruppen in der Regel Begleiter auf eine sehr begrenzte Zeit haben. Erwachsene Kindergruppenbegleiter aus dem Kreis des aktuellen Kommunionwegs sehen sich verständlicherweise meist über den Erstkommunionfeiertag hinaus nicht in der Lage, die Gruppen weiter zu begleiten.

Befürchtungen, dass Jugendliche als Begleiter für den Kommunionweg nicht zu motivieren seien, widersprechen unseren Erfahrungen. Wenn das katechetische Leitungsteam ernsthaft und engagiert nach Jugendlichen Ausschau hält, diese persönlich anspricht und ermutigt, finden sich in vielen Gemeinden einzelne engagierte Jugendliche. Aus der alltäglichen Kommunikation in der Gemeinde heraus sollten die Jugendlichen so weit gestärkt und ermutigt werden, dass sie es sich zutrauen, diese Aufgabe zu übernehmen. Wenn in Ihrer Gemeinde im ersten Jahr keine Jugendlichen zu motivieren sind, dann kann es ein Jahr später bereits anders aussehen, besonders wenn sich herumgesprochen hat, wie interessant und anregend diese Aufgabe sein kann. Die Altersgrenze des Begriffs „Jugendliche" ist dabei nicht zu eng zu definieren; es können auch junge Erwachsene darunter verstanden werden, z.B. aus dem Kreis erwachsener Menschen, die im Rahmen des Erwachsenenkatechumenats in die kirchliche Gemeinschaft der Glaubenden aufgenommen werden.

Rückmeldungen von Jugendlichen haben gezeigt, dass es ihnen leichter gelingt, nach der Kommunion mit den Gruppenkindern weiterzuarbeiten; gerade dann, wenn sie in den Prozess von Anfang an integriert waren und die Gruppe nicht erst nach dem Kommunionfeiertag „übernehmen". Die Jugendlichen sollten sich aber nicht verpflichten müssen, die Aufgabe auch in den nächsten Jahren zu übernehmen. Es muss möglich sein, auch in einem mittelfristigen Zeitraum eine Kommuniongruppe zu begleiten. Jene „Ehrenamtlichen-Falle", die einmal zuschnappt und aus der man nicht mehr herauskommt, schreckt Menschen eher ab.

Es ist eine Frage der Vernetzung von Sakramentenkatechese und kirchlicher Jugendarbeit, also auch eine Frage der Gemeindebildung, welche Begleitung die Kommunionkindergruppen in Ihrer Gemeinde bekommt.

Eine Bedingung, damit den jungen Erwachsenen Zutrauen geschenkt und ihnen die Herausforderung zugetraut werden kann, ist, dass von einem katechetischen Professionalisierungs- und Perfektionismus-Denken Abstand genommen wird. Dieser Perfektionismus baut für die Einzelnen eher Hürden auf und hindert sie daran, sich als Begleitung anderer zu engagieren. Wir aber können den Jugendlichen viel zutrauen, und damit entstehen der Weg im gemeinsamen Gehen und ein Wachstum im Glauben sowie in der katechetischen Kompetenz.

Um die Kindergruppe angemessen begleiten zu können, sollten sich die Begleiter grundlegend für die Entwicklung von Kindern interessieren und Freude daran haben, mit Kindern zusammen zu sein und ihnen einen Weg ins Leben und in die Gottesbeziehung zu erschließen.

Wer begleitet die Begleiter?

Die Begleiter der Kindergruppen treffen sich in einer eigenen Begegnungsgruppe und werden gefördert. Hier sollten Sie vor allem auf den Austausch der Erfahrungen und die gemeinsamen Vorbereitungen der Gruppentreffen Wert legen. Auch bei der Begleitung der Kindergruppen müssen Sie entscheiden, wer diese Aufgabe verantwortlich übernehmen kann. Auch hier hat Priorität: Der Verantwortliche muss Interesse haben und Zeit finden für die Begleiter der Kindergruppen, damit möglicherweise auch Einzelprobleme besprochen werden können und sich die Begleiter nicht mit ihren Sorgen alleingelassen fühlen.

Wie beginnen?

Vor Beginn des Kommunionweges kann ein erstes Treffen mit den Begleitern helfen, deren Erwartungen, Hoffnungen und Ängste zu thematisieren und fruchtbar werden zu lassen. Eine ausführliche und präzise Einführung in die Materialien zeigt die konkreten Konturen der Gruppenbegleitung und des Kommunionweges auf. Somit werden Unklarheiten und auch Bedenken aus dem Weg geräumt.
Das methodische Vorgehen und der Umgang miteinander müssen auch hier durch die Grundachse von *Communio* (Glaubensgemeinschaft) und Kommunikation (Gespräch) bestimmt sein. Als katechetisches Leitungsteam besprechen und begründen Sie mit den Begleitern zunächst Ihre Auswahl der Bausteine aus dem Familienbuch. Durch die Auswahl ergeben sich Zeitumfang und Themen für die Kindertreffen. Insgesamt sollten Sie sich auch mit den Begleitern über den Verlaufsplan für die Familienkatechese verständigen und sowohl die organisatorischen als auch die inhaltlichen Strukturen klären.
Die Kindertreffen sind thematisch und methodisch so zu erarbeiten/vorzubereiten, dass die Vermittlungsprozesse in den Gruppen auch sinnvoll gewährleistet werden. Das Treffen mit den Kinderbegleitern sollte in zwei Schritte unterteilt werden. Zuerst erschließen die Begleiter das geplante Thema für sich selbst. Erst dann wird überlegt, wie den Kindern die Thematik am besten erschlossen werden kann.

Zahl der Begleiter

So wie für die Elterntreffen, so ist auch für die Begleitung der Kindertreffen eine paarweise Gruppenleitung anzustreben, und zwar aus denselben Gründen: der Austausch untereinander, die verschiedenen Fähigkeiten, die sich ergänzen, und die doppelte Menge an Kreativität. Auch hier kann eine Besetzung mit unterschiedlichen Geschlechtern hilfreich sein. Ganz abgesehen davon ist die Belastung für den Einzelnen geringer, und weniger Treffen der Kindergruppe müssen aufgrund von Krankheit o.Ä. ausfallen.

Regelmäßigkeit und Häufigkeit

Die Begleiter müssen in Ihnen einen kompetenten und engagierten Ansprechpartner finden. Manche wollen auch persönlich begleitet, unterstützt und ernst genommen werden. Dies ist insofern auch völlig richtig, als Familienkatechese nicht funktionalisieren soll. Vielmehr geht es um ein Glaubenszeugnis von innen heraus. Realistischer-

weise trifft man sich so oft in der Gruppe der Kindergruppenbegleiter, sodass immer die nächsten zwei bis vier Kindertreffen vorbereitet werden können. Sie sollten auch Ihre eigene Situation mit den Begleitern reflektieren – nach dem Motto: Was ist für mich in unserer Runde hilfreich? Was fehlt mir? Was wollen wir verändern?
Als katechetisches Leitungsteam begleiten Sie die Begleiter. Im Folgenden werden mögliche Aspekte der Begleitung genannt, keine zu leistende Abfolge:

* Eigenheiten des kindlichen Glaubenlernens
* Methodische Hilfen für Lernprozesse mit Kindern
* Grundregeln für Gesprächsführung und Gruppenleitung
* Themensicherheit bezüglich der Inhalte der Kindertreffen
* Religiöse Biografie der Kinder und religiöse Praxis in der Familie
* Störungen/Probleme in der Gruppendynamik und der Umgang damit
* Umgang mit fehlender Gemeinde-/Gottesdiensterfahrung der Kinder
* Umgang mit persönlichen Schwierigkeiten mit einzelnen Kindern
* Organisatorische Fragen und Planung

Materialien

Die Einführung in das Buch *Für die Kindertreffen – Leitfaden* und die für diesen Kommunionweg benötigten Materialien sollte sehr gründlich und ohne Hektik geschehen. Auch hier liegt eine allmähliche Ergänzung (zu den Leitfäden *Gott mit neuen Augen sehen*) durch eine kleine Handbibliothek mit zusätzlichen Hilfen, Bildern, Dias, Filmen usw. nahe. Je nach Verlauf des Lernprozesses sollten einzelne Materialien nicht überstrapaziert werden, da jeder Begleiter und jede Gruppe anders mit dem Material umgeht und möglicherweise entsprechender Vertiefungs- und Ergänzungsmaterialien bedarf. Der Einsatz von Medien, das Malen und Gestalten von Bildern und Collagen, Basteln, Beten, Singen und Tanzen mit den Kindern werden je nach Begabung der Begleiter unterschiedlich gewichtet. Grundsätzlich erinnern wir daran, dass die Kinder und somit auch deren Begleiter mit Materialien nicht überhäuft werden sollen. Ein interessanter, persönlich bedeutsamer Lern- und Erfahrungsprozess von *Communio* soll dabei im Vordergrund stehen, um die Katechese in den Familien zu unterstützen. Die Materialien sind dabei nur ein Hilfsmittel; die Hauptakteure sind die Kinder und die Begleiter selbst.

2.4 Feiern auf dem Kommunionweg

Familiennachmittag(e) auf dem Kommunionweg

Um die Gemeinschaftsbildung unter den Familien zu fördern, kann es sehr stimulierend wirken, wenn der Kommunionweg mit einem Familiennachmittag eröffnet wird, bei dem Eltern und Kinder sich unkompliziert kennenlernen und näherkommen können. Ein solcher Nachmittag hilft den Begleitern der Kinder- und Elterngruppen sowie den Eltern und Kindern, untereinander Gemeinschaft zu bilden und die Gruppe als einen Begegnungsraum für die nächsten Monate zu erfahren. Ohne diese Gruppenerfahrungen überstrapazieren zu wollen: Für viele Väter und Mütter ist dies im Erwachsenenalter eine der wenigen Gemeinschaftserfahrungen, die nichts mit Arbeit und Druck zu tun haben. Für viele Eltern ist es auch die einzige Möglichkeit, als Erwachsene katechetische Erfahrungen zu sammeln. Ein Familiennachmittag kann immer wieder während des Kommunionweges angeboten werden – je nach Möglichkeiten. Solche Nachmittage am Wochenende wirken meist sehr fruchtbringend für den Kommunionweg, da sie andere Gestaltungsmöglichkeiten für das Zusammensein eröffnen als die Gruppentreffen. Dabei ist die Atmosphäre oft entspannter und die Aufnahmefähigkeit größer als bei einem Elterntreffen unter der Woche, das am Ende eines Arbeitstages unter anderen Gesetzmäßigkeiten stattfindet.
Zentrale Elemente eines solchen Familiennachmittages können sein:

* ein Kennenlernen der Familien untereinander in der Großgruppe, sodass sich zwischen Vätern, Müttern, Kindern, Begleitern erste Beziehungsnetze bilden,
* ein inhaltlicher Impuls (zusammengestellt aus den Materialien der *Leitfäden für die Kinder- und Elterntreffen*),
* gemeinsam essen und trinken,
* eine kleine liturgische Feier zum Abschluss.

Es bietet sich eine lockere, spielerische Gestaltung an – der Kreativität sind dabei keine Grenzen gesetzt.

Kinder und Eltern werden im Gottesdienst vorgestellt

Der Kommunionweg ist Teil des Lebens Ihrer Gemeinde. Eltern, Kinder und ihre Begleiter machen sich gemeinsam auf den Weg, um eine Zeit lang das Geheimnis Gottes besonders intensiv zu erspüren. Wenn Sie im ersten Drittel des Kommunionweges einen Familiengottesdienst gestalten, in dem sich Eltern und Kinder vorstellen, dann kann auch die Gemeinde an den Gemeinschaften des Kommunionwegs teilhaben und kann sie im Gebet begleiten. Sinnvoll ist es, während des Kommunionweges immer wieder nach Möglichkeiten der Vernetzung mit dem Sonntagsgottesdienst der Gemeinde zu suchen. Erfolgt die Vorstellung der Kommunionfamilien zu Beginn des Kommunionwegs, wäre auch hier die feierliche Übergabe des Familienbuchs an die Kommunionfamilien als deutliches Zeichen der Entscheidung für einen gemeinschaftlichen Glaubensweg in der Gemeinde sinnvoll.

Gebetspatenschaft

Viele Gemeinden bemühen sich um eine Begleitung der Kommunionkinder und ihrer Eltern im

Gebet. Die Gemeinde kann über das Ziehen von Namenskärtchen – z.B. im Rahmen eines Gemeindegottesdienstes auf dem Kommunionweg – eine solche Gebetspatenschaft übernehmen. So kann über die Gruppen des Kommunionweges hinaus eine solidarische Begleitung im Glauben entstehen. Die Glaubensgemeinschaft als Gemeinschaft im Gebet drückt sich in einer Gebetspatenschaft in besonderer Weise aus. Auch dieses Element lässt sich als Stufenfeier im Sinne eines am Vorbild des Erwachsenenkatechumenats orientierten Kommunionwegs gestalten.

Weg-Gottesdienste

Auch Gottesdienste, die sich in besonderer Weise an Familien richten, können Sie bewusst mit dem Kommunionweg verweben. Die liturgisch geprägten Zeiten, wie Advent und die österliche Bußzeit, der Weihnachts- und Osterfestkreis, Heiligenfeste wie Martin, Nikolaus, das Gemeindepatrozinium, Erntedank usw., bieten sich in besonderer Weise zur Gestaltung mit Familien an. Neben den Gottesdienstfeiern mit der gesamten Gemeinde kann der Kommunionweg spirituell vertieft werden, wenn die einzelnen Vorbereitungsgruppen oder auch die Großgruppe aller Kommunionfamilien gemeinsam Gottesdienste feiern und, z.B. im Rahmen einer Gabenprozession, vor Gott das auf dem Kommunionweg Erlebte und Erfahrene hintragen. Für die Gestaltung von Liturgischen Feiern, für eine schrittweise Hinführung der Kommunionkinder (mit oder ohne ihre Familien) zur Eucharistie-Feier, sogenannte Weg-Gottesdienste, bieten sich in besonderer Weise die entsprechenden Einführungstexte (als Spielszenen oder Dialoge vorgetragen) sowie die thematischen Lieder im Abschnitt „Mit Paula auf Entdeckungstour" auf S. 132–159 des Familienbuches an. Auch hier ließen sich katechumenale Elemente einer gestuften Hinführung zur Eucharistie-Feier integrieren, indem man z.B. anlässlich der Einführung in den Verlauf des Wortgottesdienstes eine entsprechende „Familienbibel" überreicht, anlässlich der Einführung in das Glaubensbekenntnis eine Tauferneuerung gestaltet und (wo dies üblich ist) die Kommuniongewänder übergibt. In vielen Gemeinden wird die Kar- und Osterwoche in besonderer Weise für die Kommunionvorbereitung fruchtbar gemacht und durch die Übergabe entsprechender Symbole an die Kommunionfamilien sichtbar gestaltet, z.B.: Gründonnerstag – erste Kommunion der Kinder im Abendgottesdienst; Karfreitag – Übergabe eines Kommunionkreuzes im Rahmen eines Familienkreuzweges; Karsamstag – gemeinsames Gestalten der Kommunionkerze; Osternachtsfeier – Übergabe der Kommuniongewänder an die Kommunionfamilien; Ostermontag – feierliche Erstkommunion.

Feier der Versöhnung

In vielen Gemeinden ist die erste Feier der Versöhnung, die Erstbeichte, integraler Bestandteil der Kommunionvorbereitung. Deswegen bietet das Familienbuch auch die Möglichkeit einer Erschließung und Vorbereitung dieser Feier an. Auch für die Eltern- und Kindergruppe ist entsprechendes Material bereitgestellt.
Die Feier der Versöhnung ist aber auf keinen Fall eine Vorbedingung für die Kommunion. Es macht theologisch und pädagogisch sogar Sinn, die Feier der Versöhnung auf dem Kommunionweg bewusst auszuklammern und an einer anderen Stelle – z.B. in einem eigenen intensiven Kurs zur Versöhnung (Beichtkurs) – in die Gemeindepastoral einzufügen. So wird der Kommunionweg von zu vielen Inhalten befreit, und es wird theologischen und spirituellen Missverständnissen bei Eltern und Kindern vorgebeugt, die Beichte wäre Bedingung für den Kommunionempfang. Die Feier der Versöhnung bekäme so ihren eigenen Stellenwert zu-

geschrieben und ihre eigenständige Bedeutung als Sakrament.
Wenn Sie in Ihrer Gemeinde die Kinder während des Kommunionweges auch auf den Empfang des Sakramentes der Versöhnung vorbereiten wollen, dann finden Sie im Familienbuch mit den Bausteinen zum Familiengespräch 4, 9 und 10 sowie mit dem Kapitel „Die Feier der Versöhnung" (im Familienbuch auf S. 180–188) und den entsprechenden Kinder- und Elterntreffen die nötigen Hilfen, um den Kindern dieses Sakrament zu erschließen (vgl. die Übersicht zum Material in Kapitel 2.6).

Kommunionfeiertag

Idealerweise ist der Kommunionfeiertag das Fest der ganzen Gemeinde und insbesondere das Fest der Familien auf dem Kommunionweg. Der Kommuniongottesdienst wird nicht als exklusiver Gottesdienst für all jene gefeiert, die gemeinsam auf dem Kommunionweg unterwegs waren, sondern als Gottesdienst der Gemeinde. Darauf sollten Sie als katechetisches Leitungsteam gemeinsam mit den Gruppen und den Begleitern in der Vorbereitung der Feier achten. Um die Eltern und Kinder möglichst intensiv in die Vorbereitung der Liturgie einzubinden, sind jeweils Einheiten für den Gottesdienst in den *Leitfäden für die Eltern- und Kindertreffen* ausgelegt. Dabei geht die Vorbereitung der Liturgie von der Elterngruppe aus, welche die Interessen der Kindergruppe berücksichtigt und die Gestaltung der Liturgie auch mit dem katechetischen Leitungsteam und/oder dem Priester der Gemeinde abstimmt.

2.5 Roter Faden – Planungshilfen für die Situation vor Ort

Hinweise zur Erstellung eines Verlaufsplans für den Kommunionweg

Die einzelnen Gruppen des *Kommunionweges Familienkatechese* sind eng aufeinander bezogen und deshalb auch die Materialien. In jeder Gemeinde ist die pastorale Situation anders, deshalb besteht dieser Kommunionweg nicht aus einer Abfolge von streng aneinanderzureihenden Themen. Der Kommunionweg *Gott mit neuen Augen sehen* gibt Ihnen die Möglichkeit, aus Themen und Inhalten auszuwählen. Neben der spirituellen Begleitung des Gesamtprozesses und der Befähigung der jeweiligen Gruppenbegleitung ist eine Ihrer wichtigsten Aufgaben als katechetisches Leitungsteam, einen Verlaufs*plan* für den Kommunionweg in Ihrer Gemeinde zu erstellen. Sie wählen die Themen aus, die zum Inhalt Ihres konkreten Kommunionweges werden, und gestalten den inhaltlichen Verlauf. Ihre pastorale Kompetenz ist gefragt, um für Ihre konkrete Situation anhand der vorliegenden Materialien einen Verlauf des Kommunionweges zu komponieren.

Alle drei Bücher sind so konzipiert, dass Sie einerseits auswählen können und sich andererseits an der vorgeschlagenen Themenfolge orientieren können. Denn die Erschließung der Eucharistie ist in allen Büchern in der Abfolge von fünf Themenbereichen angelegt. Diese Themenbereiche sind inhaltlich so angeordnet, dass sich die grundlegenden Anliegen und Inhalte der Kommunionvorbereitung Schritt für Schritt erschließen:

Sowohl beim Familiengespräch als auch beim Treffen der Kinder- und Elterngruppe sollte jeweils mit dem ersten Baustein zum Familiengespräch bzw. dem ersten ausgearbeiteten Gruppentreffen begonnen werden, da diese Einheiten jeweils auf Gemeinschaftsbildung angelegt sind und damit passend für einen Einstieg in den Kommunionweg sind und ein Zusammenwachsen der einzelnen Gruppen ermöglichen.

Ausgangspunkt für die Erstellung eines Verlaufsplans ist das Familienbuch. Aus den 20 Bausteinen zum Familiengespräch können Sie auswählen; selbstverständlich können auch alle 20 Bausteine den Kommunionweg Ihrer Gemeinde bilden.

Ein entscheidender Faktor bei dieser Auswahl sollte der zeitliche Rahmen Ihres Kommunionweges sein. Die Grundüberlegung dabei ist, dass in jeder Woche ein Baustein zum Familiengespräch in den Familien behandelt wird – realistischerweise sollten Schulferienzeiten in diesen Zeitplan nicht eingerechnet werden.

Anhand des Familienbuches können Sie auswählen und festlegen, welche Bausteine zum Familiengespräch Gegenstand des Kommunionweges sind und in welcher Kalenderwoche diese die Grundlage für das Familiengespräch zu Hause bilden. Sinnvollerweise sollten die einzelnen Themenbereiche ausgewogen repräsentiert sein, damit keines der Kernthemen fehlt. Auch wird deutlich, dass auf dem Kommunionweg nicht nur die Bausteine zu Brot, Wein und zur Gottesdienstfeier wichtig sind, sondern auch andere Fragen unseres Lebens und Glaubens.

Ausgangspunkt für Ihre Zeitplanung muss nicht zwingend der klassische *Weiße Sonntag* sein. Sie können Ihren Kommunionweg auch ausgehend von einem anderen Sonntag als Feiertag planen, denn den Termin für die Feier wählt die Gemeinde aus (vgl. Kapitel 2.6).

Eine kurze Vorstellung der einzelnen Bände des Kommunionweges *Gott mit neuen Augen sehen* sowie ein anschließender Überblick über deren Aufbau soll Ihnen die Erarbeitung und Ausgestaltung eines Verlaufsplans erleichtern.

Familiengespräch: Familienbuch

Die wichtigste Gemeinschaft der Familienkatechese ist die Familie. Nicht nur für das Familiengespräch zu Hause beinhaltet das Familienbuch wichtige Impulse, sondern auch für die Treffen in den Eltern- und Kindergruppen. Deshalb bringen die Eltern und Kinder das Familienbuch zu ihren Gruppentreffen immer mit in die Elterngruppe, um sich konkret auf die Familiengespräche vorzubereiten, und in die Kindergruppe, um an bereits besprochene Inhalte anzuknüpfen. Das *Familienbuch* mit seinen 20 Bausteinen zum Familiengespräch gliedert sich in fünf große Themenbereiche:

Themenbereich I: Was uns wichtig ist

Themenbereich II: Viele Fragen – Unser Leben gibt uns zu denken

Themenbereich III: Mit Jesus Gottes Spuren suchen

Themenbereich IV: In Brot und Wein mit Gott verbunden

Themenbereich V: Miteinander Kirche sein

Jeder Baustein zum Familiengespräch umfasst zwei Doppelseiten:
Die erste Doppelseite widmet sich dem Familiengespräch und will den Familien helfen, sich gegenseitig im gemeinsamen Gespräch das Thema der jeweiligen Woche zu erschließen.
Die zweite Doppelseite will in erster Linie das Kommunionkind ermuntern, sich mit dem Thema des Familiengesprächs noch weiter zu beschäftigen. Das Kind soll hier die Möglichkeit haben, in „seinem" Buch kreativ zu sein – manchmal alleine, ein anderes Mal zusammen in der Familie.
Am Ende jedes Bausteins wird in einer kurzen Zusammenfassung deutlich gemacht, welcher inhaltliche Kern für den Kommunionweg jetzt besonders wichtig ist.
Je nach Thema haben die Bausteine unterschiedliche Anliegen. Bei vielen Bausteinen geht es darum, einen Gesprächsraum zwischen Eltern und Kind über Leben und Glauben zu schaffen. Bei anderen steht die Erschließung konkreter Inhalte zum Verständnis der Eucharistie stärker im Vordergrund. Auf den S. 80–83 finden Sie einen verkleinerten Abdruck eines solchen Bausteines zum Familiengespräch.

Kindergruppe: Für die Kindertreffen – Leitfaden

Parallel zum Familienbuch enthält der *Leitfaden* 20 Kindertreffen. Diese Vorschläge sind inhaltlich ausgearbeitete und in sich abgeschlossene Einheiten, die es den Begleitern ermöglichen, sich unkompliziert und dennoch umfassend auf das Treffen der Kinder vorzubereiten.
Wenn Sie aus den 20 Bausteinen im Familienbuch eine Auswahl getroffen haben, ergibt sich dadurch automatisch die Auswahl der Kindertreffen. Die Kindergruppe knüpft an das Familiengespräch zu Hause an, sie führt dieses spielerisch weiter und vertieft das jeweilige Thema in der Gemeinschaft der Kinder. Für die Kindergruppe wird daher diejenige Einheit im Leitfaden verwendet, welche auf den aktuellen Baustein zum Familien-

gespräch aufbaut. Daher sind die Titel und Themen der Bausteine zum Familiengespräch und jene der Kindertreffen in beiden Büchern identisch. Die direkte Vernetzung wird für Sie so leicht sichtbar.
Folgt der Rhythmus der Kindergruppe dem Rhythmus des Familiengesprächs wöchentlich, so gelingt die Vernetzung 1:1.
Trifft sich die Kindergruppe z.B. vierzehntägig, werden in den Familien während dieses Zeitraums mehrere inhaltliche Bausteine besprochen. Sie können entweder den Begleitern die Wahl lassen, welches der (im Beispiel: zwei) parallel aufgebauten Kindertreffen sie verwenden, oder Sie überlegen gemeinsam, welches Kindertreffen ausgewählt wird.

Elterngruppe: Für die Eltern – Leitfaden (siehe Teil III in diesem Band, ab S. 99)

Die Elterntreffen unterstützen die Eltern, die eigene Gottesbeziehung oder Gottsuche mit ihren eigenen Sehnsüchten und manchmal auch ihrer eigenen Verzweiflung nicht zu verdrängen, sondern sich diesen Prozessen zu stellen. Die Elterntreffen des Kommunionweges stehen in einem engen Zusammenhang mit dem Familienbuch. Denn ein Anliegen der Elterntreffen ist ja, das Familiengespräch zwischen Eltern und Kindern zu Hause durch die Elterntreffen anzustoßen, vorzubereiten und zu ermöglichen. Das erste und wichtigste Anliegen der Elterntreffen aber bleibt, die Eltern in ein Nachdenken über die Fragen des eigenen Lebens hineinzuführen und sich mit ihnen auf die Suche nach Antworten aus dem christlichen Glauben zu machen.
Der *Leitfaden für die Elterntreffen* bietet zehn ausgearbeitete Treffen, auch hier ist also eine Auswahl möglich. Für die Auswahl sollten Sie sich an den einzelnen Bausteinen zum Familiengespräch orientieren und mit Blick auf den anstehenden Themenbereich festlegen, welches Elterntreffen im Hinblick auf die anstehenden Bausteine zum Familiengespräch am stimmigsten ist. Die Häufigkeit der Elterntreffen ist situativ und gemeindebezogen zu gestalten. Aus dem familienkatechetischen Anliegen der Gemeinschaftsbildung ergibt sich aber eine gewisse Regelmäßigkeit. Insofern ist ca. ein Elterntreffen im Monat anzustreben. Sind die Elterntreffen in einem kürzeren Rhythmus möglich, fördert dies die Gemeinschaftsbildung. Ist in einer Gemeinde nur ein längerfristiger Rhythmus möglich, so sind ggf. weniger Treffen sinnvoll.

Reich Gottes - Schatz für uns Menschen

Das Evangelium, die Frohe Botschaft, die uns Jesus verkündet hat, ist wie eine Schatztruhe. Wir finden darin Geschichten, in denen wir etwas sehr Wertvolles über Gott und über uns selbst erfahren: Wir Menschen, du und ich, sind Gott wichtig. Das Evangelium will uns die Augen dafür öffnen, dass Gott uns liebt.

Jesus redet in Gleichnissen und Geschichten von der neuen Welt Gottes, dem Reich Gottes; es gleicht einem großen Schatz: Gott selbst schickt Jesus in die Welt; er macht so deutlich: Die Welt und unser Leben sollen ein Reich der Gerechtigkeit, des Friedens und der Liebe werden. Schon jetzt können wir etwas von dem erfahren, was die zukünftige neue Welt Gottes verheißt. Jesus meint, dass die Welt und unser eigenes Leben bereits zum Be-Reich Gottes gehören. Der Einsatz für Gerechtigkeit, Frieden und Liebe in unserem Leben und auf dieser Welt wird uns von Jesus aufgetragen: Dass wir zum Be-Reich Gottes gehören, ist also eine Gabe wie ein Geschenk und zugleich eine Auf-Gabe.

Einen Schatz finden

„Es war einmal", begann Jesus zu erzählen – und alle spitzten die Ohren. Mit einer neuen Geschichte wollte er seinen Hörern noch mehr von der neuen Welt Gottes, dem Reich Gottes, erzählen.

„Es war einmal ein Mann, der einen kleinen Acker umgraben sollte. Da traf seine Hacke auf etwas Hartes. Er bückte sich, um die Erde wegzuräumen, und fand einen Schatz: Goldmünzen, Ringe und Broschen funkelten in der Sonne. Rasch deckte der Mann den Schatz zu, um ihn wieder zu verbergen. Er stützte sich auf seine Hacke und dachte nach. Wenn er den Acker kaufen könnte, würde der Schatz ihm gehören. Er wusste, dass er seinen letzten Pfennig dafür hergeben musste. Aber er ging hin, verkaufte alles, was er besaß, und erwarb den Acker. Der war es wert! Der Schatz gehörte jetzt ihm."

Nach Matthäus 13,44-46

Baustein 11

* Was sagt euch das Gleichnis Jesu über die neue Welt Gottes, das Reich Gottes?

* Wie können wir den Schatz Gottes für uns – seine neue Welt – bekommen?

Wenn wir uns auf den Weg machen, um einen Schatz zu suchen, gehen wir nicht alleine. Wir brauchen dabei Gefährtinnen und Gefährten. Wenn ihr in der Bibel auf Schatzsuche geht, könnt ihr euch gemeinsam begleiten. Zusammen könnt ihr in der Bibel lesen und über die Geschichten miteinander reden.

„Die neue Welt Gottes ist mit einem Schatz zu vergleichen, der in einem Acker vergraben war."

Nach Matthäus 13,44

Meine Schätze

Ein Schatz ist etwas ganz besonders Wichtiges und Wertvolles in deinem Leben.

* Wer oder was sind deine Schätze?
* Welche hast du schon entdeckt, wen oder was und welche möchtest du noch finden?
* Male oder schreibe sie in deine Schatztruhe.

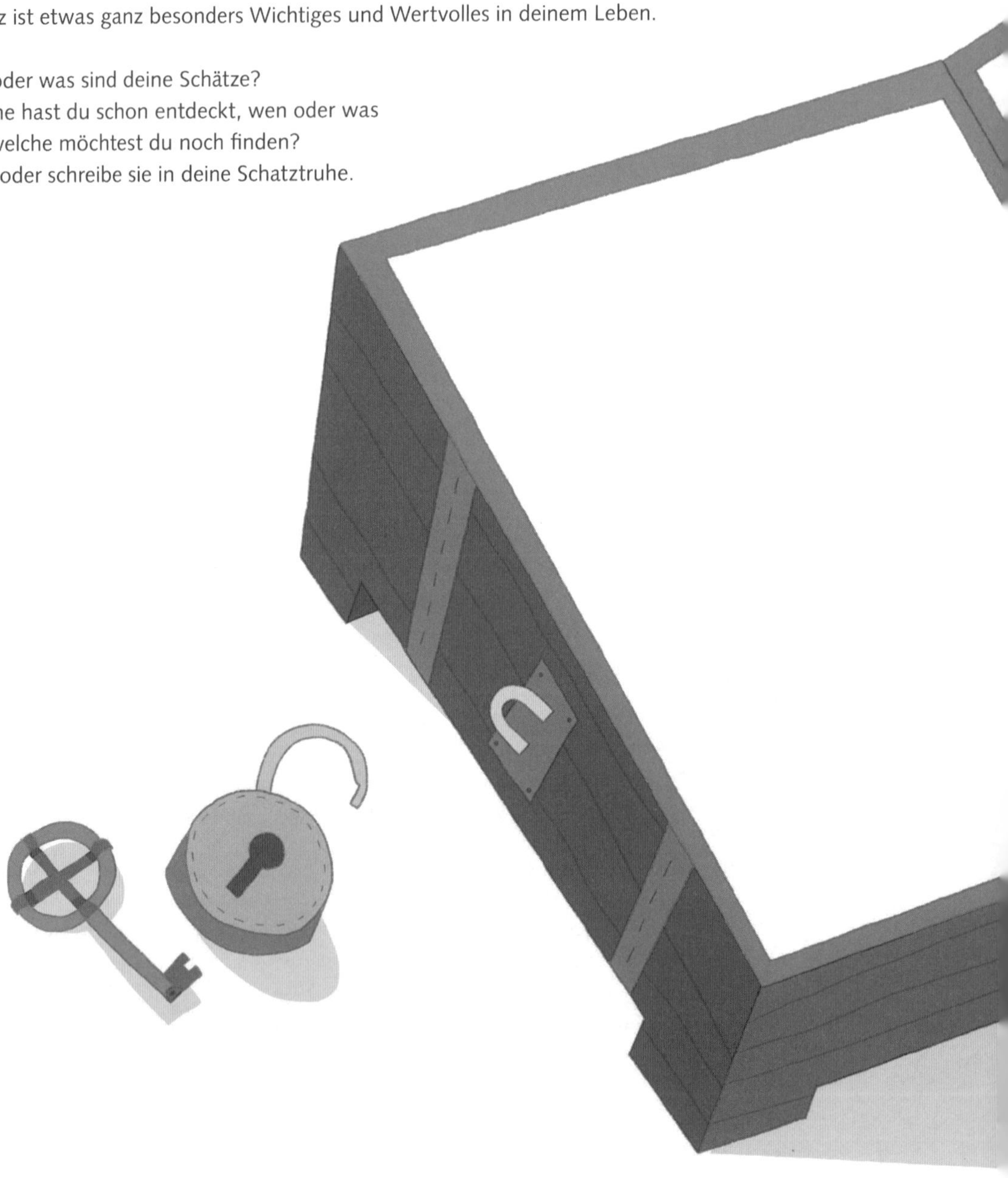

Meine Seite

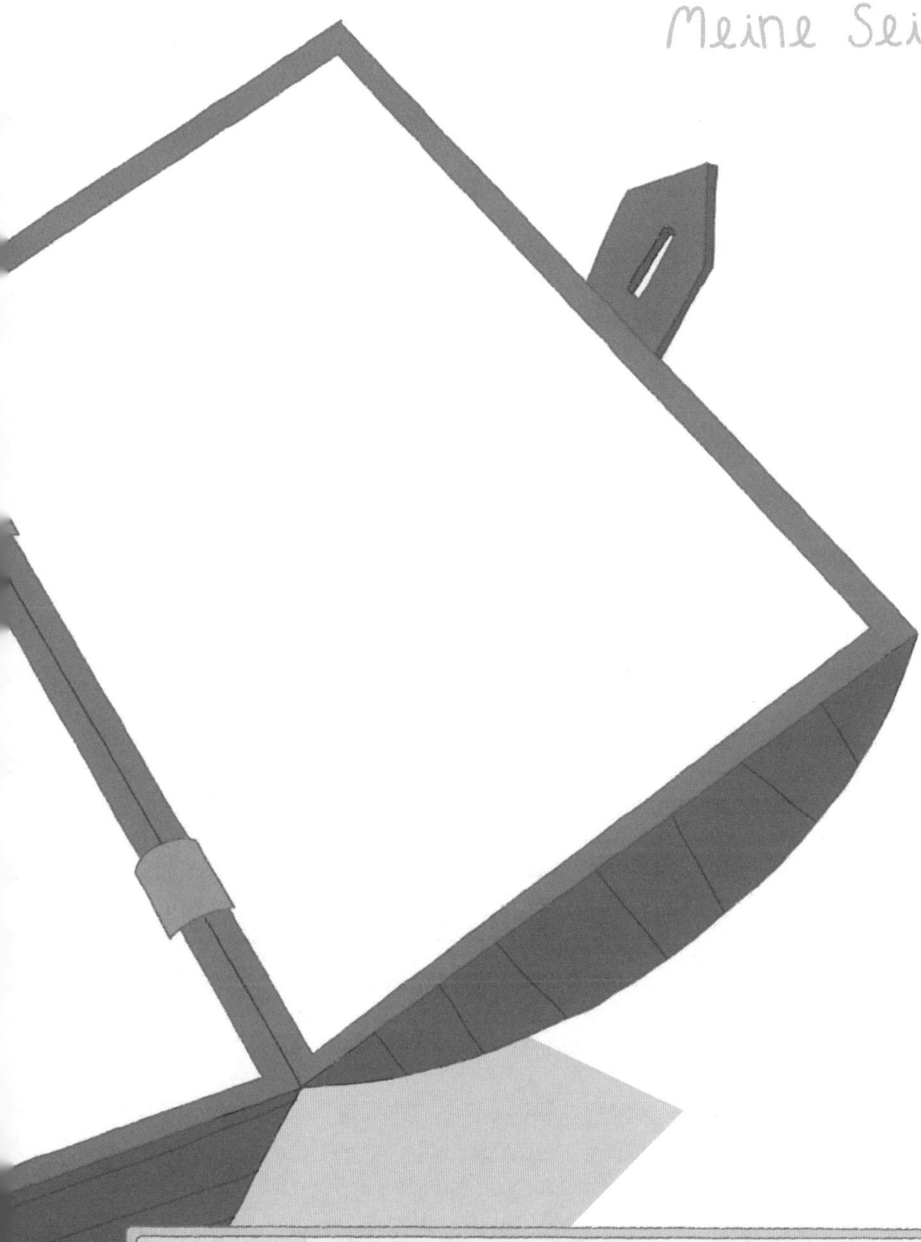

Die Gemeinschaft mit Jesus Christus
ist wie ein kostbares Geschenk, wie ein Schatz.
Leben in Beziehung mit Jesus Christus heißt:
Leben aus der Frohen Botschaft vom Reich Gottes.

Themen und Inhalte auf dem Kommunionweg

Familienbuch und Leitfaden für die Kindertreffen

Eine Übersicht stellt Ihnen die Abfolge der einzelnen Bausteine zum Familiengespräch dar. Sie sind identisch mit dem *Leitfaden für die Kindertreffen*. Zur thematischen Orientierung haben wir die Titel der jeweiligen Bausteine zum Familiengespräch durch ihre inhaltliche Kernaussage aus dem Familienbuch (und dem entsprechenden Kindertreffen) ergänzt. Weitere Hinweise zum Aufbau des Familienbuchs finden Sie auf S. 22–27 im Buch *Gott mit neuen Augen sehen – Familienbuch*.

Themenbereich I – Was uns wichtig ist

1. Miteinander leben
Wir leben mit vielen Menschen zusammen – mit unseren Eltern, Geschwistern, mit Freundinnen und Freunden, Verwandten und Bekannten. Ohne Gemeinschaft mit anderen Menschen ist Leben kaum möglich. Gemeinschaft mit anderen Menschen lässt uns spüren, dass wir nicht alleine sind und dass wir geliebt werden.

2. Tag für Tag
Jeden Tag können wir als Geschenk Gottes verstehen. Jeder Tag ist wie eine neue Chance, um unser Leben froh und zufrieden zu leben. Auch wenn wir uns oft keine Zeit nehmen, im Alltag an Gott zu denken, er hat immer für uns Zeit. Wir sind bei Gott immer erwünscht.

3. Den anderen sehen
Wir können selbst sehr viel für Gerechtigkeit in unserem Alltag tun. Wo immer wir unsere Mitmenschen so behandeln, wie wir selbst behandelt werden wollen, tun wir etwas Gutes. Ungerechtigkeit widerspricht nach der Bibel dem Willen Gottes. Jesus hat uns vorgelebt, wie wir uns gegenüber Armen und Kranken verhalten können, damit es ihnen wieder besser geht.

4. Wir streiten und versöhnen uns
Friede und Versöhnung sind ein Wunsch Gottes für alle Menschen. Friede ist möglich, wenn wir nicht auf Kosten anderer leben. Es gibt Situationen, in denen es nötig ist, miteinander zu streiten. Wichtig dabei ist, dass wir fair bleiben und versuchen, auch den anderen zu verstehen. Jesus will, dass wir uns versöhnen und Frieden suchen, wenn es Streit gibt. Frieden können wir nur gemeinsam schaffen.

Themenbereich II – Viele Fragen – Unser Leben gibt uns zu denken

5. Einmalig und unverwechselbar
Gott hat alle Menschen geschaffen, unser Leben kommt von Gott. Er meint es gut mit uns und begleitet uns beim Wachsen und Größerwerden. Wir sind Gottes Ebenbild. Das gibt jeder und jedem von uns einen besonderen Wert. Gott hat uns die Welt anvertraut. Wir haben dadurch Verantwortung für Gottes Schöpfung. Wenn wir Gottes gute Schöpfung zerstören, können wir in Zukunft nicht mehr gut leben. Wir Menschen sind als Geschöpfe Gottes selbst ein Teil seiner Schöpfung.

6. Was ist, wenn wir sterben?
Wir vertrauen darauf, dass mit dem Tod nicht alles aus ist. Der Tod ist wie ein Tor zu neuem Leben. Weil Gott Jesus auferweckt hat, glauben wir, dass Gott auch uns auferwecken wird. So wie sich das Samenkorn oder die Raupe verwandeln, so kommen auch wir, wenn wir sterben, zu neuem Leben bei Gott.

7. Wege zu Gott
Die verschiedenen Religionen sind unterschiedliche Wege von Menschen zu Gott. Die jüdische, islamische und christliche Religion haben trotz aller Verschiedenheit viele Gemeinsamkeiten, die ein friedvolles Miteinander ermöglichen. Jesus Christus ist für uns Christen der Weg zu Gott.

8. Raus aus der Sackgasse
Manchmal kommen wir in eine Situation, die wie eine Sackgasse ist. Gott empfängt uns immer wie ein barmherziger Vater mit offenen Armen, wenn wir umkehren. Wenn wir aufeinander zugehen und uns versöhnen, wenn wir unnötigen Streit vermeiden oder einen Konflikt beenden, geht es uns allen besser. Wir erfahren in unserem Leben, dass wir manchmal scheitern, nicht richtig handeln und schuldig werden. Diese Erfahrung gehört zum Leben. Menschliches Leben ohne Scheitern und Schuldig-Sein gibt es nicht. Mit jemandem über das zu reden, was uns bedrückt, kann uns aus solchen Situationen heraushelfen. Gott bietet uns immer seine Versöhnung an. Deshalb spricht uns der Priester im Sakrament der Versöhnung Gottes Vergebung zu. Diese Freude über einen neuen Anfang können wir feiern.

Themenbereich III – Mit Jesus Gottes Spuren suchen

9. In Gottes Hand geschrieben
Gott ist immer für uns da. Er begleitet uns durch unser Leben – durch jedes Jahr, jeden Monat, jeden Tag. Durch die Taufe sind wir Gott ganz besonders nah. Wir sind durch das Sakrament der Taufe in die Gemeinschaft aller Christen aufgenommen.

10. Mit Jesus in Kontakt
Jesus Christus war ein besonderer Mensch, der auch uns heute viel zu sagen hat. Er hat uns Menschen die Frohe Botschaft von der Liebe Gottes verkündet. Wir glauben, dass Jesus Christus der Sohn Gottes ist und Gott ihn aus dem Tod auferweckt hat.

11. Reich Gottes – Schatz für uns Menschen
Die Gemeinschaft mit Jesus Christus ist wie ein kostbares Geschenk, wie ein Schatz. Leben in Beziehung mit Jesus Christus heißt: Leben aus der Frohen Botschaft vom Reich Gottes.

12. Unsere Tür zu Gott
In der Begegnung mit anderen Menschen und mit der Welt können wir Spuren Gottes entdecken. Wir können unsere Augen, unsere Ohren und unser Herz öffnen für Gottes Gegenwart. Wir können mit Gott sprechen, z.B. im Vaterunser. Wir können ihn bitten, ihm klagen, ihn loben, ihm danken. Denn: Gott liebt uns wie eine unendlich gute Mutter und ein unendlich guter Vater.

Themenbereich IV – In Brot und Wein mit Gott verbunden

13. Essen und Trinken hält uns am Leben
Zum Leben brauchen wir nicht nur Nahrung, sondern auch Liebe und Gemeinschaft. Wenn wir uns vor dem Essen die Hände reichen, drücken wir Gemeinschaft untereinander und mit Gott aus. Gemeinsames Essen und Trinken ist mehr, als nur Hunger und Durst stillen. Bei Jesus ist ein gemeinsames Mahl Zeichen von Nähe und Verbundenheit.

14. Jesus lädt alle ein
Jesus hat mit den Menschen gegessen. Dabei hat er keine Unterschiede gemacht. Zum Mahl mit ihm waren und sind alle eingeladen. Für Jesus drückt sich in der Einladung zum gemeinsamen Mahl die Liebe Gottes aus.

15. Tun, was Jesus getan hat
In der Eucharistie-Feier segnen und teilen wir das Brot und den Wein, wie Jesus das getan hat. Bei diesem feierlichen Mahl erinnern wir uns intensiv an das Leben, den Tod und die Auferweckung Jesu Christi, sodass er für uns so lebendig wird wie damals.

16. Wandlung und Verwandlung unseres Lebens
In den Gaben von Brot und Wein ist Jesus unter uns. Er verwandelt unser Leben durch seine Nähe. Wie Brot und Wein in der Eucharistie-Feier eine neue Bedeutung erhalten und zu Jesus Christus selbst werden, will er auch uns zu Menschen verwandeln, die nach seiner Botschaft leben. Das gemeinsame Mahl in der Eucharistie-Feier verbindet uns mit Jesus Christus und untereinander.

Themenbereich V - Miteinander Kirche sein

17. Gott loben und danken
In unseren Gottesdiensten feiern wir Gott. Im Wortgottesdienst versammeln wir uns, um das Wort Gottes zu hören. Wir bringen alles, was uns bewegt, im Gebet vor Gott. Auf Gottes WORT geben wir unsere ANT-WORT im Bekenntnis unseres Glaubens sowohl im Gebet als auch im alltäglichen Handeln. In der Eucharistie-Feier erinnern wir uns an das Leben, den Tod und die Auferweckung Jesu Christi. Wir loben und danken Gott, dass Jesus Christus uns im Brot des Lebens bleibend nahe ist.

18. Ein Tag wie kein anderer
Die Feier der Kommunion ist ein wichtiger Tag in deinem Leben. Sie ist ein Festtag für dich, deine Familie und die ganze Gemeinde. Ab jetzt bist du in jeder Eucharistie-Feier zum gemeinsamen Mahl eingeladen.

19. Gemeinde – Miteinander weitergehen
Die Gemeinschaft mit Jesus gilt für unser ganzes Leben. Jesus zieht seine Einladung an uns nicht zurück. Als Familie und als Gruppe sind wir Teil dieser größeren Gemeinschaft, die Gemeinde heißt. Die Gemeinschaft unserer Gemeinde hilft uns, die Einladung Gottes immer wieder anzunehmen.

20. Katholisch – In der ganzen Welt zu Hause
In fast allen Ländern der Erde leben Christen. Die katholische Kirche ist eine weltweite Gemeinschaft. In der Eucharistie-Feier am Sonntag sind wir mit Jesus Christus, mit unseren Verstorbenen und mit unseren Schwestern und Brüdern in der ganzen Welt verbunden.

Für die Elterntreffen - Leitfaden (Kapitel III dieses Buches)

Der Leitfaden für die Elterntreffen greift zehn elementarisierte Themen auf, die sich in ihrer Gliederung und Zuordnung zu den Bausteinen zum Familiengespräch an den fünf Themenbereichen im Familienbuch orientieren:

Informationsabend: Der Kommunionweg als Familienkatechese

Themenbereich I: Was uns wichtig ist
1. Kommunion. Wir machen uns gemeinsam auf den Weg.

Themenbereich II: Viele Fragen – Unser Leben gibt uns zu denken
2. Unsere Beziehungen neu entdecken
3. Kinder und der Tod

Themenbereich III: Mit Jesus Gottes Spuren suchen

4. Wie Advent und Weihnachten feiern
5. Jesus Christus-Basiswissen
6. Weil Versöhnung guttut

Themenbereich IV: In Brot und Wein mit Gott verbunden

7. Vom Fasten zum Feiern: Ostern
8. Wandlung und Verwandlung unseres Lebens

Themenbereich V: Miteinander Kirche sein

9. Gott mit neuen Augen sehen – Wege in die Zukunft
10. Wir gestalten Gottesdienst

2.6 *Gott mit neuen Augen sehen* – Vernetzung im Überblick

	Themenbereich I **Was uns wichtig ist**	**Themenbereich II** **Viele Fragen – Unser Leben gibt uns zu denken**
Familienbuch	1. Miteinander leben 2. Tag für Tag 3. Den anderen sehen 4. Wir streiten und versöhnen uns	5. Einmalig und unverwechselbar 6. Was ist, wenn wir sterben? 7. Wege zu Gott 8. Raus aus der Sackgasse
Für die Kindertreffen – Leitfaden	1. Miteinander leben 2. Tag für Tag 3. Den anderen sehen 4. Wir streiten und versöhnen uns	5. Einmalig und unverwechselbar 6. Was ist, wenn wir sterben? 7. Wege zu Gott 8. Raus aus der Sackgasse
Elterntreffen	Informationsabend 1. Kommunion – Wir machen uns gemeinsam auf den Weg	2. Unsere Beziehungen neu entdecken 3. Kinder und der Tod

Themenbereich III **Mit Jesus Gottes Spuren suchen**	**Themenbereich IV** **In Brot und Wein mit Gott verbunden**	**Themenbereich V** **Miteinander Kirche sein**
9. In Gottes Hand geschrieben 10. Mit Jesus in Kontakt 11. Reich Gottes – Schatz für uns Menschen 12. Unsere Tür zu Gott	13. Essen und Trinken hält uns am Leben 14. Jesus lädt alle ein 15. Tun, was Jesus getan hat 16. Wandlung und Verwandlung unseres Lebens	17. Gott loben und danken 18. Ein Tag wie kein anderer 19. Gemeinde – Miteinander weitergehen 20. Katholisch – In der ganzen Welt zu Hause
9. In Gottes Hand geschrieben 10. Mit Jesus in Kontakt 11. Reich Gottes – Schatz für uns Menschen 12. Unsere Tür zu Gott	13. Essen und Trinken hält uns am Leben 14. Jesus lädt alle ein 15. Tun, was Jesus getan hat 16. Wandlung und Verwandlung unseres Lebens	17. Gott loben und danken 18. Ein Tag wie kein anderer 19. Gemeinde – Miteinander weitergehen 20. Katholisch – In der ganzen Welt zu Hause
4. Wie Advent und Weihnachten feiern 5. Jesus Christus – Basiswissen 6. Weil Versöhnung guttut	7. Vom Fasten zum Feiern: Ostern 8. Wandlung und Verwandlung unseres Lebens	9. Gott mit neuen Augen sehen – Wege in die Zukunft 10. Wir gestalten Gottesdienst

Exemplarische Verlaufspläne

Die folgenden Vorschläge für mögliche Verlaufspläne möchten Ihnen beispielhaft die Struktur eines Kommunionweges als Familienkatechese veranschaulichen. Den Entwürfen liegen jeweils die Kalenderwochen (KW) im Zeitraum von Oktober bis Mai zugrunde. Da die Schulferienordnungen regional unterschiedlich sind, wurde die Ferienzeit fiktiv eingeplant.
Es wurden exemplarisch unterschiedlich viele Bausteine zum Familiengespräch, ebenso viele Kindertreffen und passende Elterntreffen ausgewählt. Diese Auswahl stellt keine Gewichtung des vorliegenden Materials dar, sondern veranschaulicht beispielhaft einige Möglichkeiten von vielen. Das Baukastensystem dieses Weges ermöglicht längere und auch kürzere Kommunionwege, falls dies aufgrund pastoraler Gegebenheiten notwendig ist.
Um den Gruppenprozessen Raum zu lassen, sollten nicht alle Wochen durchgehend verplant sein; es bleibt so die Möglichkeit, im Verlauf des Kommunionweges diesen Prozessen genügend Raum zu geben.
Bewusst wurde bei dieser Übersicht auf die Darstellung der Treffen der Begleiter der Gruppen mit dem katechetischen Leitungsteam sowie auf die Darstellung der liturgischen Feiern auf dem Kommunionweg verzichtet. Nehmen Sie diese Verlaufspläne bitte lediglich als mögliche Beispiele von Grundgerüsten des Kommunionweges als Familienkatechese. Weitere erprobte Verlaufspläne finden Sie auf www.koesel.de/gemeinde zum Download.

Beispiel für einen intensiven Kommunionweg als Familienkatechese (Oktober bis Mai)

KW	Familiengespräch	Kindergruppe	Elterngruppe
Vor den Sommerferien: Informationsabend und Anmeldung			
41	Familiennachmittag		
42	1. Miteinander leben	1. Miteinander leben	(1) Kommunion ...
43	Herbstferien		
44	2. Tag für Tag	2. Tag für Tag	
45	3. Den anderen sehen	3. Den anderen sehen	
46	4. Wir streiten und versöhnen uns	4. Wir streiten und versöhnen uns	(2)/(3) Unsere Beziehungen neu entdecken/Kinder und der Tod
47	5. Einmalig und unverwechselbar	5. Einmalig und unverwechselbar	
48	6. Was ist, wenn wir sterben?	6. Was ist, wenn wir sterben?	
49	7. Wege zu Gott	7. Wege zu Gott	

50	8. Raus aus der Sackgasse	8. Raus aus der Sackgasse	(4) Wie Advent und Weihnachten feiern
51	Gestaltung je nach Prozessverlauf		
52	Weihnachtsferien		
01	Weihnachtsferien		
02	9. In Gottes Hand geschrieben	9. In Gottes Hand geschrieben	(5) Jesus Christus – Basiswissen
03	10. Mit Jesus in Kontakt	10. Mit Jesus in Kontakt	
04	11. Reich Gottes – Schatz für uns Menschen	11. Reich Gottes – Schatz für uns Menschen	
05	12. Unsere Tür zu Gott	12. Unsere Tür zu Gott	(6) Weil Versöhnung guttut
06	Gestaltung je nach Prozessverlauf		
07	Winterferien		
08	Winterferien		
09	13. Essen und Trinken hält uns am Leben	13. Essen und Trinken hält uns am Leben	
10	14. Jesus lädt alle ein	14. Jesus lädt alle ein	(8) Wandlung und Verwandlung unseres Lebens
11	15. Tun, was Jesus getan hat	15. Tun, was Jesus getan hat	
12	16. Wandlung und Verwandlung unseres Lebens	16. Wandlung und Verwandlung unseres Lebens	
13	17. Gott loben und danken	17. Gott loben und danken	(7)/(10) Vom Fasten zum Feiern: Ostern/Wir gestalten Gottesdienst
14	Gestaltung je nach Prozessverlauf		
15	Osterferien		
16	Osterferien		
17	18. Ein Tag wie kein anderer	18. Ein Tag wie kein anderer	
18	Kommunion-Feiertag		
19	19. Gemeinde – Miteinander weitergehen	19. Gemeinde – Miteinander weitergehen	
20	20. Katholisch – In der ganzen Welt zu Hause	20. Katholisch – In der ganzen Welt zu Hause	(9) Gott mit neuen Augen sehen – Wege in die Zukunft

Beispiel für einen kürzeren Weg (November bis April)

KW	Familiengespräch	Kindergruppe	Elterngruppe
Vor den Herbstferien: Informationsabend und Anmeldung			
43	Herbstferien		
44	Familiennachmittag		
45	1. Miteinander leben	1. Miteinander leben	(1) Unser Kommunionweg
46	2. Tag für Tag	2. Tag für Tag	
47	9. In Gottes Hand geschrieben	9. In Gottes Hand geschrieben	(4)/(5) Wie Advent und Weihnachten feiern/Jesus Christus – Basiswissen
48	10. Mit Jesus in Kontakt	10. Mit Jesus in Kontakt	
49	11. Reich Gottes – Schatz für uns Menschen	11. Reich Gottes – Schatz für uns Menschen	
50	12. Unsere Tür zu Gott	12. Unsere Tür zu Gott	
51	Gestaltung je nach Prozessverlauf (z.B. Sternsingerprobe, Familienadventsfeier, Adventsschmuck basteln ...)		
52	Weihnachtsferien		
01	Weihnachtsferien		
02	13. Essen und Trinken hält uns am Leben	13. Essen und Trinken hält uns am Leben	(8) Wandlung und Verwandlung unseres Lebens
03	14. Jesus lädt alle ein	14. Jesus lädt alle ein	
04	15. Tun, was Jesus getan hat	15. Tun, was Jesus getan hat	
05	16. Wandlung und Verwandlung unseres Lebens	16. Wandlung und Verwandlung unseres Lebens	
06	Gestaltung je nach Prozessverlauf (z.B. Gruppenstunde zu „Mit Paula auf Entdeckungstour", Gottesdienst aller Kommuniongruppen mit Eucharistiekatechese ...)		
07	Winterferien		
08	Winterferien		

09	4. Wir streiten und versöhnen uns	4. Wir streiten und versöhnen uns	(6) Weil Versöhnung guttut
10	8. Raus aus der Sackgasse	8. Raus aus der Sackgasse	
11	Gestaltung je nach Prozessverlauf (z.B. Erstbeichte; Versöhnungstag für Familien ...)		
12	17. Gott loben und danken	17. Gott loben und danken	
13	18. Ein Tag wie kein anderer	18. Ein Tag wie kein anderer	
14	Gestaltung je nach Prozessverlauf (z.B. Palmbuschen binden, Osterdekoration, Gewänderprobe ...)		
15	Osterferien		
16	Osterferien/Kommunion-Feiertag		
17	19. Gemeinde – Miteinander weitergehen	19. Gemeinde – Miteinander weitergehen	(9)/(10) Gott mit neuen Augen sehen/Wir gestalten Gottesdienst

Ein Beispiel für einen stark komprimierten Weg

z.B. Einladung zu vier katechetischen anderthalb-tägigen Wochenenden (Freitagnachmittag und Samstag) und einem Abschlusstreffen (November bis April)

KW	Familiengespräch	Kindergruppe	Elterngruppe
Vor den Herbstferien: Informationsabend und Anmeldung			
43	Herbstferien		
44	Familiennachmittag		
45	1. Miteinander leben		(1)/(2) Unser Kommunionweg/Unsere Beziehungen neu entdecken
46	2. Tag für Tag		
47	5. Einmalig und unverwechselbar		

48	9. In Gottes Hand geschrieben	1. Miteinander leben 2. Tag für Tag 5. Einmalig und unverwechselbar 9. In Gottes Hand geschrieben	(4) Wie Advent und Weihnachten feiern
49 – 51			
52/01	Weihnachtsferien		
02			
03	10. Mit Jesus in Kontakt		(5) Jesus Christus – Basiswissen
04	11. Reich Gottes – Schatz für uns Menschen		
05	12. Unsere Tür zu Gott	10. Mit Jesus in Kontakt 11. Reich Gottes – Schatz für uns Menschen 12. Unsere Tür zu Gott	
06			
07/08	Winterferien		
09	4. Wir streiten und versöhnen uns		(3)/(6) Kinder und der Tod/Weil Versöhnung guttut
10	8. Raus aus der Sackgasse	4. Wir streiten und versöhnen uns 8. Raus aus der Sackgasse	
11	14. Jesus lädt alle ein		(7)/(8) Vom Fasten zum Feiern: Ostern/Wandlung und Verwandlung unseres Lebens
12	15. Tun, was Jesus getan hat		
13	16. Wandlung und Verwandlung unseres Lebens		
14	17. Gott loben und danken	14. Jesus lädt alle ein 15. Tun, was Jesus getan hat 16. Wandlung und Verwandlung unseres Lebens 17. Gott loben und danken	

15	18. Ein Tag wie kein anderer		
16	Osterferien		
17	Osterferien/Kommunion-Feiertag		
18	19. Gemeinde – miteinander weitergehen	19. Gemeinde – miteinander weitergehen 20. Katholisch – In der ganzen Welt zu Hause	(9)/(10) Gott mit neuen Augen sehen .../Wir gestalten Gottesdienst

Beispiel für einen „Grundschulweg"

Die Gestaltung eines Kommunionwegs als Grundschulweg zielt auf eine Differenzierung ab, der es Familien mit unterschiedlichen Zeitressourcen und Interessenlagen ermöglicht, einen mehr oder weniger intensiven Kommunionweg zu gehen. Dementsprechend entspannen sich erfahrungsgemäß auch die Belastungen der haupt- und ehrenamtlichen Katechetinnen und Katecheten. Im unten dargestellten Modell wird der sog. Herbst-/Adventsweg fakultativ für Familien mit Kindern der zweiten und/oder dritten Grundschulklasse angeboten. Verbindliches Kernstück für die Kommunionvorbereitung ist hier nur der Kommunionweg. Darauf aufbauend werden interessierte Familien mit Kindern in der dritten (und vierten) Klasse zum sog. Versöhnungsweg, bzw. zum sog. Dienstweg (Ministrantenausbildung) eingeladen.

Der *Herbstweg/Adventsweg* – für Familien mit Kindern ab der 2. Klasse (Oktober bis Dezember)

KW	Familiengespräch	Kindergruppe	Elterngruppe
Nach den Sommerferien: Informationsabend und Anmeldung zum Grundschulweg für Eltern der 2. und 3. Klasse			
	1. Miteinander leben	1. Miteinander leben	(1)/(2) Unser Kommunionweg/ Unsere Beziehungen neu entdecken
	2. Tag für Tag	2. Tag für Tag	
	3. Den anderen sehen	3. Den anderen sehen	
	Herbstferien		
	5. Einmalig und unverwechselbar	5. Einmalig und unverwechselbar	(3)/(4) Kinder und der Tod/Wie Advent und Weihnachten feiern
	6. Was ist, wenn wir sterben?	6. Was ist, wenn wir sterben?	
	7. Wege zu Gott	7. Wege zu Gott	

Ideen für die Vernetzung mit (bestehenden) Gemeindeangeboten:
Besondere Einladung zum/zur

* gemeinsamen Friedhofsbesuch (Allerheiligen),
* gemeinsamen St. Martinsfeier mit Laternenlauf,
* gemeinsamen St. Nikolausfeier,
* gemeinsamen Adventskranzbasteln,
* Vorbereitung und Teilnahme an der Sternsingeraktion,
* Beteiligung an einem Familiengottesdienst im Advent,
* „Herbergssuche" im Advent (an jedem Tag im Advent öffnet sich eine Tür in der Gemeinde),
* Weihnachtsgottesdienste etc.

Der *Kommunionweg* – für Familien mit Kindern ab der 3. Klasse (Januar bis April)

KW	Familiengespräch	Kindergruppe	Elterngruppe
Nach den Sommerferien: Informationsabend und Anmeldung zum Grundschulweg			
40–52	Schriftliche Einladung der Familien mit Kindern in der 3. Klasse zur Teilnahme am Herbstweg/ Adventsweg		
01	Weihnachtsferien		
	Informationsabend und Anmeldung für den Kommunionweg (für Familien mit Kindern in der 3. Klasse, die nicht am Adventsweg beteiligt waren)		
02	Familientag mit Elementen aus Kindergruppenstunde 1 und 2		
	9. In Gottes Hand geschrieben	9. In Gottes Hand geschrieben	(1)/(5) Unser Kommunionweg/Jesus Christus – Basiswissen
03	10. Mit Jesus in Kontakt	10. Mit Jesus in Kontakt	
04	11. Reich Gottes – Schatz für uns Menschen	11. Reich Gottes – Schatz für uns Menschen	
05	12. Unsere Tür zu Gott	12. Unsere Tür zu Gott	(8) Wandlung und Verwandlung unseres Lebens
06	Gestaltung je nach Prozessverlauf		
07	Winterferien		
08	Winterferien		

09	13. Essen und Trinken hält uns am Leben	13. Essen und Trinken hält uns am Leben	
10	14. Jesus lädt alle ein	14. Jesus lädt alle ein	
11	15. Tun, was Jesus getan hat	15. Tun, was Jesus getan hat	
12	16. Wandlung und Verwandlung unseres Lebens	16. Wandlung und Verwandlung unseres Lebens	(7)/(10) Vom Fasten zum Feiern: Ostern/Wir gestalten Gottesdienst
13	17. Gott loben und danken	17. Gott loben und danken	
14	18. Ein Tag wie kein anderer	18. Ein Tag wie kein anderer	
15	Osterferien		
16	Osterferien		
17	Kommunion-Feiertag		
18	19. Gemeinde – Miteinander weitergehen	19. Gemeinde – Miteinander weitergehen	(9) Gott mit neuen Augen sehen …

Ideen für die Vernetzung mit (bestehenden) Gemeindeangeboten:
Besondere Einladung zum/zur

* gemeinsamen Besuch/Gestaltung eines Elements bei Familien- und Kindergottesdiensten,
* gemeinsamen Besuch eines Taufgottesdienstes in der Gemeinde,
* gemeinsamen Teilnahme/Gestaltung eines Elements am Gottesdienst am Aschermittwoch (mit Aschenkreuz), Fastenaktionen der Gemeinde, Versöhnungsfeier,
* gemeinsamen Teilnahme am Palmenbinden, Gestaltung von Osterschmuck,
* gemeinsamen Teilnahme/Gestaltung eines Elements an der Liturgie der Kar- und Osterfeiertage etc.

Der *Versöhnungsweg* – für Familien mit Kindern ab der 3. Klasse (Mai)

KW	Familiengespräch	Kindergruppe	Elterngruppe
Im Anschluss an den Kommunionweg			
Schriftliche Einladung für Familien mit Kindern ab der 3. Klasse, die im letzten Jahr nicht am Versöhnungsweg teilgenommen haben			
20	4. Wir streiten und versöhnen uns	4. Wir streiten und versöhnen uns	(6) Weil Versöhnung guttut
21	8. Raus aus der Sackgasse	8. Raus aus der Sackgasse	
22	Empfang des Sakraments der Versöhnung (Erstbeichte)		

Der „*Dienstweg*“ – für Familien mit Kindern ab der 3. Klasse (Mai bis Juli)

KW	Familiengespräch	Kindergruppe	Elterngruppe
Im Anschluss an den Versöhnungsweg			
Schriftliche Einladung für Familien mit Kindern ab der 3. Klasse, die im letzten Jahr nicht am Dienstweg teilgenommen haben			
23	20. Katholisch – In der ganzen Welt zu Hause	20. Katholisch – In der ganzen Welt zu Hause	(10) Wir gestalten Gottesdienst
Ab KW 24	Ausbildung der Ministrantinnen und Ministranten		
	Feierliche Aufnahme der Ministranten in der Gemeinde		

Den Kommunionweg kritisch weiterentwickeln

Ist der Prozess des Kommunionwegs beim Festtag der Erstkommunion angekommen, steht für das katechetische Leitungsteam dessen Reflexion und Evaluation an. Um dies anhand gesicherter Ergebnisse und weniger aufgrund vereinzelter Kommentare und Rückmeldungen vollziehen zu können, hat sich in manchen Gemeinden ein Fragebogen bewährt. Er richtet sich an alle Eltern und stellt damit deren Rückmeldungen auf eine breite Basis.

Aus der Praxis hat sich folgende Vorgehensweise als effektiv herauskristallisiert, um die schriftliche und gezielte Rückmeldung der Eltern einzuholen: Laden Sie die Eltern zum Abschluss des letzten Elterntreffens ein, einen Fragebogen auszufüllen. Wichtig dabei ist, dass Sie als Leitungsteam den Eltern auf jeden Fall die Information über das Ergebnis der Befragung zusichern und diese Zusicherung auch einlösen. Dadurch motivieren Sie die Eltern, Zeit und Gedankenkraft in diese Befragung zu investieren. Zum anderen zeigen Sie durch dieses Vorgehen auch eine transparente und partnerschaftliche Kommunikation mit den Eltern. Eine Auswahl an Evaluationselementen finden Sie auf unserer Homepage: www.koesel.de/gemeinde zum Download.

III Für die Elterntreffen – Leitfaden

Mit Eltern auf dem Glaubensweg

Wenn sich Eltern[69] und Kinder gemeinsam auf den *Kommunionweg als Familienkatechese* einlassen, eröffnen sich ihnen ungeahnte Begegnungsräume miteinander und mit Gott. Das Leben als Beziehung mit Gott zu verstehen, gibt ihm eine besondere Qualität. Diese Sichtweise wirft aber vielleicht zunächst existenzielle Fragen auf: Brauche ich Gott in meinem Leben überhaupt noch? Wie hat sich meine Beziehung zu IHM in den letzten Jahren entwickelt und verändert? Wie soll ich mein Kind auf seinem Weg zur Kommunion begleiten, wo ich doch selbst zweifle und manches selbst nicht verstehe?

Der vorliegende *Leitfaden für die Elterntreffen* will Sie als Begleiterinnen und Begleiter einer Elterngruppe auf dem Kommunionweg unterstützen. Familienkatechese geht dabei nicht von einer heilen Welt, sondern von Zweifeln, Nöten, Mutlosigkeit und Unsicherheiten aus. Sie nimmt die konkrete Ausgangslage nicht als Grund zur Klage, vielmehr soll sie Ihnen und den Eltern Mut machen. Um es in einem Bild auszudrücken: Wenn manche Eltern von hundert Metern Weg achtzig Meter mitgehen, andere Eltern fünf Meter, dann haben beide die ihnen möglichen Schritte gemacht. Es ist für beide ein Weiterkommen, ein Fort-Schritt. Erfahrungen von Eltern zeigen, dass sie die Weiterentwicklung ihres Glaubensverständnisses als wohltuend empfinden. Begegnungsräume untereinander und mit Gott schaffen und erweitern, ist religiöse Elternkompetenz.

Familienkatechese geht von der Grundeinsicht aus, dass die Eltern und Erziehungsverantwortlichen die ersten Glaubenszeugen für ihre Kinder sind. Auf diesem Kommunionweg kommen Eltern in Kontakt mit ihrer eigenen Kindheit und ihren eigenen Glaubenserfahrungen, religiösen Sehnsüchten und Zweifeln. Beides verlangt nach kompetenter Weg-Begleitung – dies ist Ihr Dienst, den Sie als Begleiter für die Eltern erbringen. Dieser *Leitfaden für die Elterntreffen* will Sie ermutigen, während des Kommunionweges mit den Eltern die Weiterentwicklung ihrer Glaubensgeschichte zu ermöglichen.

Was Glauben heute schwer macht

Viele Eltern und Erziehungsverantwortliche heute sind nicht mehr innerhalb eines religiös geprägten Umfeldes aufgewachsen. Hierfür gibt es neben gesellschaftlich-politischen und kirchlichen Gründen auch persönliche Gründe, die in der jeweiligen Biografie wurzeln.

Traditionsabbruch

Vergleicht man frühere Gesellschaftsformen mit der heutigen Realität, fällt auf, dass die einzelnen Lebensbereiche immer stärker und weiter aufgesplittet werden. Während in früheren Zeiten Gesellschaft, Kirche und Familie noch eng miteinander verbunden waren, beansprucht heute jede dieser Instanzen eine deutliche Eigenständigkeit. Man mag dies bedauern oder begrüßen: es ist allerdings eine Realität, in welcher der Glaube in zunehmendem Maße nur noch dem persönlichen Lebensbereich zugeordnet wird. Damit verliert der christliche Glaube aber fortwährend an gesellschaftlichem Einfluss. Die weitverbreitete Haltung „Jeder soll doch glauben, was er will!" gesteht zwar dem Einzelnen viel Freiheit zu, verdrängt aber die entscheidende Frage, welche Weltsicht denn nun die größere Plausibilität hat und die Menschen besser leben lässt.

Die eigene religiöse Biografie

Vielen Erwachsenen fällt es heutzutage schwer zu glauben, da sie in ihrer religiösen Erziehung kaum befreiende und lebensstiftende Impulse vermittelt bekamen. Sie haben den Glauben als ein System von Geboten und Verboten erfahren. Andere Erwachsene haben in ihrer Erziehung keinerlei christlich-religiöse Prägung erfahren, für sie ist der kirchliche Glaube eine mögliche Weltanschauung unter vielen, repräsentiert durch eine aus ihrer Sicht unzeitgemäße Institution. An die eigenen Kinder geben Eltern nur das weiter, was sie für ihr Leben als hilfreich kennengelernt haben. In solchen Lebenssituationen muss Katechese Erfahrungen dagegensetzen und ermöglichen, die den erlösenden Impuls des Christentums veranschaulichen. Immer wieder wird der Glaube daher auf die Probe gestellt, ob er letztendlich ein sinnerfüllteres Leben ermöglicht. Größeres Vertrauen und sinnstiftende Beziehungen entstehen aber nur in einem lebendigen Austausch mit anderen Menschen. Eine solche Beziehung lebt auch von Zeuginnen und Zeugen, die von eigenen positiven Erfahrungen berichten können. Bei Eltern, die in der eigenen religiösen Biografie schlechte oder keinerlei Erfahrungen mit dem christlichen Glauben gemacht haben, ist es von entscheidender Bedeutung, die eigene Glaubens-Geschichte und Lebensdeutungen zu hinterfragen. Auch dafür können und müssen die Elterntreffen Raum lassen.

Eindimensionale Gottesbilder

Erschwert wird der Glaube von Erwachsenen durch bestimmte Gottesbilder, die in der Vergangenheit – und manchmal auch noch in der Gegenwart – die Verkündigung und Katechese geprägt haben. Einige Erwachsene erfahren auch heute noch Gott als unbarmherzigen „Buchhalter“, der über Taten und Unterlassungen, über Gut und Böse Buch führt und diese Rechnung einmal dem „Schuldigen“ präsentieren wird. Ein solches Bild von Gott kann als „dämonisch“ erfahren werden, weil Gott darin wie ein Dämon Lebensängste schürt, anstatt Lebensenergie zu fördern. Einige Erwachsene sehen sich überfordert, einem „Leistungsgott“ folgen zu können oder zu wollen, der viel, ja zu viel verlangt. Andere sehen in Gott einen dämonischen „Todesgott“, der nicht das Leben und die Entfaltung der Einzelnen, sondern den blinden Gehorsam und damit letztlich den Tod will. Wieder andere Erwachsene sind enttäuscht von ihrem Kinderglauben, in dem ihnen Gott als harmlose und ohnmächtige Projektionsfigur ihrer Wünsche nach einer heilen Welt vermittelt wurde, nach dem Motto: „Piep, piep, piep, Gott hat uns alle lieb.“ Aber die dunklen Seiten unserer Existenz (Scheitern, Leiden und Tod) blieben mit diesem Gottesverständnis stets ausgeschlossen. Auch hier gilt es, Gegenimpulse zu setzen, Raum zu schaffen für die Erfahrung von Gott als einem, der befreit und rettet, der liebt und verzeiht, der zumutet und begleitet, der uns zugleich unendlich nahe ist, aber ebenso verborgen bleibt. Dies bedeutet gerade keine Verniedlichung des Glaubens im Sinne eines „lieben“ Gottes, der sich auf klischeehafte Vorstellungen reduzieren lässt. Es bedeutet vielmehr, den Gott Jesu Christi ernst zu nehmen: den Gott, der Beziehung stiftet, der aber gleichzeitig zu einem Handeln in seinem Geist einlädt und auffordert. Der Zuspruch Gottes, sein unbedingtes Ja an uns Menschen, steht am Beginn der Gottesbeziehung; sein Anspruch, die Antwort des Glaubens, ist die Folgerung daraus. Diese Reihenfolge ist unumkehrbar! Sie markiert den Weg Gottes zu den Menschen und eröffnet den Weg zu Gott.

Wie Erwachsene glauben

Wenn man danach fragt, wie Erwachsene glauben oder zum Glauben kommen, dann muss zunächst einmal geklärt werden, was man unter dem Wort „Glaube" eigentlich versteht, denn es hat sehr viele Facetten.

Glaube als Vertrauen

Jemandem zu glauben, heißt für viele Menschen zunächst einmal, jemandem zu vertrauen. In diesem Sinne hat die Praxis des Glaubens kaum an Bedeutung verloren. Zwar sind viele Beziehungen brüchig geworden, zwar registrieren und fürchten viele den immer normaler werdenden Verlust von wichtigen Bindungen, dennoch ist die Sehnsucht nach Vertrauen, das einem Menschen zugesagt wird und ihn ein Leben lang begleitet, unendlich groß. In dieser Sehnsucht zeigt sich, dass der Mensch dazu bereit ist, über sich selbst hinauszugehen. Diese Sehnsucht, die sich in dem unendlichen Verlangen ausdrückt, sich einem Menschen anvertrauen zu können, ist letztlich eine „Glaubens-Sache". Sie gründet nicht auf Beweisen. Es gibt für sie keine abgesicherten Erkenntnisse. Hoffnung, Trauer und Liebe sind Grundempfindungen der Menschen, weisen aber weit über das Menschliche hinaus. Wer liebt, der hofft immer auch, dass diese Liebe niemals aufhört. Wer hofft, der greift immer über die sichtbare Realität hinaus – auf etwas, was noch nicht da ist. Wer einem Menschen vertraut, der investiert in eine Zukunft, die nicht absehbar ist. Ein solches Vertrauen ist ein Anfang. Es ist ein Glaube, der in der Gegenwart gründet, der diese Gegenwart aber zugleich weit übersteigt.

Glaube als Beziehung

Christlicher Glaube meint eine konkrete Beziehung. Diese Beziehung knüpft an das Leben Jesu Christi an. In seinen Worten und Taten leuchtet für Christen auf, was Gott will: die Heilung und das Heil des Menschen. Eine Beziehung zu Jesus Christus aufzubauen, heißt: Ich lasse mich von seinem Geist anstecken; ich beginne nach seinem Lebensentwurf zu leben. Aus dieser Beziehung heraus leben zu können, heißt auch: Ich kann ihn ansprechen; ich beziehe Lebenskraft, Sinn und Orientierung aus dem Gespräch mit ihm. Wie jede Beziehung lebt auch die Beziehung zu Jesus Christus vom Kontakt. Wie in jeder Beziehung geht es auch in dieser darum, miteinander leben zu lernen, Krisen zu überwinden und immer wieder zueinander zu finden.

Glaube als Inhalt und Deutung

Wenn vom Glauben die Rede ist, dann denken viele Menschen dabei zuerst an einen konkreten Inhalt. Dieses „Glauben an ..." kann aber nur wachsen in einer lebendigen Beziehung. Ansonsten ist Religion und Glaube nichts anderes als ein „Lernstoff". Tatsächlich beschäftigte sich die Katechese, verstanden als „Weitergabe des Glaubens", lange Zeit hauptsächlich mit formalen Inhalten, und in Katechismen wurden Fragen gestellt, die schon beantwortet waren. Heute erkennen wir deutlicher, dass auch der Inhalt des Glaubens Beziehung ist. Der Gott Jesu Christi, der die Geschichte der Menschen begleitet und der sich in Jesus Christus endgültig unter die Menschen begeben hat, dieser Gott kann nicht in Formen und Formeln gepresst werden. Glaube ist ein Beziehungsgeschehen, allerdings ein Beziehungsgeschehen, das konkrete Rückbezüge kennt, denn der christliche Glaube ist ohne die Heilige Schrift und die Erfahrungen der Glaubensgemeinschaft nicht denkbar. In den biblischen Erzählungen und Geschichten spiegelt sich die Erfahrung von Menschen in ihrer lebendigen Beziehung zu Gott. Die Bibel ist kein Katechismus, kein Lexikon des Glaubens. Sie ist das lebendige Zeugnis von Menschen, die über ihre Erfahrungen mit Gott in ihrem Leben Halt, Sinn und Richtung bekommen haben. Diese gelebte und bezeugte Wirklichkeit des Glaubens ist der Inhalt, auf den sich christliches Leben bezieht. Glaube als Vertrauen, Glaube als Beziehung und Glaube als Inhalt und Deutung: Diesem Dreischritt weiß sich das vorliegende Buch verpflichtet. Ausgehend von Grundfragen und Grundsehnsüchten der Menschen wird versucht, den Glauben als Beziehungsgeschehen zu erschließen, das menschliches Leben deutet, ihm Sinn und Richtung gibt. Die maßgebliche inhaltliche Richtschnur ist dabei die Heilige Schrift, in der Lebens- und Glaubenserfahrungen auf einmalige und unüberbietbare Weise miteinander verschränkt sind – gewahrt und in die Zeichen der Zeit hineinbuchstabiert durch die Kirche, als Gemeinschaft der Glaubenden.

Wie „lernen" Erwachsene glauben?

Inmitten erschwerter Glaubens-Umgebungen versuchen die Elterntreffen, Menschen zum Glauben hinzuführen, ihnen zu ermöglichen, dass sie ihren Glauben vertiefen können, und Menschen – wie Martin Luther es formulierte – zum Glauben zu reizen. Damit stellt sich die Frage: Wie kann so ein Unternehmen gelingen, wie können Erwachsene glauben lernen? Und mehr noch: Kann der Glaube überhaupt gelernt werden? Er kann! Nicht so, wie ein Lernstoff gelernt werden kann, aber so, wie in einer Partnerschaft Menschen lernen können, miteinander zu leben, sich aufeinander einzustellen, im Austausch miteinander zu bleiben. Dazu muss man einiges voneinander wissen. In erster Linie lebt aber solches Lernen nicht vom Wissen, sondern von der Bereitschaft, aufeinander zuzugehen. Wie solches Aufeinander-Zugehen gelingen kann, dazu im Folgenden einige Anregungen.

Glauben lernen Menschen in Beziehung

Wenn es stimmt, dass der Inhalt des Glaubens die Beziehung Gottes zu den Menschen ist, und wenn es stimmt, dass der Glaube in erster Linie eine vertrauensvolle Beziehung ist, dann muss auch Glauben-Lernen Beziehungs-Lernen sein. Ein solches Beziehungs-Lernen geschieht zuallererst in der Familie, in allen ihren verschiedenen Formen und Ausprägungen. Wenn Menschen aus ihrer eigenen Biografie und Familie keine Vorerfahrungen hinsichtlich dessen mitbringen, was der christliche Glaube will und vermag, so ist es sehr schwierig, ihnen als Erwachsene Zugänge zu diesem Glauben zu ermöglichen. Aber es ist nicht unmöglich: Auch Erwachsene lernen, und sie lernen vor allem in Beziehungen. Im Gespräch mit anderen Eltern, in einer Gruppe oder in der Auseinandersetzung mit Einzelnen ist es möglich, Menschen auf eine Entdeckungsreise mitzunehmen, die sie verändert. Daher sind auch die Elterntreffen auf das wirkungsvolle Miteinander, auf Partnerarbeit und Gruppengespräch aufgebaut.

Glauben lernen Menschen durch Glaubende

Es gibt in der Geschichte des Christentums viele verschiedene Formen, den Glauben zu lernen: Predigt, Mission, Katechese usw. Dennoch bleibt eine Form der Glaubensweitergabe zentral: das gelebte und lebendige Zeugnis von glaubenden Menschen. Dieses Zeugnis eines konkreten Menschen ist von so enormer Bedeutung, weil es einen konkreten Lebensentwurf als Modell anbietet, ohne jedoch jemanden zu diesem Lebensentwurf zu zwingen oder zu überreden. In der Begegnung mit einem Menschen kann ich mich entscheiden: Will ich diesen Lebensentwurf übernehmen, ihn verändern, oder will ich ganz anders leben? So lässt das gelebte Zeugnis Freiheit und lädt gleichzeitig dazu ein, eigene Vorstellungsmuster zu überdenken und sich auf Neues einzulassen.

Glaubens-Wege beginnen mit Glaubens-Schritten

So wie jeder Weg immer mit dem ersten Schritt beginnt, verhält es sich auch mit dem Glauben. Der Glaube ist kein System von Lehren und Überzeugungen, das zuerst einmal in allen Einzelheiten verstanden und akzeptiert sein muss, ehe es übernommen werden kann. Der Glaube ist ein Weg. Nur wer beginnt, auf diesem Weg erste Schritte zu gehen, wird mit ihm vertraut werden. Daher werden auch innerhalb der jeweiligen Elterntreffen Schritte angezeigt, die die Einzelnen gehen können.

Beten lernt der Mensch durch Beten: Deshalb schließen die Elterntreffen immer wieder Elemente der Stille und des Gebets ein. Eine Orientierung am Beispiel Jesu kann nur durch Kennenlernen des Beispiels Jesu erfolgen: Darum verweisen zahlreiche Elemente innerhalb der Elterntreffen auf Zeugnisse der Heiligen Schrift. Die Gemeinschaft der Glaubenden kann nur erlebt werden, wenn man sich auf diese Gemeinschaft einlässt: Deswegen suchen die Elterntreffen an verschiedenen Stellen Brücken zur Gemeinde und Weltkirche, um diese kennen und so vielleicht auch schätzen zu lernen.

Glaubens-Wege sind individuelle Wege

Die Bedeutung von Beziehung und Gemeinschaft darf nicht darüber hinwegtäuschen, dass die Glaubenswege Erwachsener heute sehr individuell sind. Die Zeiten, in denen dem Einzelnen vorgegeben werden konnte, was dieser zu glauben habe, sind vorbei. Es gilt, Respekt zu üben, wenn Einzelne den vorgeschlagenen Glaubensweg nur teilweise oder überhaupt nicht für sich akzeptieren; andere wiederum werden eigene Schwerpunkte setzen. Solche individuellen Glaubensausprägungen sind ernst zu nehmen und mit Wertschätzung zu begleiten. Die Gemeinden der Zukunft werden keine stromlinienförmig denkenden Inhaltsgemeinschaften sein, sondern die Gemeinschaft derer, die sich auf verschiedenen Wegen in dem einen Anliegen treffen: sich einzulassen auf Jesu Botschaft vom Reich Gottes für diese Welt.

Eltern begleiten – aber wie?

Das Geheimnis erspüren – zum Glauben anstiften

Ein spezifisches Anliegen des familienkatechetischen Weges ist es, das Geheimnisvolle der Gottesbeziehung zu entdecken, wie es sich in den Symbolen, in der Liturgie, in Meditation, Lied und Gebet ausdrückt. Eröffnen Sie den Eltern die Möglichkeit, neue Erfahrungen zu machen oder an alte Erfahrungen wieder anzuknüpfen und diese weiterzuentwickeln.

Die Hinführung zur Gemeinschaft mit Gott ist zentrales Anliegen des Kommunionweges. Kommunion mit Gott ist ein großes Geschenk und ein Geheimnis, dem sich Eltern und Kinder während dieser Zeit des Kommunionweges annähern können.

Alles, was nur auf der begrifflichen Wissensebene bleibt, durchdringt den Menschen nicht: Wer auf der Wissensebene stehen bleibt, dem bleibt die Vielfalt von Möglichkeiten verschlossen, mit denen er Gott wahrnehmen, feiern und anbeten kann. Die Elterntreffen in diesem Kurs setzen bei eigenen Erfahrungen an, erweitern diese oft gefühlsorientierten Erfahrungen durch Texte, Gespräche und andere Gestaltungselemente und können so – ideal gesprochen – zu einer Veränderung des eigenen Glaubensverständnisses und der eigenen Handlungsmuster in der konkreten Gestaltung der Beziehungen zu mir, zum Nächsten, zur Welt, zur Zeit und zu Gott führen. Ein wichtiger Aspekt ist dabei auch die (sonntägliche) Liturgie. Die Eltern werden Sie in den Elterntreffen relativ rasch skeptisch fragen: „Wie kann ich mit meinem Kind am Sonntag so Gottesdienst erleben, dass mein Kind gern mitgeht und ich selbst auch dazu einen neuen Zugang finde?" Auch daran ist zu sehen, dass Ihre Aufgabe der Begleitung von Eltern immer wieder zu neuen Fragestellungen und Vernetzungen führt. Denn als Begleiter einer Gemeinde sind Sie wichtige *Mittler,* indem Sie das, was bei den Elterntreffen deutlich wird, als Anliegen in die Gemeinde und zur Gemeindeleitung hin vermitteln und klarmachen.

Bei alledem gilt: Es ist alles andere als ein Makel, die Grenzen eigenen Wissens und eigener Erfahrung einzugestehen. Als Begleiter brauchen Sie nicht alles zu wissen oder eigene Defizite zu vertuschen. Haben Sie Mut zur Eigenständigkeit; entscheidend ist, dass Sie als Christ mit Ihrem eigenen Glauben und Zweifeln authentisch sind.

Die Gruppe und Ich – eine Gleichung mit vielen Unbekannten

„Hilfe, ich werde Begleiter/in!" – dieser Ausruf mag vielleicht auch Ihnen beinahe über die Lippen gekommen sein, als Sie zum ersten Mal daran dachten, wie Sie wohl mit unterschiedlichen Menschen umgehen sollen, die sich da in einer bunt zusammengewürfelten Elterngruppe einfinden. Da gibt es „Vielredner" und „Nichtssager", da gibt es „Plaudertaschen" und „Hochintellektuelle", da gibt es ... – einfach alles! Und mit allen sollen Sie zurechtkommen? Zwischen allen sollen Sie ein Gespräch in Gang bringen? Möglichst ein Gespräch mit Tiefgang, das thematisch weiterbringt, das Austausch ermöglicht und jeden Einzelnen vorwärtsbringt? Ist das nicht schlicht und einfach eine Überforderung? In der Tat: Es wäre eine Überforderung, wenn Sie sich alle diese Ziele als Messlatte setzen würden. Darum gilt zunächst einmal: Nicht Sie als Begleiter allein bestimmen, was in der Gruppe gelingt oder schiefläuft! Sie begegnen erwachsenen Menschen. Das ist zwar eine Binsenweisheit, allerdings eine, die von Ihnen konkret realisiert und ernst genommen werden will. Zwar sind im vorliegenden Kapitel inhaltliche Vorschläge gemacht und sinnvolle Methoden benannt, aber der Weg Ihrer Gruppe muss in wesentlichen Zügen von dieser selbst bestimmt und verantwortet werden.

Eine Gruppe ist ein lebendiger Organismus, sie fordert ein, was sie braucht; wenn sie das nicht bekommt, wird sie sich bemerkbar machen. Das ist auf der einen Seite beunruhigend, denn Sie können nicht einfach einen Stoff „durchziehen", der dann am Ende „durchgenommen" sein soll. Gruppenarbeit bedeutet immer ein sensibles Eingehen auf das, was gerade „dran" ist – oder auch abzuwägen, ob bestimmte Wünsche einzelner Teilnehmer zurückgestellt werden müssen, um gemeinsam vorwärtszukommen.

Auf der anderen Seite ist dieses Gruppenprinzip auch sehr entlastend: Ich kann und muss als Begleiter nicht alles selbst erledigen. Wenn ich auf die Gruppe höre, bekomme ich sehr wohl mit, wie es am besten weitergehen wird und soll.

Anhand dieses Prinzips gibt es einige Tipps, die Ihnen das Arbeiten in der Gruppe erleichtern sollen:

Hören Sie genau hin, wenn eine Gruppe einen bestimmten Wunsch äußert. Gehen Sie darauf ein und fragen Sie frühzeitig nach, ob dies der Wunsch der gesamten Gruppe ist. Wenn das der Fall ist, muss die Gruppe planen, wie diesem Wunsch im Rahmen der Möglichkeiten am besten entsprochen werden kann. Ist dies nicht der Fall, kann überlegt werden, wie den individuellen Wünschen nachgekommen werden kann, vielleicht im Rahmen eines Einzelgesprächs (ggf. mit den Leitungsverantwortlichen).
Planen Sie flexibel. Nichts ist für eine Gruppe lähmender als das ständige Gefühl, einem bestimmten „Lehrplan" ausgeliefert zu sein. Wenn sich an einem bestimmten Punkt ein Gespräch entzündet, dann hat das eine Bedeutung für die Gruppe und muss aufgegriffen werden. Flexibilität bedeutet auch, dass Sie methodisch anders als vielleicht geplant vorgehen können, wenn die Gruppensituation oder die äußeren Umstände dies nahelegen – z.B. bei mehr oder weniger anwesenden Eltern als erwartet.
Bleiben Sie andererseits auch „Anwalt des Themas". Manche Gruppen können sich müde diskutieren. Versuchen Sie zu spüren, wann nur noch im Kreis geredet wird, und fragen Sie behutsam nach, ob das Thema dann an diesem Punkt beendet werden kann.

Gesprächsregeln und Hör-Hilfen

Die zahlreichen Bücher zum Thema Gruppenmoderation oder Gesprächsführung schlagen eine Fülle von Regeln vor als Hilfe, um ein Gespräch zu lenken und Aggressionen zu vermeiden. In der Realität zeigen diese Regeln allerdings oft einen geringen Wirkungsgrad.

Wir schlagen Ihnen statt einer strengen Reglementierung daher vor, dass Sie besser darauf achten, dass sich im Laufe des gemeinsamen Weges einige Grundhaltungen herausbilden, die das Gespräch bestimmen. Solche Grundhaltungen können natürlich gemeinsam erarbeitet werden. Besser ist allerdings, wenn Sie immer wieder im konkreten Gespräch erfahren und angesprochen werden. Einige dieser Grundhaltungen lassen sich z.B. wie folgt ausdrücken:

„Ich möchte hören!"

Diese Haltung ist grundlegend für jede Arbeit miteinander. Das Hören-Wollen ist im Alltag aber bei Weitem nicht so ausgeprägt, wie man dies vielleicht annehmen könnte. Bevor jemand ausgesprochen hat, wird schon widersprochen, in Schubladen einsortiert und geurteilt. Das erschwert jedes Gespräch, insbesondere das verstehende Gespräch, um das es im Verlauf des Kommunionweges immer wieder geht.

„Ich möchte hören, was du sagst!"

Ist erst einmal die grundlegende Bedeutung des Hörens erkannt, dann muss als Nächstes darauf geachtet werden, dass der Inhalt des Gesprochenen überall ankommt. Dazu braucht es äußere Bedingungen: dass nur einer spricht, dass alle einander sehen und hören können usw. Dazu braucht es aber auch eine innere Einstellung: Ich möchte wirklich das hören, was mein Gegenüber sagt – und nicht, was ich mir darunter vorstelle oder was ich in einer solchen Situation tun würde oder wie ich das bewerte, was er mir sagt. Jede und jeder leistet einen Beitrag zum Ganzen. Jede Geschichte, jede Erfahrung zählt und bringt auch die anderen weiter. Das ist die Grundhaltung, die Begegnung ermöglicht.

„Ich möchte hören, was du sagst, und verstehen, wie du es meinst!"

Diese Grundhaltung ist vielleicht die schwierigste und seltenste, die uns in einem Gespräch begegnen kann. Dennoch ist sie sehr wichtig, weil das, was jemand erzählt, für den Einzelnen oft eine große Bedeutung hat, die ich vielleicht im ersten Moment gar nicht wahrnehme. Darum ist es bedeutsam zu verstehen, was der Einzelne mit einer konkreten Geschichte oder einem bestimmten Erlebnis verbindet; welche Sorgen und Ängste, aber auch welche Hoffnungen und Sehnsüchte „hinter“ dem Inhalt stehen und wahrgenommen werden wollen. Es geht dabei um ein tiefgründiges Verstehen, möglichst frei von Interpretationen.

„Ich möchte dich auf deinem Weg begleiten, ohne dabei meinen Weg zu vergessen!“

Die bisher gemachten Vorschläge können Ihnen eine Hilfe sein, um innerhalb einer Gruppe ein vertieftes Verstehen zu ermöglichen und zu fördern. Dabei ist es wichtig, den Einzelnen das Gefühl zu geben, dass ihre Beiträge wahr- und ernst genommen werden. Gleichzeitig aber gilt auch, dass die Gruppe als Ganzes zu ihrem Recht kommen muss. Deshalb ist es sinnvoll und notwendig, dass niemand bestimmte Grenzen überschreitet oder überschreiten muss. Jeder Mensch hat seine eigenen Schmerzgrenzen, die nicht überschritten werden dürfen. Diese gilt es zu artikulieren und im Gespräch zu berücksichtigen. Wortbeiträge müssen daher grundsätzlich freiwillig erfolgen und eine wertfreie und vertrauensvolle Aufnahme finden.

Solche und andere Haltungen fördern erfahrungsgemäß das Gruppengespräch eher, als ein starrer Regelkatalog dies tun könnte. Das Einüben dieser Haltungen ist selbst ein Prozess innerhalb der Gruppe, der diese stärkt und der auch Folgen für den alltäglichen Umgang in der Familie haben kann.

Stimmung machen – zur Atmosphäre der Elterntreffen

Wichtig für die Elterntreffen ist eine Atmosphäre des gegenseitigen Verständnisses, die Kommunikation gelingen lassen kann; eine Atmosphäre, in der sich Menschen wohlfühlen. Gruppensituationen, in denen sich Menschen unwohl fühlen und das Gefühl haben, sich „outen“ zu müssen, sind kontraproduktiv. Letztlich ist vieles keine Frage des Materials und der Methode, sondern der einfühlsamen und ohne Druck erfolgenden Kommunikation und Begleitung.
Entscheidend beim *Kommunionweg als Familienkatechese* ist, dass die Eltern die Treffen als Chance und nicht als Zwang wahrnehmen. Von Zwang ist nichts zu erwarten, außer dass Eltern sich anschließend umso mehr distanzieren. Nichtsdestotrotz ist es eine bedeutsame Aufgabe, den Zuspruch und Anspruch der Gottesbeziehung in dieser biografischen Situation sensibel zu thematisieren.

Raumgestaltung

Das „Außen“ eines Elterntreffens ist mit entscheidend dafür, wie es „innen“ weitergehen kann: Daher ist es wichtig, einen atmosphärisch ansprechenden Raum für die Treffen zu bieten. Die Eltern sollten sich schon beim Betreten des Raumes wohlfühlen können. Die Elterntreffen in diesem Buch gehen zunächst davon aus, dass ein Stuhlkreis aufgestellt ist, sodass jede und jeder den anderen sehen kann. Die Sitzordnung soll den Eltern signalisieren, dass es in ihren Treffen nicht um Belehrung und eine Art „schulischen Lernens“ oder „passiver Information“ geht. Vielmehr signalisiert der Stuhlkreis eine offene und gleichberechtigte Kommunikation unter den Eltern. Der Austausch von Sinnfragen und Lebenserfahrungen, gesehen und gedeutet im Licht des Evangeliums, ist das zentrale Anliegen.

Begrüßung

Es ist nicht nur eine Geste der Höflichkeit, sondern auch der einladenden Wertschätzung, wenn Sie die Eltern bei ihrem Ankommen persönlich begrüßen und willkommen heißen. Dass es bei den Elterntreffen um Beziehungsaufnahme und Gemeinschaftsbildung geht, sollte sich in der Haltung des Begleiters widerspiegeln. Zum Ankommen der Eltern kann leise Hintergrundmusik laufen – das schafft Atmosphäre und „verdichtet" die Stimmung. Geeignet ist jede Musik, die beruhigend, sammelnd und entspannend wirkt.
Zum Einstieg in das Thema begrüßen Sie die Eltern in der Runde, stellen das Thema vor und geben den Zeitrahmen an, damit die Eltern eine Orientierung über das Treffen haben.

Lieder und Musik

In den Treffen bietet sich immer wieder an, einzelne Elemente mit geeigneter Musik im Hintergrund zu begleiten; bei manchen Treffen ist Musik ausdrücklich mit eingeplant. Der Kommunionweg sieht immer wieder einmal vor, mit den Eltern zu singen. Sofern Sie selbst oder jemand aus Ihrer Gruppe ein Instrument spielt, ist es empfehlens- und wünschenswert, wenn Sie oder die entsprechende Person sich hier musikalisch einbringt.
Unterstützend können Sie die CD aus dem Familienbuch einsetzen. Im tabellarischen Überblick über jedes Elterntreffen wird beim jeweiligen Lied auf die CD verwiesen.

Materialien

Welche Materialien für das jeweilige Treffen benötigt werden und vorzubereiten sind, ist aus der entsprechenden Überblickstabelle leicht ersichtlich. Wichtig ist, dass Sie rechtzeitig mit der Planung des Elterntreffens beginnen, sodass Sie auch die Materialien entsprechend vorbereiten können. Der vorliegende Kurs versucht, mit möglichst wenig Materialaufwand zu arbeiten, erübrigt aber nicht die rechtzeitige Planung. Alle Materialien sollten beim Treffen so vorbereitet sein, dass sie griffbereit in der Nähe liegen. Es empfiehlt sich, dass Sie rechtzeitig sichten, welche Materialien der Entwurf vorsieht, dass Sie abklären, welche Materialien Sie zur Verfügung haben und welche Sie besorgen oder vorbereiten müssen.
Die Anschaffung des Materials wird in jeder Gemeinde anders gehandhabt. Wie sich dies in Ihrem Fall verhält, werden Sie in den Treffen mit den anderen Begleitern und dem katechetischen Leitungsteam besprechen. Bei einzelnen Treffen ist vorgesehen, dass Sie den Eltern Texte austeilen oder dass die Eltern Kärtchen beschriften oder Plakate gestalten usw. Diese Dinge sind nicht rein funktional zu betrachten. Der äußere Umgang mit den Dingen beeinflusst das „Innenleben" der Menschen. Achten Sie deshalb auf einen sorgsamen, in Wertschätzung erfolgenden Umgang mit den jeweiligen Dingen. Persönliche Beiträge der Eltern, die schriftlich auf Kärtchen festgehalten wurden, können diese vom Treffen mit nach Hause nehmen. Ansprechend gestaltete Kopien können die Eltern als weiterführende Impulse zu Hause begleiten und beim persönlichen Nach-Denken des Themas helfen.

Wegweiser für die Elterntreffen

Die vorliegenden zehn Entwürfe für Elterntreffen und der Informationsabend *Kommunionweg als Familienkatechese* sind inhaltlich ausgearbeitete und in sich geschlossene Einheiten. Sie sind allerdings keine Vorlagen, die Sie beim Elterntreffen einfach nur vorlesen können. Es sind Anregungen, die es Ihnen ermöglichen, sich unkompliziert und dennoch umfassend auf das nächste Treffen Ihrer Elterngruppe vorzubereiten. Die verbindenden Überlegungen und auch die inhaltlichen Gedanken, die Sie in den einzelnen Elementen finden, sind Material, das Ihnen hilft bei der Überlegung: „Wie erschließe ich den Eltern meiner Gruppe zu diesem oder jenem Thema einen Zugang?"

Die zehn Elterntreffen ordnen sich denselben Themenbereichen zu wie die Bausteine zum Familiengespräch im Familienbuch (vgl. Übersicht auf S. 88–89).

Aus den zehn Elterntreffen wird Ihr katechetisches Leitungsteam vielleicht auswählen und eigene Schwerpunkte auf dem Kommunionweg setzen. Wann welches Elterntreffen ansteht, wird das katechetische Leitungsteam gemeinsam mit Ihnen überlegen und besprechen. Durch die Vielzahl der verschiedenen Gemeinschaften auf dem Kommunionweg ist ein inhaltlicher und organisatorischer Verlaufsplan notwendig, der zwischen den einzelnen Gruppen gut abgestimmt sein muss. Diesen Gesamtfahrplan erstellt jede Gemeinde für sich, damit sie den Kommunionweg bestmöglich auf ihre pastoralen Bedürfnisse und Optionen hin ausrichten kann.

Die Themen der Elterntreffen

Die vorliegende Auswahl von Themen für die Elterntreffen orientiert sich an der Themensetzung im Familienbuch. Diese Vernetzung ermöglicht Ihnen ein sinnvolles Begleiten der Eltern auf dem Kommunionweg. Da es aus vielerlei Gründen nicht leistbar ist, für jeden einzelnen Baustein zum Familiengespräch im Familienbuch ein entsprechendes Elterntreffen durchzuführen, kann sich die Elternbegleitung nur auf wesentliche und grundlegend wichtige Themen konzentrieren. Diesem Anliegen stellen sich die folgenden Entwürfe, darin liegen ihre Chancen wie auch ihre Grenzen. Sie sind insgesamt wie ein Geländer, das Ihnen für die Elternbegleitung hilfreiche Dienste leisten kann und Ihnen Sicherheit geben will. Eine entscheidende Überlegung ist aber, bei der Elternbegleitung nicht nur von vorgegebenen Themen auszugehen. Die vorliegenden Themen haben sich zwar in langjähriger Praxis als höchst aktuell herauskristallisiert und greifen die inhaltlichen Kernstücke der Kommunionvorbereitung auf. Doch ist es leicht denkbar, dass die Eltern Ihrer Gruppe ganz andere Fragen haben. Sie sollten deshalb mit den Eltern die Themen der Elterntreffen abklären. Das können die Themen dieses Buches sein, möglicherweise sind es aber auch andere.

Die Gliederung der Vorbereitungshilfen

Um Ihnen die Arbeit mit diesem Buch zu erleichtern, sind die Entwürfe für die zehn Elterntreffen immer gleich aufgebaut. Diese gleichbleibende Struktur hat vier Gliederungspunkte, die Ihnen folgende vier Signets anzeigen:

Vernetzung

Der Abschnitt Vernetzung dient Ihrer eigenen Vorbereitung auf ein Elterntreffen. Es handelt sich nicht um Texte, die Sie den Eltern beim Treffen einfach vorlesen können. Sie selbst werden zunächst darauf aufmerksam gemacht, welche Bausteine zum Familiengespräch im Familienbuch dasselbe Thema wie das Elterntreffen aufgreifen. Es schließen sich Hinweise an, wie das Familienbuch für die Erschließung des Themas in das Elterntreffen mit einbezogen werden kann; ebenso finden Sie Hinweise, auf welche thematischen Zusammenhänge Sie die Eltern aufmerksam machen können.
So erhalten Sie zum einen Anregungen, wie Sie über den vorgelegten Entwurf hinaus die Gestaltung des Elterntreffens variieren können, indem Sie das Familienbuch kreativ mit einbeziehen. Zum anderen befähigen Sie diese Hinweise, die Eltern mit dem Familienbuch vertraut zu machen.

Überblick

Eine Tabelle ermöglicht Ihnen bei der Vorbereitung einen schnellen Überblick über den Aufbau, die einzelnen Elemente und den Materialbedarf eines Elterntreffens. Die Zeitangabe soll Ihnen ein ungefähres Gefühl für die Länge der einzelnen Elemente vermitteln. Die von Ihnen tatsächlich benötigte Zeit wird je nach Gruppengröße variieren. Die Elterntreffen sind unterschiedlich lang angelegt und sollten den Zeitumfang von zwei Stunden nie überschreiten. Unter der Rubrik „Inhalt“ werden stichwortartig die wesentlichen Inhalte der Elemente aufgeführt. Die Rubrik „Material“ zeigt Ihnen, was Sie zum Elterntreffen alles vorbereiten und mitnehmen sollten.

Die einzelnen Elemente eines Treffens

Nach der Übersichtstabelle folgt eine genaue Beschreibung aller einzelnen Elemente. Diese methodische Anleitung ermöglicht Ihnen deren problemlose Umsetzung, da sie Ihnen die präzise Schrittfolge für die Durchführung jedes Elementes angibt.
Die *kursiv* geschriebenen Hinweise innerhalb der einzelnen Elemente geben Hilfestellung für die Durchführung.

Kopiervorlage(n)

Am Ende jedes Entwurfs finden Sie die Texte, die Sie als Kopiervorlagen zur Durchführung des Elterntreffens benötigen. Diese Kopiervorlagen sind durchnummeriert und stehen in der Reihenfolge, wie sie der Ablauf des Elterntreffens vorsieht. Sowohl in der Übersichtstabelle als auch in der Darstellung der einzelnen Elemente finden Sie die Hinweise auf die Vorlagen mit der Abkürzung „Kop.“. Einige Elterntreffen greifen auf Lieder, Texte, biblische Erzählungen zurück, die im Familienbuch abgedruckt sind. Da die Eltern ihr Familienbuch zum Elterntreffen möglichst immer mitbringen, liegen die entsprechenden Materialien in der Regel automatisch vor.

Die Elemente eines Elterntreffens

Mit Ausnahme des ersten (einführenden) Informationsabends zum *Kommunionweg als Familienkatechese* ist der Ablauf eines Elterntreffens in den vorliegenden Entwürfen immer gleich gegliedert: Das jeweilige Thema wird immer mit derselben Abfolge von Elementen erschlossen, die inhaltlich unterschiedlich gefüllt sind. Diese immer wiederkehrenden Elemente jedes Treffens sind:
Begrüßung und Organisatorisches
Einstieg
Hauptteil
Familiengespräch
Abschluss
(Alternative zu ...)

Begrüßung und Organisatorisches

Erwachsene legen größten Wert darauf, zu Beginn eine Übersicht zu erhalten, wer und was sie bei diesem Treffen erwartet. Auch bringen Sie häufig ihre drängenden organisatorischen Fragen zum Verlauf des Kommunionwegs mit. Damit sich die Eltern gut auf den jeweiligen thematischen Schwerpunkt einlassen können, sollten deshalb zunächst die organisatorischen Dinge geklärt werden. Achten Sie dabei bitte darauf, dass diese Phase auf jene wesentlichen Aspekte beschränkt bleibt, die alle Teilnehmenden in gleicher Weise betreffen.

Einstieg

Im Anschluss an die Begrüßung und die Klärung organisatorischer Belange kommt die Gruppe innerlich zur Ruhe und nähert sich dem Thema. Sich mit anderen Eltern an die großen Themen auf dem Kommunionweg heranzutasten, ist Sinn und Zweck des – zumeist an den biografischen Erfahrungen der Teilnehmenden ansetzenden – thematischen Einstiegs. Obwohl nicht ausdrücklich im ersten Treffen angeführt, besteht für Sie die Möglichkeit, mit der Gruppe eine eigene, besondere Kerze zu gestalten, welche die Elterngruppe auf dem Kommunionweg bis in die Kommunionfeier hinein begleitet. Bitte beachten Sie:
Jegliche aktive Form der Beteiligung von Erwachsenen auf dem Kommunionweg geschieht freiwillig.
Jeder und jede darf seine/ihre Meinung und Ansichten haben und behalten.
Alle sind eingeladen, sich nach eigenem Ermessen an geistlichen Übungen, Gebeten und anderen Formen der Glaubenskommunikation zu beteiligen. Ansonsten darf man auch jederzeit gerne einfach zuhören, dabei sein und das Geschehen auf sich wirken lassen.

Hauptteil

Der Hauptteil ist das inhaltliche Zentrum des Elterntreffens. Die Eltern stellen sich zentralen Fragen des Lebens und Glaubens auf dem Kommunionweg und versuchen, gemeinsam in Auseinandersetzung mit biblischen und theologischen Impulsen Antworten, Anregungen und Orientierungen zu finden. An einigen Stellen wird auf Elemente des Familienbuches verwiesen. Das Familienbuch bringen die Eltern immer zum Treffen mit. Sie als Begleiter haben daher die Möglichkeit, mit Bildern, Liedern, Texten usw. aus dem Familienbuch zu arbeiten.

Familiengespräch

Als fester Bestandteil jedes Elterntreffens besprechen Sie mit den Anwesenden die jeweils anstehenden Bausteine für das Familiengespräch in den kommenden Wochen bis zum nächsten Elterntreffen. Das gemeinsame Anschauen und Erschließen des Familienbuches hilft den Eltern/Bezugspersonen, dieses in das Gespräch mit dem Kind zu Hause einzubinden. Das Familienbuch wird den Eltern so vertrauter und sie gewinnen damit einen leichteren Zugang zu ihm. Schlagen Sie mit den Eltern die betreffenden Bausteine im Familienbuch auf und gehen Sie mit ihnen in einem kurzen Überblick diese Bausteine durch.

Abschluss

Am Ende jedes Elterntreffens beschließen Sie das Treffen. Dieses Element greift den Kerngedanken des Elterntreffens in Form eines Liedes, Gebetes oder kurzen Rituals zusammenfassend auf.

Alternative zu ...

An manchen Stellen bietet Ihnen dieser Leitfaden Varianten für einzelne Elemente an, für die Sie sich im Vorfeld, gegebenenfalls aber auch während eines Elterntreffens entscheiden können, wenn der Verlauf und/oder die Atmosphäre des Treffens dies nahelegt.

Informationsabend: Der Kommunionweg als Familienkatechese

Beim ersten Treffen der Eltern auf dem Kommunionweg geht es vor allem um die Motivation sowie die Klärung der Ziele und organisatorischen Rahmenbedingungen für den *Kommunionweg als Familienkatechese*. Er ist bewusst als Informationsabend im Vorfeld des Beginns der Kommunionvorbereitung angelegt, um den Familien die Möglichkeit zu geben, sich bewusst auf diesen Weg einzulassen. Entsprechend sollte auch die Haltung der Begleitung einladend und von offener Herzlichkeit geprägt sein.

Überblick

Zeit	Element	Inhalte/Ziele	Material
20′	Einstieg: Tauferinnerung	Wir erinnern uns an die Taufe unserer Kinder.	• Kop. 1, S. 120 • Tücher • (Oster-)Kerze • Streichhölzer • Taufwassergefäß und Schale • Hostienschale mit (nicht konsekrierten) Hostien • tropffreie Kerze
20′	Hauptteil: Der Kommunionweg als Familienkatechese	Wir erfahren die Ziele und Inhalte des Kommunionwegs als Familienkatechese anhand geeigneter Symbole.	• Familienbuch • Spielfiguren • Kindergruppenkerze • weitere Symbole nach Situation vor Ort: Gotteslob, Luftballons, Adventskranz/Reisig, Kreide, Palmwedel, Aschenschale etc.
10′	Familiengespräch	Wir werden zum kreativen Umgang mit dem Familienbuch ermutigt.	• Familienbücher in Anzahl der Teilnehmenden
15′	Organisatorisches	Wir klären die organisatorischen Fragen an den Kommunionweg.	• Verlaufsplan

5'	Abschluss: Segensritual	Wir danken Gott für die uns anvertrauten Kinder und bitten um seinen Segen für die Familien auf dem Kommunionweg.	• tropffreie Kerze
20'	Alternative zum Einstieg	Wir erinnern uns an unsere eigen religiöse Erziehung in der Kindheit	• (Elterngruppen-)Kerze • Kop. 1, S. 126ff. • Meditative Musik
30'	Alternative zum Hauptteil: Der Kommunionweg als Familienkatechese in unserer Gemeinde	Wir erfahren den Verlauf des Kommunionwegs als Familienkatechese in unserer Gemeinde anhand geeigneter Symbole.	• farbige Tücher • (farbige) Symbolkarten: • Familiengespräch • Kindertreffen • Elterntreffen • Gottesdienste • Weitere Symbole nach Situation vor Ort (s.o.)
Merkposten/Notizen/Auswertung			

Einstieg

Tauferinnerung

Die Teilnehmenden sitzen (wenn möglich) im Stuhlkreis, in der Mitte steht (zunächst) lediglich eine brennende (Oster-)Kerze, eine (Tauf-)Schale und ein Taufgefäß mit Wasser.

Die Begleiterin begrüßt die Teilnehmer und Teilnehmerinnen und erläutert kurz den geplanten Verlauf des Treffens sowie den zeitlichen Rahmen.

Die Begleiterin lädt die Eltern dazu ein, sich bequem hinzusetzen, nach Möglichkeit innerlich zur Ruhe zu finden und sich auf den Einstiegsimpuls einzulassen.

Nach einer kurzen Stille geht die Begleiterin zur Mitte, schüttet bedächtig drei Mal Wasser aus der Kanne in die Schale und geht zu ihrem Platz zurück und trägt von dort aus den Text „Tauferinnerung" (Kop. 1, S. 120) vor.

Nach einer kurzen Stille legt die Begleiterin eine gefüllte Hostienschale zur brennenden (Oster-)Kerze und Taufwassergefäß und erläutert kurz:

Kommunion bedeutet Gemeinschaft mit Jesus Christus und untereinander.
Der Kommunionweg in diesem Sinne hat für viele Kinder bereits mit der Taufe des Kindes begonnen.
Mit dem Kommunionweg erweitert und vertieft sich für die Familie der Blick auf die Gemeinschaft mit Jesus Christus und untereinander.
Ziel des Kommunionweges als Familienkatechese ist, dass die Kinder, begleitet von ihren nahen Bezugspersonen, an das Zentrum unseres christlichen Glaubens geführt werden: Gemeinschaft mit Jesus Christus und untereinander.
In Jesus Christus ist Gott den Menschen ganz nahe gekommen. Jesus Christus ist unser Weg zu Gott. Zu seinem Gedächtnis brechen wir sonntags das Brot. In den Zeichen von Wein und Brot berührt uns Gott.

Abschließend entzündet die Begleiterin eine tropffreie Kerze an der brennenden (Oster-)Kerze und reicht sie an eine Person im Stuhlkreis weiter, mit der Bitte, sich und den Namen ihres Kommunionkindes kurz vorzustellen. Die Kerze wird weitergereicht.

Hauptteil

Der Kommunionweg als Familienkatechese

Erfahrungsgemäß sind die Teilnehmenden besonders an den organisatorischen Rahmenbedingungen des Kommunionweges interessiert. Umso wichtiger ist es, seitens der Begleiter das Anliegen und die spirituellen Aspekte des Kommunionwegs als Familienkatechese zu verdeutlichen. Je nach gewählter Organisationsform und Vertrautheit mit diesem Weg seitens der Teilnehmer ist es hilfreich, zunächst in das Anliegen und die Organisationsstruktur des Kommunionweges als Familienkatechese ausführlich und anhand von ausgewählten Symbolen einzuführen und die konkreten Schritte (Verlaufsplan) im organisatorischen Element des Abends zu verorten.

Der Begleiter erläutert schrittweise anhand ausgewählter Symbole die Anliegen und das Profil des Kommunionwegs als Familienkatechese:

* Ausgangspunkt ist das öffentliche Versprechen der Eltern bei der Taufe, ihre Kinder religiös zu erziehen. Die Gemeinde unterstützt die Eltern in diesem Ansinnen auf dem *Kommunionweg als Familienkatechese* auf vielfältige Weise:
* Im Zentrum steht das Familiengespräch zu Hause. Ein Familienbuch wird zur Mitte gelegt. (Zur Erläuterung des Familiengesprächs vgl. Kapitel 1.3, S. 27, in diesem Buch.)
  Der Begleiter weist an dieser Stelle darauf hin, dass das Familienbuch im Verlauf des Abends gesondert besprochen wird.
* Unterstützt werden die Familien dabei durch regelmäßige Elterntreffen. Eine Spiel-

figurengruppe (z.B. unterschiedliche Playmobilfiguren), wird im Kreis sitzend zur Mitte hinzugelegt. (Zur Erläuterung der Elterntreffen, vgl. Kapitel 1.3, S. 26f., in diesem Buch.)
Der Begleiter weist an dieser Stelle bereits ausdrücklich darauf hin, dass neben den Eltern auch andere nahe Bezugspersonen des Kindes für die Begleitung auf dem Kommunionweg infrage kommen.

* Vertieft werden die Inhalte des Kommunionwegs auf kindgerechte Weise in der Gleichaltrigengruppe. Eine Gruppenkerze wird zur Mitte hinzugestellt und an der (Oster-)Kerze entzündet. (Zur Erläuterung der Kindertreffen, vgl. Kapitel 1.3, S. 28, in diesem Buch.)
  Hier können bereits Hinweise zur Gruppenbildung und -begleitung gegeben werden.
* Vernetzt mit der Gemeinde wird der Kommunionweg durch weitere Elemente: Je nach Organisationsstruktur vor Ort wird die Mitte nun mit weiteren Symbolen und entsprechenden Erläuterungen gestaltet: z.B. regelmäßige Gruppen-/Familiengottesdienste (Symbol: Gotteslob); Familiennachmittag (Symbol: farbige Luftballons), Brauchtumspflege (Adventskranz/Reisig; Sternsingerkreide; Palmwedel; Aschenschale etc.).

Um die Eltern visuell nicht zu überfordern, ist es ratsam, an dieser Stelle nur die verbindlichen Elemente des Kommunionwegs darzustellen.

Im Anschluss an die Erläuterungen zum *Kommunionweg als Familienkatechese* werden die Eltern ermutigt, Fragen zum Profil des Kommunionweges zu stellen.

Familiengespräch

Alle beteiligten Familien erhalten ein Familienbuch zur Ansicht.
Die Begleiterin vereinbart eine begrenzte Zeit zum persönlichen Stöbern und Querlesen und stellt danach den Aufbau und den Umgang mit dem Familienbuch vor:

Zum Aufbau:
Inhaltsverzeichnis Familienbuch S. 5–6 aufschlagen und die grobe Gliederung erläutern:

* Hinweis auf die fünf Themenfelder und die verbindlich festgelegten Bausteine des Kommunionwegs
* Hinweis auf die durchlaufende Ferienfreizeitgeschichte
* Hinweis auf die Erzählung „Mit Paula auf Entdeckungstour" und die CD
* Hinweis auf die Anregungen zum Kirchenjahr

Zum Umgang mit dem Familienbuch:
Die Begleiterin wiederholt die Grundidee des Familiengesprächs:
Jede Familie auf dem Kommunionweg nimmt sich einmal in der Woche 15–20 Minuten Zeit, um über ein festgelegtes Thema des Kommunionwegs miteinander ins Gespräch zu kommen.
Die verbindliche Auswahl und den Zeitplan für die Themen hat das katechetische Leitungsteam der Gemeinde getroffen.
Das Familiengespräch dient der inhaltlichen Vorbereitung auf die Kindertreffen.

Gemeinsam mit den Eltern schauen Sie sich einen Baustein der Familiengespräche an. Wenn der Informationsabend unmittelbar vor dem Beginn des Kommunionwegs stattfindet, bietet es sich an, den oder die ersten festgelegten Bausteine auszuwählen, damit die Familien erste Erfahrungen mit dem Familiengespräch bis zum nächsten Elterntreffen machen können.
Wichtige Hinweise zum Umgang, siehe Familienbuch S. 22.

Organisatorisches

An diesem ersten Elterntreffen müssen die entscheidenden Fragen zur Organisation geklärt werden:
* Ein detaillierter Verlaufsplan mit allen verbindlichen Elementen (Eltern- und Kindertreffen, Gottesdienste, Proben, Fest der Erstkommunion etc.) – am besten in schriftlicher Form.
* Verbindliche Ansprechpartner für inhaltliche und organisatorische Fragen, Abmeldung von einzelnen Angeboten auf dem Kommunionweg etc.
* Die differenzierten Erwartungen an die Mitarbeit, gemeinsame Feiern und Unternehmungen.

Die organisatorischen Fragen sollten keinen allzu großen Zeitraum einnehmen, da sie in der Regel nicht alle Teilnehmer in gleicher Weise betreffen. Bieten Sie stattdessen einen Zeitrahmen außerhalb dieses gemeinsamen Treffens zur Klärung individueller Anfragen/Probleme etc. an.

Abschluss

Eine Segensbitte bildet den Abschluss des Informationsabends. Segnen heißt: jemanden den Händen Gottes anvertrauen. Das lateinische Wort für segnen, „benedicere", hilft zum Verständnis dessen, was „segnen" meint. „Bene-dicere" heißt wörtlich übersetzt: jemandem etwas „Gutes zusprechen". Dies soll als Abschluss des ersten Treffens durch den Begleiter und die Gruppe auf die Teilnehmenden hin geschehen.

Der Begleiter bedankt sich für die Aufmerksamkeit und beschließt den Abend mit einem Segensritual. Er entzündet die Kerze an der (Oster-)Kerze:
Zum Abschluss bitten wir Gott um seinen Segen für die Kinder unseres Kommunionweges und ihre Familien. Dazu empfangen wir die entzündete Kerze und danken Gott, indem wir sagen: „Wir danken für unser Kind – Vorname des Kindes." Darauf antworten alle: „Gott segne – Vorname des Kindes – und seine/ihre Familie auf dem Kommunionweg." Dann reichen wir die Kerze weiter.

Alternative zum Hauptteil

Ist der Kommunionweg als Familienkatechese bereits seit Längerem eingeführt, kann der Schwerpunkt auf die symbolische Gestaltung des konkreten Weges gelegt werden. Dementsprechend verkürzt sich der Zeitrahmen für das Organisatorische im Anschluss an die Erläuterungen zum Umgang mit dem Familienbuch.

Der Begleiter erläutert schrittweise anhand ausgewählter Symbole den konkreten Weg des Kommunionwegs als Familienkatechese in der Gemeinde.
In diesem Fall wird im Vorfeld ein langer Tücherweg gelegt, der den Verlauf des Kommunionwegs als Familienkatechese in dieser Gemeinde symbolisiert. Zur Strukturierung können entweder farbige Tücher gemäß den liturgischen Farben im kirchlichen Jahreskreis gelegt werden oder einschlägige Symbole für die jeweiligen Festtage im Kirchenjahr. Dieser Tücherweg wird im Verlauf des Hauptteils mit unterschiedlichen Symbolkarten, der Anzahl der jeweiligen Gemeinschaftstreffen und weiteren Symbolen gestaltet.

* Ausgangspunkt ist das öffentliche Versprechen der Eltern bei der Taufe, ihre Kinder religiös zu erziehen. Die Gemeinde unterstützt die Eltern in diesem Ansinnen auf dem *Kommunionweg als Familienkatechese* auf vielfältige Weise:
* Im Zentrum steht das Familiengespräch zu Hause. (Zur Erläuterung des Familiengesprächs vgl. Kapitel 1.3, S. 27, in diesem Buch.) Die (farbigen) Symbolkarten für die Familiengespräche werden entsprechend der festgelegten Anzahl auf dem Weg verteilt. Der Begleiter weist an dieser Stelle darauf hin, dass das Familienbuch im Verlauf des Abends gesondert besprochen wird.
* Unterstützt werden die Familien dabei durch regelmäßige Elterntreffen. (Zur Erläuterung der Elterntreffen vgl. Kapitel 1.3, S. 26f., in diesem Buch.) Die (farbigen) Symbolkarten für die Elterntreffen werden entsprechend der festgelegten Anzahl auf dem Weg verteilt.
  Der Begleiter weist an dieser Stelle bereits ausdrücklich darauf hin, dass neben den Eltern auch andere nahe Bezugspersonen des Kindes für die Begleitung auf dem Kommunionweg infrage kommen.

* Vertieft werden die Inhalte des Kommunionwegs auf kindgerechte Art in der Gleichaltrigengruppe. (Zur Erläuterung der Kindertreffen, vgl. Kapitel 1.3, S. 28, in diesem Buch.) Die (farbigen) Symbolkarten für die Kindertreffen werden entsprechend der festgelegten Anzahl auf dem Weg verteilt. Hier können bereits Hinweise zur Gruppenbildung und -begleitung gegeben werden.
* Vernetzt mit der Gemeinde wird der Kommunionweg durch weitere Elemente: Je nach festgelegter Organisationsstruktur vor Ort wird der Kommunionweg nun mit weiteren Symbolen/Symbolkarten und entsprechenden Erläuterungen gestaltet: z.B. regelmäßige Gruppen-/Familiengottesdienste (Symbol: Gotteslob), Familiennachmittag (Symbol: bunte Luftballons), Brauchtumspflege (Adventskranz/Reisig; Sternsingerkreide; Palmwedel; Aschenschale etc.), ggf. Versöhnungsgespräche, Übernachtungswochenende etc.

Um die Eltern visuell nicht zu überfordern, ist es ratsam an dieser Stelle nur die verbindlichen Elemente des Kommunionwegs darzustellen.

Im Anschluss an die Erläuterungen zum *Kommunionweg als Familienkatechese* werden die Eltern ermutigt, Fragen zum dargelegten Kommunionweg zu stellen.

KOPIERVORLAGE

1 Tauferinnerung

Getauft sein – hineingenommen in die Liebesgeschichte
Gottes mit dem Menschen

Getauft sein – aufgenommen in die Gemeinschaft der
Glaubenden

Getauft sein – gesalbt mit heiligem Öl – zum Priester, zum
Propheten, zum König

Getauft sein – berufen zu einem Leben in Freiheit als Kind
Gottes

Getauft sein – gerufen in die Nachfolge Jesu Christi

Getauft sein – im Namen des dreieinen Gottes, des Vaters,
des Sohnes und des Heiligen Geistes

1. Elterntreffen: Kommunion – Wir machen uns gemeinsam auf den Weg

Vernetzung

Das Thema Gemeinschaft und Beziehung wird im Familienbuch in folgenden Bausteinen zum Familiengespräch thematisiert:

1. Miteinander leben
2. Tag für Tag
3. Gut und gerecht
4. Wir streiten und versöhnen uns

Fortsetzungsgeschichte: Unterwegs ..., S. 48

Im Hinblick auf die Begleitung der Kommunionkinder hinein in die Gemeinschaft mit Jesus können Sie das Bild „Jesus und die Kinder" von Emil Nolde (im Familienbuch auf S. 76) zum Einstieg oder Impuls dieses Elterntreffens verwenden. Wichtig ist von Anfang an, den Blick von einer privaten Jesus-Gemeinschaft zu weiten auf die Gemeinschaft von Glaubenden, auf die Gemeinschaft Gemeinde, in der diese Begegnung im Sakrament der Eucharistie erst möglich ist und gefeiert wird. Christentum ist eine gesellschaftliche Größe und erschöpft sich nicht in privatisierter Frömmigkeit.
Ebenfalls geeignet ist das Lied „Kommunion heißt: Wir feiern Gemeinschaft" (Familienbuch S. 145, CD Track 1).

Überblick

Zeit	Element	Inhalt	Material
10′	Begrüßung und Organisatorisches	Wir sind eingeladen und erhalten wichtige Informationen auf dem Kommunionweg.	• Verlaufsplan
20′	Einstieg	Wir erinnern uns an unsere eigene religiöse Erziehung in der Kindheit.	• (Elterngruppen-) Kerze • Kop. 1, S. 126–128 • (Meditative Musik)

30'	Hauptteil	Wir lernen uns kennen und teilen einander mit, was wir uns für unser Kind/für unsere Familie von diesem Kommunionweg erhoffen/befürchten	• Pro Teilnehmer jeweils 3x Kop. 2, S. 129 und Kop. 3, S. 130 • (Pinnwand mit Nadeln)
15'	Familiengespräch	Wir besprechen die nächsten Bausteine für das Familiengespräch.	• Familienbuch • Verlaufsplan
10'	Abschluss	Wir sind gesegnet.	• Kop. 4. S. 131
20'	Alternative zum Einstieg	Wir erinnern uns an die Taufe unserer Kinder.	vgl. S. 114
30'	Alternative zum Hauptteil	Wir lernen uns kennen und teilen einander unsere religiöse Prägung und aktuelle Einstellung mit.	• Kop. 5, S. 132
10'	Alternative zum Abschluss	Wir nehmen uns als Gruppe wahr.	• Leitfaden für die Kindertreffen, S. 166
Merkposten/Notizen/Auswertung			

Begrüßung und Organisatorisches

Die Begleiterin begrüßt die anwesenden Teilnehmenden persönlich. Die Eltern sitzen im Stuhlkreis. Die Begleiterin stellt den Zeitrahmen und geplanten Verlauf des Treffens vor (siehe: Spalte Inhalt). Anschließend werden (kurz) relevante organisatorische Fragen zur Gestaltung des Kommunionwegs besprochen.

Einstieg

Wir erinnern uns an die eigene Kindheit

Das erste thematische Elterngruppentreffen will die Eltern für den Kommunionweg, seine Beziehungsdynamik und seine Inhalte sensibilisieren und motivieren. Die Eltern können im Rückblick auf ihre eigene religiöse Kindheit entdecken, wie wichtig positive und konstruktive Wegbegleiter auf dem Glaubensweg sind. Die Gabe und Aufgabe, für das eigene Kind auf dem Kommunionweg eine aktive Wegbegleitung zu gestalten, wird durch den Kontakt mit der eigenen Kindheit erschlossen. Bei diesem Treffen geht es vor allem darum, eine gemeinsame Basis für den weiteren Weg zu schaffen.

Der Begleiter zündet die Elterngruppenkerze in der Mitte an und fordert die Eltern auf, alles aus ihren Händen abzulegen und zur Ruhe zu kommen.

Er leitet gemäß der Anleitung zur Zeitreise in die eigene religiöse Kindheit (Kop. 1) die Fantasiereise an. Wo es möglich ist, kann im Hintergrund entsprechend geeignete ruhige Meditationsmusik laufen. Der Begleiter kann die Anleitung nach eigenem Ermessen auch variieren.

Hauptteil

Was wir beim Kommunionweg erwarten, befürchten und wünschen

Nach der Hinführung durch die Fantasiereise in die eigene Kindheit, sind die Eltern eingeladen, sich in Kleingruppen über ihre religiöse Prägung auszutauschen und sich in der Elterngruppe über die Artikulation ihrer Erwartungen/Wünsche für das Kind und den eigenen Befürchtungen im Blick auf den Kommunionweg kennenzulernen.

Die Eltern erhalten jeweils drei Blätter mit zwei unterschiedlichen Symbolen (Kop. 2 und Kop. 3). Jedes Blatt hat eine Überschrift.

* Kopien mit dem Symbol „Wolke“: Ich erwarte/wünsche mir für mein Kind auf dem Kommunionweg ...
* Kopien mit dem Symbol „Sprechblase“: Ich befürchte beim Kommunionweg ...

Die Eltern füllen je bis zu drei Symbolkarten für sich in Ruhe aus.

Für jeden Gedanken gibt es jeweils eine Karte.

Sind alle fertig, lädt die Begleiterin die Teilnehmer ein, sich gegenseitig (besser) kennenzulernen. Dazu fordert sie die Teilnehmer auf, sich zwei Gesprächspartner zu suchen und anhand der ausgefüllten Symbolkarten gegenseitig vorzustellen. Bitte beachten Sie die Hinweise zum Austausch, S. 111, in diesem Kapitel.

In Dreiergruppen tauschen die Eltern nach eigenem Ermessen gegenseitig ihre Gedanken und Erfahrungen zur eigenen religiösen Prägung aus und knüpfen daran ihre Erwartungen und Befürchtungen für ihr Kind. Raum für Verständnisfragen wird gegeben.

Anschließend stellen die Teilnehmenden die Erwartungen und Befürchtungen anhand der Karten einer befragten Person in der Großgruppe vor und legen die Karten zur Mitte (oder heften sie an eine bereitgestellte Pinnwand).
Nachdem sich alle Eltern, die wollen, geäußert haben, bündelt die Begleiterin die wichtigsten Themen und Inhalte. Sie gibt möglicherweise nochmals Auskunft über die inhaltliche oder methodische Ausgestaltung des Kommunionweges, um die eine oder andere Befürchtung bzw. Erwartung zu dämpfen oder zu stärken.
Die Begleiterin überlegt zusammen mit den Eltern, ob und wie ihre Anregungen in die Gemeinde kommuniziert werden können (z.B. Vorstellung der Erwartungen/Wünsche und Befürchtungen im Pfarr-/Kirchengemeinderat und Leitungsteam, Aushang im Gemeindehaus, Vortrag anlässlich eines Familiengottesdienstes, Beitrag im Gemeindeanzeiger etc.).

Familiengespräch

Der Begleiter informiert die Eltern, welche Bausteine für das Familiengespräch zu Hause in der Zeit bis zum nächsten Elterntreffen an der Reihe sind.
Gemeinsam schlagen die Eltern im Familienbuch die betreffenden Bausteine auf und verschaffen sich unter der Anleitung des Begleiters einen Überblick über die Themen.

Abschluss

Segenswunsch

Eine Segensbitte bildet den Abschluss des Treffens. Segnen heißt: jemanden den Händen Gottes anvertrauen. Das lateinische Wort für segnen, „bene-dicere", hilft zum Verständnis dessen, was „segnen" meint, denn „bene-dicere" heißt wörtlich übersetzt: jemandem etwas „Gutes zusprechen". Dies soll als Abschluss des ersten Treffens durch die Begleiterin auf die Teilnehmenden hin geschehen.
Die Eltern stehen im Kreis. Langsam und ruhig liest die Begleiterin den Segen vor (Kop. 4).
Nach dem Segensgebet können die Worte in einer bewussten Phase des Schweigens nachklingen – abschließend bedankt sich die Begleiterin für die Teilnahme und beendet das Treffen.

Alternative zum Hauptteil

Für besonders offene Elterngruppen

Die Eltern werden von der Begleiterin dazu ermutigt, sich in Kleingruppen (2–4 Personen) anhand eines Fragebogens (Kop. 5) zur religiösen Prägung und aktuellen Situation auszutauschen. Anschließend stellen sich die Eltern (selbst oder gegenseitig) anhand der letzten beiden Fragen den anderen Teilnehmenden in der Gesamtgruppe kurz vor. Bitte beachten Sie die Hinweise zum Austausch, S. 111, in diesem Kapitel.

Alternative zum Abschluss

Für bewegungsfreudige Elterngruppen von 8–15 Personen.
Um den Gemeinschaftscharakter der Elterngruppe hervorzuheben, leitet die Begleiterin das Spiel „Gordischer Knoten“ mit den Eltern an (vgl. Leitfaden für die Kindertreffen, S. 166), abschließend bedankt sich die Begleiterin für die Teilnahme und beendet das Treffen.

KOPIERVORLAGE

1 Zeitreise in die eigene religiöse Kindheit

MEDITATION

Liebe Eltern,

ich lade Sie dazu ein, es sich bequem zu machen ... Sitzen Sie so, wie es für Sie angenehm ist ... Wenn Sie möchten, schließen Sie die Augen oder schauen Sie auf einen Punkt im Raum ...

Spüren Sie Ihrem Atem nach ... Vielleicht können Sie merken, dass Sie bei jedem Ausatmen etwas ruhiger werden ... Und bei jedem Einatmen neue Kraft schöpfen ...

Ich lade Sie ein, in Ihre eigene Kindheit einzutauchen.

Ich werde Sie dabei begleiten, gebe Ihnen aber keine Anweisungen, was Sie tun sollen, sondern rede mit mir selbst. Sie können sich dann entsprechend einschalten und ebenfalls in Ihre eigene religiöse oder eben auch nicht religiöse Kindheit eintauchen.

Ich gehe jetzt zurück.
Jetzt bin ich zwanzig Jahre alt. Ich lasse die Bilder aufsteigen ...
Jetzt bin ich fünfzehn ...
Jetzt bin ich zehn ...
Jetzt bin ich am Beginn der Grundschule ...
Jetzt bin ich in meiner Kindergartenzeit ...
Ich versuche möglichst so weit zurückzugehen, wie ich mich erinnern kann.
Ich lasse jetzt die Bilder aus meiner ganz frühen Kindheit aufsteigen.
Bin ich mit Gott in Berührung gekommen?
Meine ersten Bilder und Berührungen mit Gott.
Meine erste Berührung mit Gott.
Wer war dabei?
Welche Gefühle habe ich dabei?
Als ich in der Kirche war, mit meinen Großeltern, mit meinen Eltern ...

Die Gesänge, der Weihrauch, die Stille, die läutenden Glocken ...
Gebete manchmal am Abend mit meinem Vater ...
Der Nikolaus ist gekommen ...
Das Krippenspiel im Kindergarten ...
Der Heilige Abend bei uns in der Familie ...
Das Jesuskind in unserer Krippe zu Hause, die Hirten darum herum, Maria und Josef ...
Die brennenden Kerzen am Tannenbaum, geschmückt mit Sternen ...
Die eingepackten Geschenke auf dem Boden ...
Das gute Essen ...
Das Leuchten in unseren Kinderaugen und in den Augen unserer Eltern ...
Ich komme in die Grundschule ...
Ich bin im Religionsunterricht ...
Die biblischen Geschichten, wir hören sie ... wir malen sie ...
Ich komme zur Erstkommunion ...
Wer war dabei?
Wer hat mich darauf vorbereitet?
Ich hole die Gesichter der Menschen her, die mir auf meinem Kommunionweg wichtig waren ...
Mein Erstkommuniontag ...
Der Glanz in meinen Augen ...
Die jubelnde Orgel ...
Die überfüllte Kirche ...
Wir haben die Erstkommunionkerze angezündet ...
Ich gehe nach vorne und hole das gewandelte Brot ...
Jesus ist jetzt zu mir gekommen ...
Ich spreche mit ihm ganz alleine und bete zu ihm für meine Verwandten, Freunde und für die kranke Oma ...
Ein Tag voller Glück ... Ein Festessen, wie es selten eines gab ...
Die Geschenke, die Verwandten ... Ich war so wichtig und im Mittelpunkt wie nie mehr in meiner ganzen Kindheit ... Am Abend die Andacht ... Wir tauschen uns über unsere Geschenke aus ...
Am Abend falle ich müde, aber glücklich in den Schlaf ...

Die nächsten Wochen ... ich gehöre jetzt ganz dazu, ich darf vorne die Kommunion holen ...

Der Schulalltag geht wie gewohnt weiter ...

Ich komme in die Pubertät ...

Ich beginne zu zweifeln ...

Vieles von dem, was sie mir gesagt haben, stimmt gar nicht ...

Ich habe mich durchgezweifelt und als Erwachsener anders zu Gott gefunden ...

Die große Liebe ... Wir bekommen ein Kind ... Wir lassen unser Kind taufen, wir begleiten es in die Kirche ...

Und jetzt kommt mein Kind zur Erstkommunion ...

Hier kreuzt sich meine eigene Erstkommunion mit der Erstkommunion meines Kindes ...

Ich begegne ihm in ganz besonderer Weise aus meiner eigenen Erfahrung heraus ...

Ich möchte es bei dieser Erfahrung begleiten und unterstützen ...

Ich lasse mein Kind auf dem Weg zur Kommunion nicht allein ...

Wir gehen gemeinsam den Kommunionweg bis zum Feiertag ...

Wenn Sie möchten, holen Sie jetzt Ihr Kind vor Ihr geistiges Auge und segnen Sie es.

Kehren Sie jetzt ganz langsam und in Ihrem Tempo zurück in diesen Kreis ...

Bewegen Sie, wenn Sie möchten, die Hände ... die Arme ... die Zehen ... die Füße ...

Wenn Sie möchten, strecken Sie sich ... öffnen langsam die Augen ... und finden sich wieder in unserer Runde ein.

KOPIERVORLAGE

2 Meine Wünsche/Meine Erwartungen

KOPIERVORLAGE

3 Meine Befürchtungen

KOPIERVORLAGE

4 Segen

GOTT SEGNE DICH

Gott sei vor dir,
um dir den rechten Weg zu zeigen.

Gott sei neben dir,
um dich in die Arme zu schließen
und dich zu schützen.

Gott sei hinter dir,
um dich zu bewahren
vor der Heimtücke böser Menschen.

Gott sei unter dir,
um dich aufzufangen, wenn du fällst,
und dich aus der Schlinge zu ziehen.

Gott sei in dir,
um dich zu trösten,
wenn du traurig bist.

Gott sei um dich herum,
um dich zu verteidigen,
wenn andere über dich herfallen.

Gott sei über dir,
um dich zu segnen.

So segne uns und unsere Familien der gütige Gott,
im Namen des Vaters und des Sohnes und des Heiligen Geistes. Amen

KOPIERVORLAGE

5 Kennenlernbogen zur religiösen Prägung und aktuellen Einstellung[70]

Ich erzähle etwas von den Orten, an denen ich geboren und aufgewachsen bin, wo ich ggf. getauft wurde und zur Kommunion gegangen bin ...

Ich erzähle etwas von den religiösen Bräuchen, die ich als Kind kennengelernt habe ...

Ich erzähle, wo und wann ich mich zu Hause fühle ...

Ich erzähle etwas von den verschiedenen „Welten“ (Arbeits- und Familienwelt, Freizeitwelt), in denen ich lebe ...

Was tut mir persönlich – heutzutage – gut

* wenn ich an religiöse Formen und Rituale denke, die ich (er)lebe ...

* wenn ich an Kirche, Gottesdienste, diese Gemeinde denke ...

II Viele Fragen –
Unser Leben gibt uns zu denken

2. Elterntreffen: Unsere Beziehungen neu entdecken

Vernetzung

Beziehungen sind für unser alltägliches Leben entscheidend und prägend, aber auch für das Glaubensleben: Die Bibel ist ein Beziehungsbuch, Glauben ist ein Beziehungsereignis. Deshalb sind Beziehungen ein Grundthema bei allem, was mit Religion und Glauben zu tun hat, auch beim Glauben-Lernen, wie z.B. auf dem Kommunionweg. Aus diesem Grund tauchen Beziehungen in allen Themen der familienkatechetischen Kommunionvorbereitung auf, insbesondere bei den Themen:

1. Miteinander leben
4. Wir streiten und versöhnen uns
5. Einmalig und unverwechselbar
9. In Gottes Hand geschrieben
12. Unsere Tür zu Gott

Wichtig: Das Ziel dieses thematischen Elterntreffens ist es nicht, die „Beziehungskisten" der Teilnehmenden aufzuarbeiten, schon gar nicht, die derzeit schwierigen Beziehungen oder gar zerbrochenen Beziehungen zum Thema zu machen. Der Abend wird kein „Psychotrip"! Ziel ist es, für die verschiedenen Beziehungsdimensionen zu sensibilisieren, also darauf aufmerksam zu machen, dass „Beziehung" in unserem Leben nicht nur die Liebes- oder Freundschaftsbeziehungen, die Eltern-Kind- oder Partnerbeziehungen meint, sondern dass „Beziehung" ein umfassendes Konzept darstellt, das unser Leben umgreift, wozu auch die Gottesbeziehung gehört. Wir wollen unsere Beziehungsnetze vergegenwärtigen, um zu sehen, wie die Gottesbeziehung in diese Beziehungen hineinragen kann, sie prägen und „qualifizieren", also ihnen eine neue Qualität geben kann. Wir machen uns bewusst, was für die Beziehungspflege wichtig ist – auch, wie wir unsere Beziehung zu Gott „pflegen" können.

Überblick

Zeit	Element	Inhalt	Material
10′	Begrüßung und Organisatorisches	Wir klären organisatorische Fragen.	• Verlaufsplan
20′	Einstieg	In unserem Leben „wimmelt" es von Beziehungen: Wir stellen sie symbolisch in unsere Mitte.	• (Elterngruppen-) Kerze • Blumen, Vase(n) oder Schale mit Wasser
30′	Hauptteil	Wir „vergegenwärtigen" unsere Beziehungen auf den verschiedenen Ebenen: Beziehung zu uns selbst, zu anderen, zur Welt, zur Zeit, zu Gott. Wir überlegen: Was benötigen wir zur „Beziehungspflege"?	• 5 verschiedenfarbige Wollknäuel • Karteikarten • Stifte • Kop. 1, S. 138
15′	Familiengespräch	Wir teilen einander unsere Erfahrungen mit dem Familiengespräch mit. Wir besprechen die nächsten Bausteine für das Familiengespräch.	• Familienbuch • Verlaufsplan
10′	Abschluss	Segnen heißt: Unsere menschlichen Beziehungen in die Gottesbeziehung stellen.	
30′	Alternative zum Hauptteil	In einer biblischen Geschichte entdecken wir, wie sich die Beziehungen auf allen Ebenen verändern, wenn Gott in unser Leben tritt: Geschichte von der Begegnung zwischen Jesus und Zachäus (Lk 19,1-10).	• Bibeln oder Kopien des Bibeltextes • Kop. 2, S. 139
Merkposten/Notizen/Auswertung			

Begrüßung und Organisatorisches

Die Begleiterin begrüßt die anwesenden Teilnehmer persönlich. Die Eltern sitzen im Stuhlkreis. Die Begleiterin stellt den Zeitrahmen und geplanten Verlauf des Treffens vor (siehe: Spalte Inhalt). Anschließend werden kurz relevante organisatorische Fragen zur Gestaltung des Kommunionwegs besprochen.

Spiritueller Einstieg

Die Begleiterin erläutert das Thema des Abends und nennt deutlich die Ziele und das, was nicht Ziel des Abends ist (siehe Einführungstext oben). Die Teilnehmenden sitzen in einem Stuhlkreis, in der Mitte steht die Elterngruppenkerze oder eine andere Kerze, die jetzt entzündet wird. In der Mitte stehen auch eine oder mehrere Vasen oder eine Schale, die mit Wasser gefüllt ist. Die Begleiterin holt aus dem Hintergrund einen großen Blumenstrauß mit möglichst vielfältigen Blumen (sodass drei Blumen pro Teilnehmer vorhanden sind.
Hinweis: es gibt günstige „Fair-Trade-Rosen" im Bündel, es können aber auch – je nach Jahreszeit – gepflückte Blümchen sein oder alternativ Papierblumen, die in eine trockene Schale gelegt werden)
Bei meditativer Musik nimmt jeder Teilnehmer in Stille drei Blumen: Sie stehen für meine Beziehung *zu mir selbst, zu anderen Menschen*, die mir wichtig sind, und meine Beziehungen *zu Gott*.
Wir halten die Blumen in unseren Händen und „vergegenwärtigen" uns diese Beziehungen (setzen sie „in unsere Gegenwart"). Dann legen oder stellen wir sie still in die Mitte (Schale, Vase).

Hauptteil

Unsere Beziehungen neu entdecken

Die Leiterin erläutert, dass der Einstieg eine intensive Form von Spiritualität darstellt: Man wird still, vergegenwärtigt sich ein Thema und stellt es in den Horizont der Gottesbeziehung. Und: Man vollzieht eine Handlung, man drückt etwas aus. Die Teilnehmenden werden ermutigt, solche Formen von Spiritualität auch mit den Kindern zu Hause zu leben.
Jetzt wenden wir uns allen Beziehungsformen zu, die in unserem Leben eine Rolle spielen.
Grundlegend ist die Beziehung *zu mir selbst*. Die Begleiterin legt einen bunten Faden eng um die Mitte des Kreises (um Kerze und Vase). Sie erläutert, dass dieser innere Kreis symbolisch für die innerste Beziehung zu uns selbst steht. Sie fragt: „Was ist

wesentlich für diese Beziehung?", und gibt ein oder zwei Beispiele: SELBSTVERTRAUEN, SELBSTWAHRNEHMUNG. Dies schreibt sie auf Karten und legt sie auf den Faden. Sie erläutert einige Gedanken dazu.
Jetzt bittet sie die Teilnehmenden, im Gespräch mit dem Nachbarn („Murmelgruppen") weitere Gedanken zur „Beziehung zu sich selbst" zu sammeln und auf Karten zu schreiben.
Anschließend werden die Karten in die Mitte gelegt und jeweils von den Teilnehmenden erläutert. Gut wäre es, wenn möglichst ein Gespräch untereinander aufkommt.
Wichtig sind die Fragen: Was stört die Beziehung zu mir selbst? Welche Schwierigkeiten und Konflikte tauchen auf? Was hindert mich manchmal, mit mir selbst in guter Beziehung zu leben?
In gleicher Weise wird nun der Reihe nach mit allen weiteren Beziehungsarten und -ebenen vorgegangen: Beziehung zu anderen Menschen, Beziehung zur Welt, in der wir leben (natürliche und vom Menschen geschaffene Umwelt), Beziehung zu Gott, Beziehung zur Zeit (zum thematischen Hintergrund, Kapitel 1, S. 14–18). Es wird jeweils gefragt, was für die Beziehung wesentlich ist, aber auch, wo es Konflikte gibt. Konflikte gehören zu Beziehungen dazu, denn Beziehung ist kein „Harmoniemodell". Es entstehen konzentrische Kreise mit Wollfäden um die Mitte.
Nur die Beziehung zur Zeit wird als letzter Faden quer und im Zickzack durch alle Beziehungskreise gelegt (siehe Schema S. 138): Die Zeit durchzieht alle Beziehungen. Was bedeutet das? Wie kann ich Beziehungszeit gestalten? Was ist erfüllte Beziehungszeit (mit mir, mit anderen, mit der Welt, mit Gott)?
Schön wäre es, wenn aufgrund des Gesprächs zu jeder Beziehungsebene ein Impuls formuliert werden könnte: Was dient der „Beziehungspflege" (in der Beziehung zu mir selbst, zu anderen etc.)?

Familiengespräch

Die Begleiterin lädt die Eltern zu einer Erzählrunde ein: Wir teilen einander mit, welche Erfahrungen wir mit den Familiengesprächen machen. Erinnern Sie sich bitte an einen der vorgeschlagenen Bausteine der letzten Wochen und berichten Sie einander über den Gesprächsverlauf, über Schwierigkeiten und positive Erfahrungen. Wenn Sie kein Familiengespräch aus dem Familienbuch geführt haben, können Sie auch gerne eine beliebige Gesprächssituation über religiöse Fragen mit Ihrem Kind berichten, oder sich von anderen Teilnehmenden erzählen lassen.
Die Eltern erzählen einander reihum (bei einer großen Teilnehmerzahl in 4er- oder 5er-Gruppen) von ihren Erfahrungen.

Alternative zum Hauptteil

Statt der „Beziehungskreise" (siehe oben) kann ein biblischer Text im Mittelpunkt stehen, der in beziehungsorientierter Weise gelesen und gedeutet wird: Welche Beziehungen sind in dem Text erkennbar? Wer hat mit wem welche Beziehungen? Wie verändern sich die Beziehungen (zu sich selbst, zu anderen, zu Gott)? Besonders eignet sich die Erzählung von der Begegnung Jesu mit Zachäus (Lukas 19,1-10), vgl. Kop. 2. Die Bibelstelle kann mithilfe der Methode des Bibelteilens (vgl. Anleitung S. 172) intensiv kennengelernt werden. Dann können Fragen weiterführen wie: Welche Beziehung zu sich selbst hat wohl Zachäus vor der Begegnung mit Jesus? Wie geht er mit sich selbst und anderen um? Wie geht er wohl mit seiner Gottesbeziehung um? Welche Beziehung nimmt Jesus mit ihm auf? Wie und warum verändern sich plötzlich alle Beziehungen des Zachäus aufgrund der Begegnung (ohne dass Jesus eine Moralpredigt hält)?

Abschluss

Segnen heißt, unsere menschlichen Beziehungen in die Gottesbeziehung zu stellen.
Gott sagt zu Abraham: „Ich werde dich segnen ... Ein Segen sollst du sein" (Genesis 12,2).
Gott segnet uns alle, d.h. er baut zu uns eine positive Beziehung auf:
Gott will das Gute für uns Menschen.
Wir spüren in Stille, dass Gott uns segnet.
Dadurch werden wir zum Segen für andere. Wir können auch unsere Kinder segnen.
Wir legen jetzt in Gedanken unseren Kindern die Hände auf den Kopf und sprechen:
„Ich segne dich. Gott segnet dich."
Zu Hause können wir dieses Ritual bei unseren Kindern vollziehen.

Jetzt nehmen die Teilnehmenden „ihre" drei Blumen („Beziehungen") aus der Mitte mit nach Hause.

KOPIERVORLAGE

1 Beziehungen unseres Lebens und Glaubens

(Dieses Schema kann während des Erarbeitens als Kopie ausgeteilt werden. Eltern können sich darauf Notizen machen oder als Erinnerungszettel mit nach Hause nehmen.)

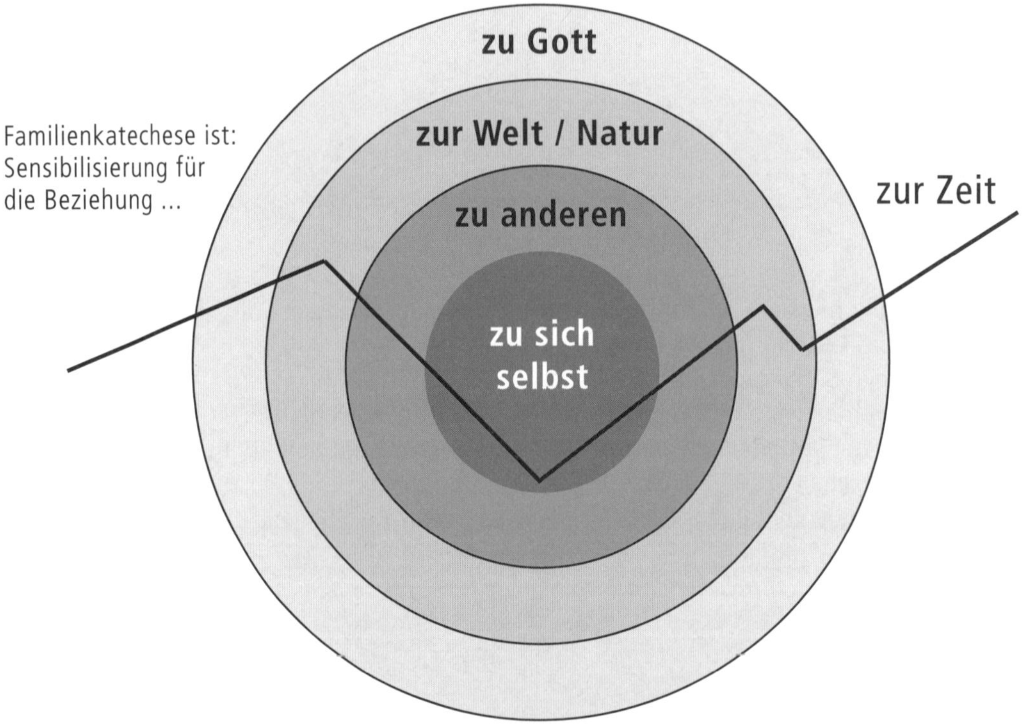

KOPIERVORLAGE

2 Eine Beziehungsgeschichte: Jesu Begegnung mit Zachäus

1 Jesus ging nach Jericho hinein und zog durch die Stadt.

2 In Jericho lebte ein Mann namens Zachäus. Er war der oberste Zolleinnehmer in der Stadt und war sehr reich.

3 Er wollte unbedingt sehen, wer dieser Jesus sei. Aber er war klein und die Menschenmenge versperrte ihm die Sicht.

4 So lief er voraus und kletterte auf einen Maulbeerfeigenbaum, um Jesus sehen zu können; denn dort musste er vorbeikommen.

5 Als Jesus an die Stelle kam, schaute er hinauf und redete ihn an: „Zachäus, komm schnell herunter, ich will heute dein Gast sein!“

6 Zachäus stieg schnell vom Baum und nahm Jesus voller Freude bei sich auf.

7 Alle sahen es und murrten; sie sagten: „Bei einem ausgemachten Sünder ist er eingekehrt!“

8 Aber Zachäus wandte sich an den Herrn und sagte zu ihm: „Herr, ich verspreche dir, ich werde die Hälfte meines Besitzes den Armen geben. Und wenn ich jemand zu viel abgenommen habe, will ich es ihm vierfach zurückgeben.“

9 Darauf sagte Jesus zu ihm: „Heute ist dir und deiner ganzen Hausgemeinschaft die Rettung zuteilgeworden! Auch du bist ja ein Sohn Abrahams.

10 Der Menschensohn ist gekommen, um die Verlorenen zu suchen und zu retten.“

Lukas 19,1–10

3. Elterntreffen: Kinder und der Tod

Vernetzung

Die Themen Schöpfung und Tod sind im Familienbuch in folgenden Bausteinen thematisiert:

5. Einmalig und unverwechselbar
6. Was ist, wenn wir sterben?
16. Wandlung und Verwandlung unseres Lebens

Fortsetzungsgeschichte: Eigentlich ein herrlicher Tag ..., S. 68

Viele Kinder im Kommunionalter sind schon mit dem Thema Tod in Berührung gekommen, sei es über das Fernsehen, durch den Tod von Haustieren oder ganz nahe durch den Tod von Bekannten, Nachbarn, Verwandten oder Familienangehörigen. Die Eltern werden sowohl durch die eigenen Erfahrungen als auch durch die Fragen ihrer Kinder mit diesem Thema konfrontiert. Die Frage „Was kommt nach dem Tod?" ist eine zentrale Frage, vielleicht die zentralste Frage überhaupt. Hilfreich für die Thematik „Tod und christlicher Auferstehungsglaube" sind die Texte im Familienbuch auf S. 168–169 zu Karfreitag und Ostern.
Für dieses Thema ist vielleicht wie für kein zweites größte Behutsamkeit und Sensibilität vom Begleiter gefordert. Es ist möglich, dass hier auch Tränen fließen. Doch auf dem Kommunionweg ist die Auseinandersetzung mit dem Tod nicht zu tabuisieren, sondern sensibel aufzugreifen und einfühlsam mit der christlichen Botschaft zu verbinden – nicht nur aus theologischen Zusammenhängen heraus, sondern gerade weil die Erfahrung mit dem Tod zur Realität der Familien zählt.

Dieses Elterntreffen stammt von Uta Hauf, Trauerbegleiterin und Lehrbeauftragte am Staatlichen Seminar für Didaktik und Lehrerbildung (Gymnasium) in Tübingen. Bei Rückfragen können Sie sich ggf. auch direkt an sie wenden: utamhauf@aol.com.

Überblick

Zeit	Element	Inhalt	Material
10′	Begrüßung und Organisatorisches	Wir klären organisatorische Fragen.	• Verlaufsplan
20′	Einstieg	Wir vergegenwärtigen unsere eigenen Todes- und Trauererfahrungen.	• Dunkelblaues Tuch • (Oster-)Kerze • Teelichter • Postkarten mit Grabsteinmotiven (z.B. Isolde Ohlbaum, „Denn alle Lust will Ewigkeit" oder „Aus Licht und Schatten", jeweils Miniausgabe) • Kop. 1, S. 144
30′	Hauptteil	Wir tauschen uns über unsere Erfahrungen aus und hören, wie Kinder in der Trauer reagieren.	• Kop. 2, S. 145, Aussagen von Kindern über den Tod • Kop. 3, S. 146, Verhalten von Kindern in der Trauer
15′	Familiengespräch	Wir besprechen die nächsten Bausteine für das Familiengespräch.	• Familienbuch • Verlaufsplan
10′	Abschluss	Wir erfahren Trost und Stärkung in einem Psalmwort und bitten um Gottes Segen.	• Kop. 4, S. 147,
30′	Alternative zum Hauptteil	Wir kommen mit unseren Kindern über Tod und Trauer ins Gespräch.	• Kop. 5, S. 148
Merkposten/Notizen/Auswertung			

Begrüßung und Organisatorisches

Die Begleiterin begrüßt die anwesenden Teilnehmer persönlich. Die Eltern sitzen im Stuhlkreis. Die Begleiterin stellt den Zeitrahmen und geplanten Verlauf des Treffens vor (siehe: Spalte Inhalt). Anschließend werden (kurz) relevante organisatorische Fragen zur Gestaltung des Kommunionwegs besprochen.

Einstieg

Vergegenwärtigung eigener Todes- und Trauererfahrungen

Bei diesem Elterntreffen geht es darum, die existenzielle Frage nach dem Ende des Lebens, die auch schon Kinder bewegt und von ihnen gestellt wird, mit den Eltern zu bedenken. Dabei sollen keine fertigen Handlungsanweisungen vermittelt werden, sondern das Zulassen und Eingehen auf Kinderfragen zu diesem Thema steht im Mittelpunkt.
Wenn möglich sitzen die Eltern im Stuhlkreis, in der Mitte hat der Begleiter im Vorfeld ein dunkelblaues Tuch ausgebreitet, auf dem eine brennende (Oster-)Kerze steht, neben nicht angezündeten Teelichtern und einigen Postkarten mit Grabsteinmotiven.
Der Begleiter bittet die Teilnehmenden, sich auf das folgende Gedicht von Mascha Kaléko einzulassen (Kop. 1), und liest es vor.
Nach einer kurzen Stille bittet er die Teilnehmenden ein Teelicht an der Kerze für die Menschen anzuzünden, die aus ihrem Umfeld, aus ihrer Familie verstorben sind, an die sie gerade denken müssen.
Anschließend: Wer möchte, darf kurz etwas zu den Gefühlen sagen, die ihn bewegen.

Hauptteil

Wie Kinder den Tod wahrnehmen

Zu den Lichtern auf dem Tuch legt die Begleiterin kopierte (siehe Kop. 2) oder handgeschriebene Aussagen von Kindern (auf gut lesbare Schriftgröße achten) dazu:
„Friert die Oma jetzt da unten im Sarg?", Tom (5 Jahre)
„Komm, wir bringen dem Papa Essen ans Grab!", Sophie (5 Jahre)
„Wo ist Paul jetzt? Im Himmel?", Simon (10 Jahre)
„Tod ist, wenn man nichts mehr fühlt und Gott sieht, oder?", Clara (7 Jahre)

Nun lädt die Begleiterin die Teilnehmer ein, ausgehend von den Kinderaussagen, miteinander ins Gespräch zu kommen, z.B.:

* Haben Sie solche Fragen oder ähnliche auch schon von Ihren Kindern gehört? Was haben Sie geantwortet oder wie würden Sie antworten?

* Wovor haben Sie Angst und wann werden Sie unsicher, wenn Ihre Kinder Sie nach dem Tod fragen?

In dieser Runde sollen die Eltern miteinander ins Gespräch kommen, ihre Erfahrungen und Ängste austauschen dürfen.
Dann erklärt die Begleiterin, wie Kinder im Alter von sechs bis etwa zehn Jahren den Tod erleben, ihrer Trauer Ausdruck geben und vor allem die wertschätzende Begleitung von uns Erwachsenen in solch einer brüchigen Phase ihres Lebens benötigen; aber auch, dass ohne konkreten Todesanlass Kinder diese Thematik bedenken und ihre Fragen an die Erwachsenen richten. Dabei geht es dann vonseiten der Erwachsenen weniger um Vertröstung oder Negierung der Thematik, sondern eher um behutsames Nachfragen und kindgerechte (nicht kindliche) Antworten.
Eventuelle Rückfragen werden beantwortet, die Begleiterin macht den Eltern Mut, sich mit den Kindern dem Thema Tod und Trauer zu stellen.

Familiengespräch

Die Begleiterin informiert die Eltern, welche Bausteine für das Familiengespräch zu Hause in der Zeit bis zum nächsten Elterntreffen an der Reihe sind.
Gemeinsam schlagen die Eltern im Familienbuch die betreffenden Bausteine auf und verschaffen sich unter der Anleitung der Begleiterin einen Überblick über die Themen.

Abschluss

Der Begleiter fasst den Abend zusammen, teilt die Kopien des Psalms (Kop. 4) aus und legt die offengebliebenen Fragen und nicht zur Ruhe gekommenen Gefühle in Gottes Hand.
Mögliche Formulierung:
Miteinander haben wir das Ende des Lebens bedacht, Erinnerungen sind lebendig geworden, Bilder haben wir uns angeschaut und auch unsere Befürchtungen und Ängste zugelassen. Legen wir diesen Abend in Gottes Hand und beten wir gemeinsam mit den Worten des 36. Psalms (Kop. 4).

Alternative zum Hauptteil

Eine Möglichkeit, mit Kindern ins Gespräch zu kommen, ist miteinander ein Kinderbilderbuch zu diesem Thema zu lesen. Nach dem gemeinsamen Lesen: die Kinder ihre Gedanken formulieren lassen (z.B. Wie stellst du dir den Tod vor? Wie würdest du dich an der Stelle von N.N. verhalten? Möchtest du noch jemanden etwas fragen?).
Die Begleiterin liest/stellt eines oder mehrere der vorgeschlagenen Bücher (Kop. 5) vor.

KOPIERVORLAGE

1 Gedicht

MEMENTO

Vor meinem eignen Tod ist mir nicht bang,
nur vor dem Tode derer, die mir nah sind.
Wie soll ich leben, wenn sie nicht mehr da sind?

Allein im Nebel tast ich todentlang
und lass mich willig in das Dunkel treiben,
das Gehen schmerzt nicht halb so wie das Bleiben.

Der weiß es wohl, dem Gleiches widerfuhr;
- und die es trugen, mögen mir vergeben.
Bedenkt: den eignen Tod, den stirbt man nur,
doch mit dem Tod der andren muss man leben.

Mascha Kaléko

2 Aussagen von Kindern zum Thema Tod

„Friert die Oma jetzt da unten im Sarg?"
Tom, 5 Jahre

„Komm, wir bringen dem Papa Essen ans Grab!"
Sophie, 5 Jahre

„Wo ist Paul jetzt? Im Himmel?"
Simon, 10 Jahre

„Tod ist, wenn man nichts mehr fühlt und Gott sieht, oder?"
Clara, 7 Jahre

KOPIERVORLAGE

3 Trauer bei Kindern im Alter zwischen sechs und zehn Jahren

Trauer ist abhängig von einem altersbedingten Todesverständnis. Um den Tod begreifen zu können, müssen Kinder Folgendes intellektuell verstanden haben:

* Der Tod ist unumkehrbar.

* Der Tod beendigt alle biologischen Funktionen.

* Alle Menschen müssen sterben.

Erst damit erfassen Kinder die Bedeutung des Todes. Jüngere Kinder, die diese Tragweite nicht ermessen können, haben nur die Möglichkeit, sich dem Phänomen Tod so zu nähern, dass sie zu einem späteren Zeitpunkt verstehen, was damals passiert ist (hier hilft es, Kinder an möglichst vielen Vorgängen rund um den Tod Anteil zu geben, z.B. Anschauen und Berühren des Toten, Mitnehmen zur Beerdigung).

Mögliches Verhalten in der Trauer

Kinder verstehen ansatzweise, dass tot „tot“ bedeutet.
Kinder suchen eigene Möglichkeiten, die Trauer zu bewältigen – auch außerhalb der Familie (mit Gleichaltrigen).
Kinder haben noch keine Erfahrung im Umgang mit dem Tod und wissen deshalb nicht, wie sie sich verhalten sollen/können (manche weinen, andere ziehen sich zurück und wieder andere reagieren mit körperlichen Symptomen, wie z.B. Bauchschmerzen, Schlaflosigkeit, Wiedereinnässen).
Eltern können helfen:
Gespräche anbieten und die Kinder in ihrem Verhalten beobachten – aber Vorsicht, die Äußerungen der Kinder bitte nicht werten.
Den Kindern verlässliche Sicherheit bieten (Zeit miteinander verbringen, in den Arm nehmen, miteinander beten).

4 Psalm 36,6-11

Herr, deine Güte reicht, so weit der Himmel ist,/
deine Treue, so weit die Wolken ziehn.

Deine Gerechtigkeit steht wie die Berge Gottes,/
deine Urteile sind tief wie das Meer.

Herr, du hilfst Menschen und Tieren. /
Gott, wie köstlich ist deine Huld!

Die Menschen bergen sich im Schatten deiner Flügel, /
sie laben sich am Reichtum deines Hauses,/
du tränkst sie mit dem Strom deiner Wonnen.

Denn bei dir ist die Quelle des Lebens, /
in deinem Licht schauen wir das Licht.

Erhalte denen, die dich kennen, deine Huld /
und deine Gerechtigkeit den Menschen mit redlichen Herzen!

Psalm 36,6-11

KOPIERVORLAGE

5 Geeignete Kinder(bilder)bücher zum Thema Tod und Trauer

(Ausleihbar in jeder gut sortierten Bücherei)

Bauer, Jutta: Opas Engel, Carlsen Verlag GmbH [9]2001 (ein kleiner Junge erinnert sich an die Geschichten aus Opas Leben)

Fried, Amelie; Gleich, Jacky: Hat Opa einen Anzug an?, Carl Hanser Verlag [13]1997, (Brunos Opa stirbt – dunkle Bilder, unwirkliche Perspektiven, die die Trauer zum Ausdruck bringen)

Hubka, Christine; Hammerle, Nina: Wo die Toten zu Hause sind, Tyrolia Verlag [2]2005 (thematisiert die christliche Hoffnung auf die Auferstehung, mit einem pädagogischen Anhang „Wie mit Kindern über den Tod reden?")

Nilsson, Ulf; Ericksson, Eva: Die besten Beerdigungen der Welt, Moritz Verlag [11]2011 (drei Kinder gründen ein Bestattungsinstitut für die toten Tiere, die sonst keiner beachtet)

Varley, Susan: Leb wohl, lieber Dachs, Annette Betz Verlag [26]2009 (die Tiere nehmen Abschied vom Dachs und behalten ihn in Erinnerung)

Weitze, Monica; Battut, Eric: Wie der kleine rosa Elefant einmal sehr traurig war und wie es ihm wieder gut ging, Bohem Press [6]2008 (ein kleiner Elefant nimmt Abschied von seinem Freund und holt sich Hilfe in seiner Traurigkeit)

III Mit Jesus Gottes Spuren suchen

4. Elterntreffen: Wie Advent und Weihnachten feiern?

Vernetzung

10. Mit Jesus in Kontakt
Berührungen in der Heiligen Nacht - Weihnachten, S. 160-167
Adventsweg, Kapitel 2, S. 95ff. in diesem Buch

Weihnachten ist für viele Familien, neben den Geburtstagen, das bedeutsamste Fest im familiären Jahreskreis.

Überblick

Zeit	Element	Inhalt	Material
15′	Begrüßung und Organisatorisches	Wir klären organisatorische Fragen.	• Adventliche Dekoration • ggf. Adventsgebäck, Tee/Glühwein/alkoholfreier Punsch • Verlaufsplan
20′	Einstieg	Wir kommen unserer Stimmung in dieser Adventszeit auf die Spur.	• Auswahl aus Gegenständen der Symboltabelle (Kop. 1, S. 154f.) • weitere Materialien (ggf. als Zeichnung, Postkarte o.Ä.), die belastende weihnachtliche Stimmungen symbolisieren, z.B. Geldscheine

			(ggf. in Kopie), Wecker/Uhr, Ton scherben, (Feld-) Steine etc.
30′	Hauptteil	Wir vertiefen den christlichen Sinn von Weihnachten und erschließen uns die christlichen Wurzeln des Weihnachtsbrauchtums.	• Kop. 1, S. 154f. Symboltabelle • Plakat • Flipchart-Marker
15′	Familiengespräch	Wir besprechen die nächsten Bausteine für das Familiengespräch.	• Familienbuch • Verlaufsplan
10′	Abschluss	Wir singen miteinander ein bekanntes Adventslied.	• Gotteslob
Merkposten/Notizen/Auswertung			

Begrüßung und Organisatorisches

Für dieses Elterntreffen bietet es sich an, den Raum in besonderer Weise vorzubereiten: Adventsschmuck, gedimmtes Licht, Kerzenschein, ggf. werden Adventsgebäck und Glühwein/alkoholfreier Punsch gereicht.

Der Begleiter begrüßt die Anwesenden persönlich. Die Teilnehmenden sitzen im Stuhlkreis. Der Begleiter stellt den Zeitrahmen und geplanten Verlauf des Treffens vor (siehe: Spalte Inhalt). Anschließend werden kurz relevante organisatorische Fragen zur Gestaltung des Kommunionwegs besprochen.

Einstieg

Weihnachtliche Stimmungen

Die Begleiterin zündet die (Gruppen-)Kerze (oder die entsprechende Kerze eines Adventskranzes) in der Mitte an und fordert die Eltern auf, alles aus ihren Händen abzulegen und innerlich und äußerlich zur Ruhe zu kommen. Sie leitet zum thematischen Einstieg über:
Das Thema unseres heutigen Treffens ist die Advents- und Weihnachtszeit. Dazu haben wir einige Gegenstände zusammengestellt und möchten Sie nun dazu einladen, sich diese in Stille anzuschauen.
Wo es möglich ist, kann im Hintergrund entsprechend geeignete adventliche Meditationsmusik laufen.
Die Begleiterin lädt die Teilnehmer ein, sich einen Gegenstand auszuwählen, der in besonderer Weise ihre persönliche Stimmung in dieser Adventszeit zum Ausdruck bringt, und sich damit wieder in den Stuhlkreis zu setzen.
Wenn alle wieder im Stuhlkreis sitzen, lädt die Begleiterin die Teilnehmenden ein, ihre aktuelle Gefühlslage zur Advents- und Weihnachtszeit anhand des ausgewählten Gegenstandes kurz mitzuteilen. Abschließend werden die Gegenstände jeweils in der Mitte abgelegt. Der Begleiter leitet zum Hauptteil über.

Hauptteil

Brauchtum und Bedeutung erschließen

Die Advents- und Weihnachtszeit ist eine Zeit, die sehr geprägt ist von Symbolik und vielerlei Brauchtum in den Familien. In einem ersten Schritt möchte ich Sie einladen, solche Familientraditionen einander mitzuteilen; anschließend wollen wir dem christlich-religiösen Hintergrund vieler adventlicher und weihnachtlicher Symbole und Traditionen ein wenig auf den Grund gehen.
Impulsfragen:

* Wie versuchen wir als Familie, die Advents- und Weihnachtszeit bewusst zu gestalten?
* Welche Symbole und Gebräuche sind uns dabei wichtig und wertvoll geworden?

Wie bei allen Erzähl- und Austauschrunden ist es wichtig, dass auch die einfachen Familientraditionen gewürdigt werden und die reichhaltigen Familientraditionen nicht zu breit ausgeführt werden. In größeren oder „fremdelnden" Gruppen kann es sinnvoll sein, den Austausch in Kleingruppen von drei bis vier Personen anzuregen, mit der Bitte, einige Kernbegriffe und Symbole anschließend ins Plenum einzubringen.
Der Begleiter hält die genannten Begriffe und Symbole (z.B. Adventskranz, Adventskalender, Weihnachtsbaum, Krippe etc.) auf einem Plakat fest. Abschließend dankt er für die Gesprächsbeiträge, würdigt die Fülle der (vor-)weihnachtlichen Familientradi-

tionen und leitet über zur Erläuterung der Advents- und Weihnachtszeit aus christlicher Perspektive:

Die meisten Symbole und Brauchtümer der Advents- und Weihnachtszeit kreisen um das christliche Hochfest der Geburt Jesu Christi. Es gehört mit Ostern und Pfingsten zu den drei Hauptfesten des Kirchenjahres.

Dass *Jesus von Nazaret geboren wurde* und als Mensch in seiner Zeit gelebt hat, wird von der Forschung kaum bestritten. Der 25. Dezember als kirchlicher Feiertag der Geburt kann bislang erst seit dem Jahr 326 nachgewiesen werden.

Seine Geburt in Betlehem und die Kindheitsgeschichten sind uns nur in zwei biblischen Büchern, dem Matthäus- und Lukasevangelium, überliefert. Auch das heilige Buch des Islam, der Koran, benennt an einigen Stellen die jungfräuliche Geburt von Jesus, der hier allerdings „nur" als Prophet anerkannt wird.

Allen christlichen Überlieferungen gemeinsam ist die Überzeugung, dass Jesus nicht erst im Laufe seines irdischen Wirkens die göttliche Wahrheit verkündete, sondern immer schon diese göttliche Wahrheit selbst gewesen ist. Theologisch gesprochen: In Jesus Christus teilt sich Gott selbst mit. Er ist das fleischgewordene Wort des ewigen Gottes. Gottes Wort an die Menschheit, Gottes Weisung und Orientierung für die Menschheit ist nach christlicher Überzeugung nicht Buch (wie etwa die Tora im Judentum oder der Koran im Islam), sondern Mensch geworden.

Deshalb feiern wir Weihnachten. Darauf bereiten wir uns alle Jahre wieder in der Adventszeit vor. Das christliche Brauchtum und eine Fülle von Symbolen wollen dieses Geschehen für alle Sinne zum Ausdruck bringen.

Dabei geht es aus theologischer Perspektive nicht nur um die Geburt des Jesuskindes im Stall von Betlehem, sondern ebenso um die anderen Bedeutungslinien der Advents- und Weihnachtszeit: Die Vorbereitung auf das Weihnachtsfest als Geburtstagsfest des Gottessohnes Jesus Christus.

An dieser Stelle können die entsprechenden Symbole und Brauchtümer erläutert werden. Sie sind in der Tabelle (Kop. 1) mit „G" (= Geburtstag) gekennzeichnet.

Zur Erläuterung der Symbole und Brauchtümer sind verschiedene Varianten denkbar:

* *eine farbliche Kennzeichnung der entsprechenden Begriffe auf dem Plakat,*
* *ein entsprechender Hinweis auf die (bzw. Ergänzung der) gestalteten Mitte durch die entsprechend vorbereiteten Gegenstände.*

Die Vorbereitung auf das Kommen des Gottessohnes am Ende aller Zeiten. Nach christlicher Vorstellung ist Jesus Christus nicht nur eine einmalige Persönlichkeit, die irgendwann einmal in einem fernen Winkel der Welt gelebt hat, sondern: Gottes ewiges Wort, das immer schon bei Gott war, ist in Jesus Christus zur Welt gekommen und wird am Ende aller Zeiten der ganzen Welt erscheinen. Unser irdisches Dasein und die ganze Schöpfung sind kein Zufall, kein ewiger Kreislauf des Gleichen. Unsere Lebensgeschichte und diese Weltgeschichte haben einen Anfang und ein Ende, ein Ziel: Gott, wie er sich selbst in seinem Sohn Jesus Christus offenbart. Daran erinnern uns die verschiedenen Symbole und Gebräuche.

An dieser Stelle können die entsprechenden Symbole und Brauchtümer erläutert werden. Sie sind in der Tabelle (Kop. 1) mit „E" (= Endzeit/Ewigkeit) gekennzeichnet.

Die Vorbereitung auf die *Menschwerdung Gottes in jedem Einzelnen von uns*. Das göttliche Wort ist nach christlicher Überzeugung nicht für sich selbst Mensch geworden, sondern für uns. An Weihnachten geht es auch um unsere Menschwerdung. Menschen im gottgewollten Sinn des Wortes. Wir sind das Ebenbild Gottes. In Jesus Christus können wir Orientierung für unser Leben finden, wie es gelingen kann. An seinem Leben und Wirken, an seinem Dasein für andere, seinen heilenden Taten und Worten, aber auch an seinem Vertrauen auf Gott in schlimmster Not lernen wir wahre Menschlichkeit.

An dieser Stelle können die entsprechenden Symbole und Brauchtümer erläutert werden. Sie sind in der Tabelle (Kop. 1) mit „M" (= Menschwerdung) gekennzeichnet.

Die Begleiterin leitet abschließend zu den Bausteinen im Familienbuch über:
Gewiss wären wir und vor allem auch Ihre Kinder überfordert, alle diese angesprochenen Deutungsebenen der Advents- und Weihnachtszeit in allen Einzelheiten zu bedenken. Die Tiefen unseres christlichen Glaubens lassen sich nicht an einem Elternabend und in ein paar Kindergruppenstunden ausloten. Aber wir wollen diese Advents- und Weihnachtszeit zum Anlass nehmen, die Person Jesus Christus auf unserem Kommunionweg in den Mittelpunkt zu rücken, und es dabei nicht beim süßen Christkind in der Krippe belassen, sondern mit Jesus Gottes Spuren folgen.

Familiengespräch

Die Begleiterin informiert die Eltern, welche Bausteine für das Familiengespräch zu Hause in der Zeit bis zum nächsten Elterntreffen an der Reihe sind.
Gemeinsam schlagen die Eltern im Familienbuch die betreffenden Bausteine auf und verschaffen sich unter der Anleitung der Begleiterin einen Überblick über die Themen. Hinweise auf die Gestaltung der Advents- und Weihnachtszeit finden Sie im Familienbuch, S. 166.

Abschluss

Zum Abschluss des Treffens lädt der Begleiter die Eltern ein zum gemeinsamen Singen eines (regional bekannten) Adventliedes, z.B. „Macht hoch die Tür" (GL 107), „Herr, send herab uns deinen Sohn" (GL 112), „Es kommt ein Schiff geladen" (GL 114, 1–4) o.Ä.

KOPIERVORLAGE

1 Symboltabelle

Symbol/ Brauchtum	Herkunft/Bedeutung
25. Dezember (G)	nach unkorrigiertem julianischen Kalender Tag der Wintersonnenwende, vorchristl. Feste (Julfest); seit 4. Jh. Geburt Christi; anfangs Konkurrenz zum 6. Januar
6. Januar/ Epiphanias (G)	„Tag der Erscheinung", Gott offenbart sich in dem Menschen Jesus; in den Ostkirchen ist es bis heute „Weihnachten"; in der Westkirche Bedeutungswandel zum Fest der Heiligen Drei Könige
Adventskranz (G/E)	seit 1839 – Johann Heinrich Wichern im Kinderheim Rauhes Haus in Hamburg, ursprünglich 24 Kerzen (eine große weiße für die Sonntage und kleine rote für die anderen Tage) – Aufnahme des Kreis-/Sonnenmotivs vier Kerzen: mittelalterliche Zahlenmystik: Vier als Ausdruck des Ganzen/Vollkommenen (Jahreszeiten/Himmelsrichtungen/Evangelien)
Apfel (E)	Fruchtbarkeit, Leben; Paradies (Sündenfall); Farben: rot, weiß
Barbarazweige (E)	Obstbaumzweige am 4. Dez. geschnitten und in beheizten Raum gestellt, blühen an Weihnachten biblischer Bezug: „Und es wird ein Reis hervorgehen aus dem Stamme Isais, und ein Zweig aus seiner Wurzel Frucht bringen." (Jes 11,1)
Christstollen (G)	gewickelt und weiß gepudert = Windel; das Kind in der Krippe
Drei Weise/ Könige (E)	Sternkundige; ihre königlichen Geschenke: Gold – Reichtum, Macht; Weihrauch – Opferkult; Myrrhe – Arznei (späteres Leiden Jesu?)
Engel (G)	Bote Gottes; Verkündigung an Maria und die Hirten
Geschenke (M)	zuerst nur am Nikolaustag (Nikolauslegenden); erst die Reformation verlagerte Geschenke auf Weihnachten (Konzentration auf Christus), Geschenke der drei Weisen, Wohlstand und Freude teilen
Glocke (G)	Friedensruf; Warnsignal; ruft zum Gottesdienst
Hirten (G)	die Ersten, die von der Geburt des Kindes erfahren haben
Kerzen, Lichterketten (M,E)	lebendiges Licht, Wärme; Christus, das Licht der Welt; Christus verzehrt sich wie die Kerze für uns
Ketten (M)	gefesselter Jesus; Christus befreit

Krippe (G)	erstmals erwähnt 1223; Krippenspiel geht der Legende nach auf den hl. Franz von Assisi zurück nach der Reformation: Krippe = kath./ Tannenbaum = ev.
Kugeln (E,M)	Kreisform in 3. Dimension: Vollkommenheit; wie glitzernde Edelsteine; Verbindung zum Apfel
Lametta (G)	kostbarer Schmuck (Könige); auch Engelshaar
Lebkuchen/ Pfefferkuchen (M/G/E)	Leb = Leib = Heil; gebacken mit Zutaten aus der Kräuter-Apotheke; Pfeffer = alle fremden und darum kostbaren Gewürze; Nelken = Nägel der Kreuzigung
Misteln (M)	vorchristl.: geheimnisvolles Gewächs; immergrün – Arznei und Magie (Asterix, Obelix, Miraculix!)
Nikolaus	Bischof von Myra 4. Jh.; Heiliger (6. Dez.); verschiedene Legenden
Nüsse (M)	harte Schale (Krippe) – süßer Kern (Christus); verborgener Ratschluss Gottes
Ochs – Esel – (Schaf) (M)	christl.: Beharrlichkeit – geduldiges Tragen – Opfer biblischer Bezug: „Ein Ochse kennt seinen Herrn und ein Esel die Krippe seines Herrn; aber Israel kennt's nicht, und mein Volk versteht's nicht." (Jes 1,3)
Rote Bänder (E,M)	Farbe steht für: Liebe, Freundschaft, (Königs-)Würde, Blut Christi
Spekulatius	speculator (lat.) = Aufseher, Bischof; Darstellungen aus den Nikolauslegenden (6. Dez.)
Stern (E,M)	Jahreszeiten, Kalender, Astrologie; führt die Weisen (Sterndeuter)
Stiefel (M)	Nikolaustag (Legende: arme Kinder bekommen Kleidung und sogar Schuhe; in den Schuhen stecken Spielzeug/Süßigkeiten)
Stroh(sterne) (G)	Krippe; Normalität und Einfachheit
Stutenkerle	Lebkuchenmännchen; Erinnerung an heidnische Opfer
Tannenbaum (E)	vorchristl.: Baum = Leben; Paradiesbaum; stachelige Tannen an der Tür sollten böse Geister abwehren / 1559 erster Weihnachtsbaum in Straßburg belegt; seit 200 Jahren zum Symbol dt. Weihnacht; immer-grün = ewige Treue; biblischer Bezug: „Ich will sein wie eine grünende Tanne." (Hosea 14,9)
Weihnachtsmann	säkularisierter Nikolaus, 19. Jh., Geschenkebringer, auch Christkind oder St. Claus – mit Rentier erstmals in einem Kinderbuch von 1821
Weihnachtspyramide	Krippe u. Lichterbaum in einem (Tradition aus dem Erzgebirge)

G: Geburtstag E: Endzeit M: Menschwerdung

5. Elterntreffen:
Jesus Christus - Basiswissen

Vernetzung

Jesus Christus ist das zentrale Thema auf dem Kommunionweg. Zur Vernetzung im Familienbuch:

8. Wege zu Gott
9. In Gottes Hand geschrieben
10. Mit Jesus in Kontakt
11. Reich Gottes - Schatz für uns Menschen
12. Unsere Tür zu Gott
14. Jesus lädt alle ein
15. Tun, was Jesus getan hat

Fortsetzungsgeschichte: Es ist kalt und irgendwie unheimlich, S. 88

Wesentliche Textbausteine dieses 5. Elterntreffens stammen – mit freundlicher Genehmigung der Autorin Dr. Christiane Bundschuh-Schramm – aus dem spirituellen Glaubenskurs für Erwachsene: Basics 1. Vier Abende Kontakt mit dem Christlichen.[71]

Überblick

Zeit	Element	Inhalt	Material
15′	Begrüßung und Organisatorisches	Wir klären organisatorische Fragen.	• Verlaufsplan
10′	Einstieg	Wir nehmen eindrückliche Jesus-Worte wahr.	• (Gruppen-)Kerze • Streichhölzer • mehrere Kopien von Kop. 1, S. 160f.: Jesus-Worte (ggf. vergrößern und in Streifen schneiden)

40′	Hauptteil	Wir erschließen uns Basisinformationen zu Jesus Christus.	• Stifte • Kop. 2, S. 162, Jesus Christus – Basiswissen (Teilnehmer) • Kop. 3, S. 163ff., Jesus Christus – Basiswissen (Begleiter)
15′	Familiengespräch	Wir besprechen die nächsten Bausteine für das Familiengespräch.	• Familienbuch • Verlaufsplan
10′	Abschluss	Wir halten wichtige Impulse des Treffens fest. Wir beten miteinander die Jesus-Litanei im Gotteslob.	• Stifte • Kop. 4, S. 166, Für mich persönlich • Gotteslob
15′	Alternative zum Beginn/Abschluss in einem Sakralraum	Wir lassen uns auf eindrückliche Worte Jesu ein.	• Kop. 1, S. 160f., Klang-Inszenierung von Jesus-Worten • (ggf. Klanginstrumente)
Merkposten/Notizen/Auswertung			

Begrüßung und Organisatorisches

Die Begleiterin begrüßt die Anwesenden persönlich. Die Teilnehmenden sitzen im Stuhlkreis. Die Begleiterin stellt den Zeitrahmen und geplanten Verlauf des Treffens vor (siehe: Spalte Inhalt). Anschließend werden (kurz) relevante organisatorische Fragen zur Gestaltung des Kommunionwegs besprochen.

Einstieg

Jesus-Worte

Der Begleiter zündet die (Elterngruppen-)Kerze in der Mitte an und fordert die Eltern auf, alles aus ihren Händen abzulegen, innerlich und äußerlich zur Ruhe zu kommen, und leitet zum thematischen Einstieg über:
Das Thema unseres heutigen Treffens ist Jesus Christus – Basiswissen. Um miteinander ins Gespräch zu kommen, haben wir einige markante Worte Jesu, wie sie uns in den Evangelien überliefert sind, ausgewählt und möchten Sie nun dazu einladen, sich diese in Stille anzuschauen.
Wo es möglich ist, kann im Hintergrund entsprechend geeignete Meditationsmusik laufen.
Der Begleiter lädt die Teilnehmenden ein, sich jeweils eine ausgelegte Kopie einer Schriftstelle auszuwählen, die sie in besonderer Weise anspricht, positiv oder negativ, und sich damit wieder in den Stuhlkreis zu setzen.
Wenn alle Teilnehmenden wieder im Stuhlkreis sitzen, lädt der Begleiter dazu ein, persönliche Gedanken (oder Widerstände) zur ausgewählten Stelle mitzuteilen. Dabei sollte keine Diskussion über die jeweiligen Beiträge entstehen. Kurze Verständnis-Nachfragen sind jedoch erlaubt. Jeweils abschließend fragt der Begleiter nach, ob der Teilnehmer seine Textstelle behalten oder wieder (in der Mitte) ablegen möchte. Dann erst folgt der nächste Beitrag.
Nachdem alle, die wollen, gesprochen haben, bedankt sich der Begleiter für die Gesprächsbeiträge und leitet zum Hauptteil über:
Über diese, zum Teil sperrigen Worte wollen wir später nochmals in kleinen Gruppen miteinander ins Gespräch kommen. Zunächst möchten wir Ihnen aber noch einige Basisinformationen zu Jesus mitgeben.

Hauptteil

Jesus Christus - Basiswissen

Die Begleiterin teilt jedem Teilnehmer eine Kopie „Jesus Christus – Basiswissen" (Kop. 2) aus. Anschließend referiert sie (möglichst frei) entlang der Gliederungspunkte die Worte und Taten Jesu sowie die Aspekte der nachösterlichen Bezeichnungen für Jesus (Materialvorlage, Kop. 3).
Anschließend bittet die Begleiterin die Teilnehmenden zum Austausch in Kleingruppen (4–6 Personen) anhand der Impulsfragen (Kop. 2) und bittet alle nach etwa 15 Minuten in den Stuhlkreis zurückzukommen.
Zur ungleichzeitigen Rückkehr der Teilnehmenden in den Stuhlkreis kann, wenn möglich, eine meditative Musik gespielt werden.
Wenn alle Teilnehmenden wieder ihre Plätze eingenommen haben, gibt die Beglei-

tung die Möglichkeit zu Verständnisfragen zum Impuls und aus den Kleingruppengesprächen.
Gemeinsam mit der Gruppe (!) versucht sie offene Fragen zu beantworten (und verweist ggf. auf einen theologisch ausgebildeten Ansprechpartner).
Abschließend leitet die Begleiterin zur Besprechung der Bausteine zum Familienbuch über:
Nachdem wir uns über Basisinformationen zu Jesus Christus ausgetauscht haben, schauen wir uns nun gemeinsam die entsprechenden Bausteine für das Familiengespräch im Familienbuch an: Mit Jesus Gottes Spuren suchen.

Familiengespräch

Der Begleiter informiert die Eltern, welche Bausteine für das Familiengespräch zu Hause in der Zeit bis zum nächsten Elterntreffen an der Reihe sind.
Gemeinsam schlagen die Eltern im Familienbuch die betreffenden Bausteine auf und verschaffen sich unter der Anleitung des Begleiters einen Überblick über die Themen.

Abschluss

Falls noch Zeit bleibt, lädt die Begleiterin die Teilnehmenden ein, nochmals innerlich zur Ruhe zu kommen und das heutige Elterngruppentreffen nachwirken zu lassen.
Dazu teilt sie Stifte und die Kopiervorlage (Kop. 5) aus. Hier kann es hilfreich sein, im Hintergrund entsprechend geeignete Meditationsmusik laufen zu lassen.
Abschließend betet sie gemeinsam mit den Teilnehmenden die Jesus-Litanei aus dem Gotteslob GL 765,2; der Kehrvers wird – wenn möglich – nach jedem Absatz gesungen. Alternativ kann auch ein Vaterunser mit den entsprechenden Gebärden aus dem Familienbuch, S. 86, gebetet werden.

Alternative zum Einstieg/Abschluss

Die eindrucksvolle Klang-Inszenierung von Jesus-Worten (in einem Sakralraum) wird gemäß Anleitung (siehe Kop. 1) ggf. kurz nach oder vor dem Element Begrüßung und Organisatorisches (dieses rückt dann an den Abschluss des Abends) oder nach dem Element Familiengespräch in einer Kirche/einem Sakralraum stimmungsvoll inszeniert. Dazu sollte die Begleiterin möglichst im Vorfeld die Sprech- und Klanginstrumentenrollen auf mehrere Personen (mindestens vier) verteilen.
Die Begleiterin lädt die Teilnehmenden ein, im Kirchenraum Platz zu nehmen/sich um den Altar zu versammeln. Nach einer Phase der Stille beginnt die Klanginszenierung.

KOPIERVORLAGE

1 Jesus-Worte/Klanginszenierung

Hinweise zur Klang-Inszenierung von Jesus-Worten

Die Jesus-Worte und die Klanginstrumente werden auf mehrere Personen verteilt. Jede Person steht auf, wenn sie an der Reihe ist, improvisiert jeweils ihre Sätze (ohne Stellenangabe) mit Klängen. Z.B. schlägt sie mehrere Töne auf einem Xylophon an, trägt dann den Satz Jesu vor, wiederholt anschließend die Töne, evtl. auch nochmals den Satz oder einzelne Worte aus dem Satz, gemischt mit einzelnen Tönen/Geräuschen. Dann setzt sie sich wieder hin, als Zeichen für die nächste Person, aufzustehen …

Die SprecherInnen suchen unterschiedliche Orte im Raum auf und sprechen/„musizieren" von dort aus. Die Klang-Inszenierung lebt auch von der Entschleunigung, es ist ausreichend Zeit, die einzelnen Sätze musikalisch zu verstärken, Sätze mehrmals zu hören und sie nachklingen zu lassen. Nur dann kann eine spirituelle Atmosphäre entstehen.

Die Zeit ist erfüllt, das Reich Gottes ist nahe. Kehrt um und glaubt an das Evangelium.
Markus 1,15

Selig ihr Armen, denn euch gehört das Reich Gottes.
Selig, die ihr jetzt hungert nach Gerechtigkeit, denn ihr werdet satt werden.
Selig, die ihr jetzt weint, denn ihr werdet lachen.
Aber weh euch, wenn ihr reich seid; dann habt ihr keinen Trost mehr zu erwarten.
Weh euch, die ihr jetzt satt seid, denn ihr werdet hungern.
Weh euch, die ihr jetzt lacht; denn ihr werdet klagen und weinen.
Lukas 6,20b-21.24-25

Wer von euch ohne Sünde ist, werfe als erster den Stein auf sie (die Ehebrecherin). *Johannes 8,7b*

Kommt alle zu mir, die ihr euch plagt und schwere Lasten zu tragen habt. Ich werde euch Ruhe verschaffen.
Matthäus 11,28

Geh und verkaufe deinen Besitz (...) dann komm und folge mir nach.
Matthäus 19,21

Ihr habt gehört, dass gesagt worden ist: Du sollst deinen Nächsten lieben wie dich selbst und deinen Feind hassen. Ich aber sage euch: Liebt eure Feinde und betet für die, die euch verfolgen.
Matthäus 5,43-44

Ihr habt gehört, dass zu den Alten gesagt worden ist: Du sollst nicht töten; wer aber tötet, soll dem Gericht verfallen sein. Ich aber sage euch: Jeder, der seinem Bruder auch nur zürnt, soll dem Gericht verfallen sein; und wer zu seinem Bruder sagt: Du Dummkopf, soll dem Spruch des Hohen Rates verfallen sein.
Matthäus 5,21-26

Wenn ich durch den Finger Gottes die Dämonen austreibe, dann ist das Reich Gottes schon zu euch gelangt.
Lukas 11,20

Ich bin der gute Hirte. Der gute Hirte gibt sein Leben hin für seine Schafe.
Johannes 10,11

Mein Gott, mein Gott, warum hast du mich verlassen?
Psalm 22,2

Seid gewiss: Ich bin bei euch alle Tage bis zum Ende der Welt.
Matthäus 28,20b

KOPIERVORLAGE

2 Jesus Christus - Basiswissen

Biografische Daten

Worte und Taten

1. Jesus redet unablässig vom sogenannten REICH GOTTES
2. Er betätigt sich als Wunderheiler
3. Er lebt Gemeinschaft mit Menschen am Rande der Gesellschaft
4. Er fordert eine neue Ethik, die sich an der Reich-Gottes-Botschaft ausrichtet
5. Er stirbt am Kreuz, aber das Grab, in das man ihn gelegt hat, ist nach drei Tagen leer

Große Titel - was bedeuten sie?

Christus, der Gesalbte
Sohn Gottes
Immanuel

Impulse für das Kleingruppengespräch:

Was von dem Gehörten hat mich angesprochen?
Was hat meinen Widerspruch erregt?
Was verstehe ich nicht?
(Wenn Sie diese Frage nicht in der Kleingruppe beantworten können, bringen Sie dies bitte mit ins Plenum.)

3 Jesus Christus – Basiswissen[72]
Starke Worte – wer steckt dahinter?

Von wem stammen diese „starken Worte", von denen manche wie Öl die Kehle hinunterlaufen, bei anderen bleibt einem das Wort im Halse stecken?

Biografische Daten

Zunächst biografische Daten des Jesus von Nazaret, soweit sie uns zugänglich sind:

* geboren in der Regierungszeit Herodes des Großen, der 4 v.Chr. starb, wahrscheinlich wenige Jahre vor diesem Datum
* aus Nazaret, einem unbedeutenden Dorf, im südgaliläischen Grenzbereich gelegen, in dem es aber eine Synagoge gab
* Mutter: Maria, Jüdin, wahrscheinlich aus priesterlichem Geschlecht
* Vater: Josef, aus dem Hause David, von Beruf Zimmermann
* Geschwister: Jakobus, Joses, Judas, Simon und mehrere namentlich nicht bekannte Schwestern
* Religion: Jude
* aufgewachsen in Nazaret, wo er Kindheit, Jugend und die Zeit seines nicht öffentlichen Wirkens verbrachte
* Beruf: in der Verarbeitung von Holz und Steinen tätig

Taufe durch Johannes den Täufer am Jordan
Leben als Wanderprediger und Wunderheiler in einer Gemeinschaft von Jüngern und Jüngerinnen, die er um sich sammelt, mit über 30 Jahren; etwa 1–3 Jahre lang; gestorben 30 n.Chr. in Jerusalem durch Kreuzestod

Die biografischen Daten bilden nur das Gerüst. Zum Menschen Jesus von Nazaret, zu dem, was ihn auszeichnet, führen uns seine Worte und Taten:

1. Jesus redet unablässig vom sogenannten REICH GOTTES.
Reich Gottes ist die Wirklichkeit Gottes, die in unserer Lebenswirklichkeit verborgen anwesend ist und am Ende der Zeiten unsere Lebenswirklichkeit endgültig und umfassend überschreiben wird.
Das Reich Gottes suchen heißt dann, mitten in der Welt die Spuren Gottes entdecken und aufdecken.
Andere Namen für das Reich Gottes sind Heil und Schalom.
Menschlich gesehen ist das Reich Gottes eine dauerhafte Situation der Gerechtig-

keit und des Friedens – Gerechtigkeit für den Einzelnen, dass er sich entfalten kann und werden kann, wer er ist; Gerechtigkeit im Umgang miteinander und mit den Ressourcen der Natur.
Theologisch betrachtet ist das Reich Gottes ein Raum, in dem Mensch und Gott sich finden, in dem Menschen in der Gegenwart Gottes leben und diese Gegenwart bewusst erfahren.

2. Er betätigt sich als Wunderheiler.
Damit die Botschaft vom Reich Gottes glaubhaft ist und erfahrbare Wirklichkeit wird, heilt Jesus Kranke und Besessene. Diese Heilungen zeigen, dass unsere Lebenswirklichkeit aufgebrochen werden kann auf die Wirklichkeit Gottes hin und Gott mitten in unserer Welt wirksam werden kann.

3. Er lebt Gemeinschaft mit Menschen am Rande der Gesellschaft.
Als Jünger und Jüngerinnen beruft er keine Führungskräfte, sondern Fischer und Handwerker. Nur die Frauen, die mit ihm unterwegs sind bzw. ihn auch finanziell unterstützen, stammen teilweise aus wohlhabenderen Schichten.
Jesus wird der Vorwurf gemacht, dass er sich mit Zöllnern und Sündern abgibt. Beiden Gruppen zeigt er Wege, sich von Gott ansprechen zu lassen. Doch für einen Reichen ist dies offensichtlich schwieriger, denn der Zöllner Zachäus ist der einzige Reiche im Evangelium, der umkehrt.

4. Er fordert eine neue Ethik, die sich an der Reich-Gottes-Botschaft ausrichtet.
Die Reich-Gottes-Botschaft gilt besonders den Armen, denn ihnen mangeln die Erfahrungen des Heils, des Friedens und der Gerechtigkeit. Umgekehrt sind die Reichen und Satten aufgerufen, die Ethik des Reiches Gottes zu verwirklichen. Sie sollen am Reich Gottes mitarbeiten, indem sie sich den bedürftigen Menschen hilfreich zuwenden, damit die verborgene Wirklichkeit Gottes offenbar, sichtbar und spürbar wird.

5. Er stirbt am Kreuz, aber das Grab, in das man ihn gelegt hat, ist nach drei Tagen leer.
Die Taten und Worte Jesu bringen ihn ans Kreuz. Die jüdische Oberschicht und die römische Elite Jerusalems sahen in Jesus einen politischen Unruhefaktor, der ihre eigene Macht gefährdete. Vor allem Jesu Tempelkritik und Tempelweissagung (dass er den Tempel niederreißen und in drei Tagen wieder aufbauen wird), dann auch seine kritische Haltung zum jüdischen Gesetz und die politischen Aspekte seiner Verkündigung (Reich Gottes) bewirkten den Tötungsbeschluss seiner Gegner.
Aber mit Kreuz und Grab ist nicht alles zu Ende. Es folgt die alleinige, wirkliche und souveräne Tat Gottes, die Auferweckung (Karl Barth). Ihre Bedeutung lässt sich für uns Menschen nur erahnen. Alles Reden über Jesus von Nazaret, mit dem Beinamen Christus, ist vorsichtiges Herantasten und versuchsweises Verstehen der Auferstehung bzw. Auferweckung Jesu.

Große Titel - was bedeuten sie?

Der Jesus von Nazaret, Mensch wie du und ich, ist auch der Christus (= Messias), der Sohn Gottes und der Immanuel. An den Titeln, die ihm nach Ostern gegeben wurden, lässt sich seine Bedeutung für uns Menschen damals und heute ablesen:

Christus, der Gesalbte

(Übersetzung des griechischen Christus bzw. des hebräischen Messias)
Eine messianische Gestalt ist nach alttestamentlichem Verständnis jemand, der einen vollkommen neuen Zustand der Welt über alles Bisherige hinaus (eine eschatologische Wende) einleitet, der Israel (und den Menschen) Frieden bringt und durch seine besondere Nähe zu Gott über andere Menschen hinausragt. Schon zu Lebzeiten wurden diese Messiaserwartungen an Jesus herangetragen. Nach Ostern wurde Jesus als leidender Messias verstanden. Gerade der Gekreuzigte und Auferstandene ist zum Heiland und Erlöser der Welt geworden.

Sohn Gottes

Der Titel Sohn Gottes wurzelt in der einzigartigen Gottesbeziehung Jesu, die z.B. in dem Satz des Johannes-Evangeliums „Ich und der Vater sind eins" (Joh 10,30) zum Ausdruck kommt.
Der Titel drückt aus, dass Gott selbst in Jesus Christus, in seinem Leben und Wirken, in seinem Kreuzestod und in seiner Auferweckung gehandelt hat. Mit der Person Jesus Christus zeigt Gott sich selbst – so, wie er ist. In ihm offenbart Gott seine rettende Gemeinschaft, die er dem Menschen anbietet und am Ende der Zeiten durch Jesus Christus endgültig herstellen wird.
Im Bild gesprochen: Jesus Christus ist das Buch, in dem wir über Gott lesen und sehen können. Dieses Buch ist das Geschenk Gottes an uns, es ist der Schlüssel zu unserem Heil.
In der katholischen Dogmatik (verbindliche Glaubenslehre der Kirche) ist Jesus „Teil" der göttlichen Dreieinigkeit (= Trinität) von Vater, Sohn und Heiliger Geist. Er ist als solcher wahrer Mensch (Jesus von Nazaret) und wahrer Gott (Sohn Gottes).

Immanuel

Immanuel heißt übersetzt „Gott mit uns" (vgl. Mt 1,23). Paulus formuliert es so: „Nicht mehr ich lebe, sondern Christus lebt in mir" (Gal 2,20). Der Titel Immanuel weist auf die bleibende Gegenwart Jesu Christi im Heiligen Geist: „Ich bin bei euch alle Tage bis zum Ende der Welt", so die Aussage Jesu aus der Klang-Inszenierung am Anfang.
Was bedeutet das: „Jesus Christus oder sein Geist ist gegenwärtig"? Es bedeutet, dass Gott unter uns anwesend ist, dass sich Gott bleibend mit dem Menschen verbindet, im Menschen lebt und in jedem Menschen gesucht und gefunden werden will.

KOPIERVORLAGE

4 Für mich persönlich: Wer ist Jesus für mich?

Welche Gedanken nehme ich aus diesem Elterntreffen mit

* für mich persönlich?

* für die Begleitung meines Kindes auf dem Kommunionweg?

6. Elterntreffen: Weil Versöhnung guttut

Vernetzung

Das Thema Schuld, Umkehr und Versöhnung ist im Familienbuch in folgenden Bausteinen zum Familiengespräch thematisiert:

4. Wir streiten und versöhnen uns
8. Raus aus der Sackgasse
Mit Gott neu anfangen – Umkehr und Versöhnung, S. 192

Unabhängig davon, ob der konkrete Kommunionweg einer Gemeinde das Sakrament der Versöhnung integriert oder nicht, ist die Thematik für jede Familie wichtig und trifft einen Kernpunkt menschlichen Zusammenlebens. Wo Menschen in Beziehung miteinander leben, kommt es immer wieder zu Störungen dieser Beziehungen, und Menschen bleiben sich selbst und ihren Mitmenschen manches schuldig. Auf dem Kommunionweg ist es angebracht, mit Eltern und Kindern darüber nachzudenken, wie sie miteinander versöhnt umgehen können, wenn es Streit und Probleme gibt.
Streit und Konflikt sollen dabei nicht einseitig negativ thematisiert werden. Es gilt auch, die Konfliktfähigkeit zu fördern und zu einer fairen und konstruktiven Streitkultur anzustiften. Den Eltern ist vor allem die heilende Kraft von Konfliktlösungen, Umkehr- und Versöhnungsprozessen für das eigene und familiäre Leben zu erschließen.

Überblick

Zeit	Element	Inhalt	Material
10'	Begrüßung und Organisatorisches	Wir klären organisatorische Fragen.	• Verlaufsplan
20'	Einstieg	Wir bedenken unsere persönlichen Scherbenhaufen.	• (Gruppen-)Kerze • Streichhölzer • Scherbenhaufen • Stifte • Kop. 1, S. 171, Schuldbrief

30′	Hauptteil	Wir teilen miteinander heilende Worte aus der Heiligen Schrift.	• Kop. 2, S. 172, Anleitung zum Bibel-Teilen • Kop. 3, S. 173f., Das Gleichnis vom barmherzigen Vater
20′	Familiengespräch	Wir besprechen die nächsten Bausteine für das Familiengespräch (und ggf. den Empfang des Sakraments der Versöhnung in unserer Gemeinde).	• Familienbuch • Verlaufsplan
10′	Abschluss	Wir beten und bitten Gott um Versöhnung.	• Familienbuch, S. 182 • Kop. 4, S. 175
Merkposten/Notizen/Auswertung			

Begrüßung und Organisatorisches

Der Begleiter begrüßt die Anwesenden persönlich. Die Teilnehmenden sitzen im Stuhlkreis. Er stellt den Zeitrahmen und geplanten Verlauf des Treffens vor (siehe: Spalte Inhalt). Anschließend werden (kurz) relevante organisatorische Fragen zur Gestaltung des Kommunionwegs vor Ort besprochen.

Thematischer Einstieg

Schuldbrief

Die Begleiterin zündet die (Elterngruppen-)Kerze in der Mitte an und fordert die Eltern auf, alles aus ihren Händen abzulegen und innerlich und äußerlich zur Ruhe zu kommen, und leitet zum thematischen Einstieg über:
Das Thema unseres heutigen Treffens ist Versöhnung.

* In der Mitte sehen Sie einen Scherbenhaufen. Vieles in unserem Leben will uns nicht immer gelingen.
* Wir verletzen Grenzen, verspielen Vertrauen, haben unsere Neigungen und Emotionen nicht im Griff, verbarrikadieren unsere Herzen und werden schuldig. Wir nehmen Schaden und schädigen: uns selbst, unseren Nächsten, die Gemeinschaft, in der wir leben, unsere Mit- und Umwelt.
* Bevor wir miteinander ins Gespräch über Chancen und Grenzen der Versöhnung und Wiedergutmachung kommen, nehmen wir uns einige Minuten Zeit, um persönlich darüber nachzudenken. In Stille versuchen wir, genau dahin zu schauen, was wir am liebsten verdrängen wollen: unsere Schuld.
* Erinnern Sie sich an eine Situation, in der Sie an Ihre Grenze gestoßen sind und einen anderen Menschen durch Ihr Fehlverhalten verletzt haben.
* Wir halten zwei Minuten Stille.
* Ich lade Sie nun ein, probeweise einen Schuldbrief zu schreiben.
  Er ist nur für Sie persönlich gedacht, wir werden uns nicht darüber austauschen.
  Bitte suchen Sie sich einen Ort in diesem Raum, an dem Sie sich möglichst ungestört fühlen.
* Bitte versehen Sie Ihren Schuldbrief mit Ihrem Eingeständnis, Ihrem Bedauern und Ihrer Bitte um Versöhnung. Nach 10–15 Minuten werde ich Sie bitten, wieder im Stuhlkreis Platz zu nehmen.

Die Begleiterin verteilt an alle Anwesenden Stifte und eine Kopie „Schuldbrief" (Kop. 1, S. 171).
Die Eltern machen in Stille die Einzelarbeit.

Hauptteil

Bibel-Teilen: Gleichnis vom barmherzigen Vater

Der Begleiter begrüßt die Teilnehmenden zurück im Stuhlkreis und leitet das Schriftgespräch zum Gleichnis vom barmherzigen Vater nach der Methode des Bibel-Teilens ein. Dazu werden die Kopiervorlagen (Kop. 2 und 3) an alle Teilnehmenden ausgeteilt. Die Begleiterin führt die Gruppe an den einzelnen Schritten entlang.
Achten Sie darauf, dass dieser Teil den vorgesehenen Zeitrahmen von 30 Minuten nicht überschreitet und genügend Zeit für die intensive Besprechung der Bausteine

im Familienbuch und ggf. weitere inhaltliche und organisatorische Fragen zur Spendung des Bußsakraments auf dem Kommunionweg verbleiben.
Abschließend leitet der Begleiter zur Besprechung der Bausteine zum Familiengespräch über.

Familiengespräch

Die Begleiterin informiert die Eltern, welche Bausteine für das Familiengespräch zu Hause in der Zeit bis zum nächsten Elterntreffen an der Reihe sind.
Gemeinsam schlagen die Eltern im Familienbuch die betreffenden Bausteine auf und verschaffen sich unter der Anleitung der Begleiterin einen Überblick über die Themen.

Sollte im Rahmen des Kommunionweges die Spendung des Bußsakraments vorgesehen sein, bearbeitet die Begleiterin ausführlich die entsprechenden Gestaltungsvorschläge und Hinweistexte im Familienbuch auf den S. 187ff. und ggf. die Gestaltung der entsprechenden Kindertreffen. Auch sollte an dieser Stelle genügend Zeit und eine hohe Sensibilität für inhaltliche und organisatorische Fragen zur Erstbeichte vorgesehen werden.

Abschluss

Der Begleiter lädt die Teilnehmenden ein, miteinander das Gebet aus dem Familienbuch S. 192 (Kop. 4) gemeinsam zu beten. Abschließend bittet er um Gottes Segen.

KOPIERVORLAGE

1 Mein Schuldbrief

Ich bin schuldig geworden …

Es tut mir leid, dass …

Ich bitte um Verzeihung …

KOPIERVORLAGE

2 Bibel-Teilen

Sieben Schritte für unsere gemeinsame Schriftlesung (nach der „Lumko"-Methode)

Wir besinnen uns auf die Gegenwart des Herrn.
Wir laden den Herrn ein und öffnen uns für seine Gegenwart.

Wir lesen den biblischen Text Lukas 15,11-32 vor.
Der Text wird von einem Teilnehmenden langsam gelesen. Alle anderen lesen leise mit oder hören einfach zu.

Wir verweilen beim Text.
Welches Wort ist für mich wichtig? Die Teilnehmenden wiederholen das Wort oder einen Satzteil – mit Pausen, damit das Wort „einsickern" kann. Abschließend wird der Bibeltext nochmals im Zusammenhang vorgelesen.

Wir schweigen.
Nachdem der Text nochmals vorgelesen wurde, bleiben wir zwei bis drei Minuten in der Stille, damit Gott zu uns sprechen kann.

Wir sagen einander, was uns berührt.
Es ist keine Diskussion, wir sagen einander, was uns besonders angesprochen hat.

Wir besprechen, was der Herr von uns will.
Wir fragen nach der Beziehung des Wortes Gottes zu unserem Leben (und zum Umgang mit unserem Schuldbrief).

Wir beten.
Wir schließen mit dem Gebet Jesu, dem Vaterunser. Dazu stehen wir auf.

3 Das Gleichnis vom barmherzigen Vater

11 Jesus erzählte weiter: „Ein Mann hatte zwei Söhne.
12 Der Jüngere sagte: ‚Vater, gib mir den Teil der Erbschaft, der mir zusteht!‘ Da teilte der Vater seinen Besitz unter die beiden auf.
13 Nach ein paar Tagen machte der jüngere Sohn seinen ganzen Anteil zu Geld und zog weit weg in die Fremde. Dort lebte er in Saus und Braus und verjubelte alles.
14 Als er nichts mehr hatte, brach in jenem Land eine große Hungersnot aus; da ging es ihm schlecht.
15 Er hängte sich an einen Bürger des Landes, der schickte ihn aufs Feld zum Schweinehüten.
16 Er war so hungrig, dass er auch mit dem Schweinefutter zufrieden gewesen wäre; aber er bekam nichts davon.
17 Endlich ging er in sich und sagte: ‚Mein Vater hat so viele Arbeiter, die bekommen alle mehr, als sie essen können, und ich komme hier um vor Hunger.
18 Ich will zu meinem Vater gehen und zu ihm sagen: Vater, ich bin vor Gott und vor dir schuldig geworden;
19 ich bin es nicht mehr wert, dein Sohn zu sein. Nimm mich als einen deiner Arbeiter in Dienst!‘
20 So machte er sich auf den Weg zu seinem Vater. Er war noch ein gutes Stück vom Haus entfernt, da sah ihn schon sein Vater kommen, und das Mitleid ergriff ihn. Er lief ihm entgegen, fiel ihm um den Hals und überhäufte ihn mit Küssen.
21 ‚Vater‘, sagte der Sohn, ‚ich bin vor Gott und vor dir schuldig geworden, ich bin es nicht mehr wert, dein Sohn zu sein!‘
22 Aber der Vater rief seinen Dienern zu: ‚Schnell, holt die besten Kleider für ihn, steckt ihm einen Ring an den Finger und bringt ihm Schuhe!
23 Holt das Mastkalb und schlachtet es! Wir wollen ein Fest feiern und uns freuen!

Lukas 15,11-32

24 Denn mein Sohn hier war tot, jetzt lebt er wieder. Er war verloren, jetzt
ist er wiedergefunden.' Und sie begannen zu feiern.
25 Der ältere Sohn war noch auf dem Feld. Als er zurückkam und sich dem
Haus näherte, hörte er das Singen und Tanzen.
26 Er rief einen der Diener herbei und fragte ihn, was denn da los sei.
27 Der sagte: ‚Dein Bruder ist zurückgekommen und dein Vater hat das
Mastkalb schlachten lassen, weil er ihn gesund wiederhat.'
28 Der ältere Sohn wurde zornig und wollte nicht ins Haus gehen. Da kam
der Vater heraus und redete ihm gut zu.
29 Aber der Sohn sagte zu ihm: ‚Du weißt doch: All die Jahre habe ich wie
ein Sklave für dich geschuftet, nie war ich dir ungehorsam. Was habe ich
dafür bekommen? Mir hast du nie auch nur einen Ziegenbock gegeben,
damit ich mit meinen Freunden feiern konnte.
30 Aber der da, dein Sohn, hat dein Geld mit Huren durchgebracht; und
jetzt kommt er nach Hause, da schlachtest du gleich das Mastkalb für ihn.'
31 ‚Mein Sohn', sagte der Vater, ‚du bist immer bei mir, und dir gehört alles,
was ich habe.
32 Aber jetzt mussten wir doch feiern und uns freuen! Denn dein Bruder
war tot und ist wieder am Leben. Er war verloren und ist wiedergefun-
den.'"

4 Schlussgebet

Guter Gott,
ich möchte gut sein und tun, was gut ist.
Ich möchte lieber Licht als Dunkelheit sein für andere Menschen.
Ich habe es nicht immer fertiggebracht.
Du hast mir so viel Schönes geschenkt.
Ich möchte dankbar sein.
Leider habe ich oft nur an mich selbst gedacht
und dich manchmal vergessen.
Nicht alles, was ich falsch gemacht habe,
kann ich wiedergutmachen.
Für alles, was ich falsch gemacht habe,
bitte ich dich um Vergebung.
Gib mir Kraft, zu anderen Menschen gut zu sein.
Ich will mich ändern,
einen möglichen Schritt zur Veränderung
habe ich heute aufgeschrieben ...
Guter Gott, ich danke dir.
Amen

IV In Brot und Wein mit Gott verbunden

7. Elterntreffen: Vom Fasten zum Feiern: Ostern

Vernetzung

15. Tun, was Jesus getan hat
16. Wandlung und Verwandlung unseres Lebens
    Feiern auf dem Kommunionweg, Kapitel 2.4, S. 74–76, in diesem Buch
    Berührungen mit dem Leiden, Sterben und Auferstehen Jesu, S. 168
    Fortsetzungsgeschichte: Es ist kalt und irgendwie unheimlich, S. 88

Überblick

Zeit	Element	Inhalt	Material
10′	Begrüßung und Organisatorisches	Wir klären organisatorische Fragen.	• Verlaufsplan • farbige Stofftücher gemäß Anleitung (s.u.) • Schale mit Asche
20′	Einstieg	Wir tauschen uns über Erfahrungen mit der Gestaltung der Fastenzeit aus.	• (Gruppen-)Kerze • Streichhölzer • Kop. 1, S. 181, Impulsfragen
30′	Hauptteil	Wir erfahren etwas über den biblischen Hintergrund und die liturgische Gestaltung der Kar- und Ostertage. Wir erhalten Hinweise für die Gestal-	• Palmzweig • Brot und Wein • Kreuz • (Oster-)Kerze • ggf. weitere Materialien (vgl. Spalte: Brauchtum in Kop. 2, S. 182f.

		tung der Osterwoche in unseren Familien.	• Kop. 2, S. 182f., Für die Gruppenbegleitung
15′	Familiengespräch	Wir besprechen die nächsten Bausteine für das Familiengespräch	• Familienbuch • Verlaufsplan
10′	Abschluss	Schweigen	• ggf. Klangschale
Merkposten/Notizen/Auswertung			

Die gestaltete Mitte: Eine Spirale aus farbigen Stofftüchern (von außen nach innen gemäß den liturgischen Farben der Fasten- und Osterzeit: 1x grün, 5 x violett, 1x rot, 1x weiß, 1x rot, innere Mitte: weiß). Auf dem ersten violetten Tuch steht eine Schale mit Asche.

Begrüßung und Organisatorisches

Die Begleiterin begrüßt die Anwesenden persönlich. Die Teilnehmenden sitzen im Stuhlkreis. Die Begleiterin stellt den Zeitrahmen und geplanten Verlauf des Treffens vor (siehe: Spalte Inhalt). Anschließend werden (kurz) relevante organisatorische Fragen zur Gestaltung des Kommunionwegs besprochen.

Thematischer Einstieg

Fastenzeit - Bedeutung und Familientraditionen

Der Begleiter zündet die (Elterngruppen-)Kerze in der Mitte an und fordert die Eltern auf, alles aus ihren Händen abzulegen und innerlich und äußerlich zur Ruhe zu kommen und leitet zum thematischen Einstieg über:
Das Thema unseres heutigen Gruppentreffens ist die Gestaltung der Fasten- und Osterzeit. In der Mitte haben wir mit Bedacht farbige Tücher ausgelegt.
Die Farben beziehen sich auf die verschiedenfarbigen Gewänder der Priester und Ministranten im Verlauf des Kirchenjahres.

An normalen Sonntagen im kirchlichen Jahreskreis tragen die Priester und Ministranten ein grünes Gewand – GRÜN ist die Farbe der Hoffnung und Fruchtbarkeit – in unserem christlichen Zusammenhang: die Verkündigung der frohen Botschaft des Evangeliums.

VIOLETT ist die Farbe der Buße. Sie wird im Advent und in der Fastenzeit verwendet. Auch bei Messen für Verstorbene und beim Begräbnis kann sie getragen werden.

ROT ist die Farbe der Liebe, des Feuers, des Blutes, des Lebens, der Kraft und des Geistes. Sie wird verwendet am Palmsonntag, am Karfreitag, zu Pfingsten, an den Feiern des Leidens Jesu, an Festen der Apostel und Evangelisten und an den Feiern der Märtyrer (Menschen, die für ihren Glauben gestorben sind).

WEISS ist die Farbe der Freude, der Klarheit und Reinheit. Sie wird an Festen und Gedenktagen des Herrn Jesus Christus, Mariens, der Engel und der Heiligen, die keine Märtyrer sind, an Allerheiligen (1.11.) und an weiteren hohen Festtagen getragen.

Wir befinden uns gerade in der Fastenzeit vor Ostern.
Die Fastenzeit beginnt am Aschermittwoch, der Tag stellt den Beginn des 40-tägigen Fastens dar und soll an die 40 Tage erinnern, die Jesus fastend und betend in der Wüste verbracht hat (Mt 4,2).
Die christliche Fastenzeit umfasst 46 Kalendertage und dauert bis Karsamstag, die sechs fastenfreien Sonntage werden nicht mitgerechnet.
Die Bezeichnung Aschermittwoch kommt von dem Brauch, im Gottesdienst am Aschermittwoch die Asche vom Verbrennen der Palmzweige des Vorjahres zu segnen und die Gläubigen mit einem Kreuz aus dieser Asche zu bezeichnen. „Bedenke Mensch, dass du Staub bist, und zum Staub zurückkehrst" (Gen 3,19) oder: „Bekehrt euch und glaubt an das Evangelium" (Mk 1,15).
Nach den tollen Tagen der Faschings- und Karnevalszeit ist die Fastenzeit eine Zeit der Umkehr und der Besinnung.

Der Begleiter lädt die Eltern ein, sich in Kleingruppen (3–4 Personen) 10–15 Minuten über ihre Erfahrungen mit der Gestaltung der Fastenzeit in der Familie auszutauschen (vgl. Kop. 1):

* Wie haben Sie in Ihrer Herkunftsfamilie die Fastenzeit erfahren/gelebt?
* Wie gestalten Sie heute (mit Ihrer Familie) die Fastenzeit?

Im Anschluss an den Austausch in den Kleingruppen nehmen alle wieder im Stuhlkreis Platz.

Der Begleiter beendet den thematischen Einstieg:

Wir hoffen, dass Sie im Austausch miteinander einige konkrete Anregungen für sich und Ihre Familien mitnehmen konnten.

Zur Ergänzung kann die Begleiterin an dieser Stelle auf besondere (familiengerechte) Angebote der Gemeinde/des größeren pastoralen Raumes in der Fastenzeit hinweisen.

Hauptteil

Die Kar- und Osterwoche

Ein Höhepunkt des kirchlichen Jahreskreises und eine besonders dichte und spannungsreiche Zeit ist die Zeit von Palmsonntag bis Ostermontag, die im Folgenden auf dreifache Weise erläutert wird:

* Biblischer Hintergrund (mit Vortrag einer kurzen Schriftlesung)
* Liturgische Gestaltung in der Gemeinde bzw. im größeren pastoralen Raum
* Hinweise für die Gestaltung in der Familie

Zur Veranschaulichung dient eine Auswahl österlicher Symbole (siehe Hinweise auf Kop. 2), die auf die entsprechenden farbigen Tücher gelegt werden.

Wo es möglich ist, kann der Vortrag auf mehrere Vortragende aufgeteilt werden.

Bitte informieren Sie sich im Vorfeld des Treffens über die Besonderheiten in Brauchtum/Liturgie Ihrer Gemeinde bzw. in Ihrem größeren pastoralen Raum. Ergänzen Sie dementsprechend die Tabelle (Kop. 2) und Ihren Vortrag.

Die Begleiterin gibt Raum für Rückfragen und ermutigt alle, an den Angeboten teilzunehmen, insbesondere die Gottesdienste an den Kar- und Ostertagen mitzufeiern.

Familiengespräch

Der Begleiter informiert die Eltern, welche Bausteine für das Familiengespräch zu Hause in der Zeit bis zum nächsten Elterntreffen an der Reihe sind.

Gemeinsam schlagen die Eltern im Familienbuch die betreffenden Bausteine auf und verschaffen sich unter der Anleitung der Begleiterin einen Überblick über die Themen.

Darüber hinaus verweist der Begleiter auf die entsprechenden Vertiefungen und Anregungen zur Gestaltung der Kar- und Ostertage im Familienbuch, S. 168.

Abschluss

Die Begleiterin weist nochmals auf die Fastenzeit hin und lädt dementsprechend die Eltern ein, einmal drei Minuten miteinander zur Ruhe zu kommen und zu schweigen. Abschließend bedankt sich die Begleiterin für die Teilnahme und beendet das Elterntreffen.

1 Impulsfragen

Wie haben Sie in Ihrer eigenen Familiengeschichte die Fastenzeit erfahren/gelebt?

Wie gestalten Sie heute (mit Ihrer Familie) die Fastenzeit?

KOPIERVORLAGE

2 Die Osterwoche

	Biblischer Hintergrund	**Liturgie (und Deutung)**	**Brauchtum/ Familie**
Palmsonntag Rot Symbol: „Palmzweig"	Jesus wird vom Volk als Hoffnungsträger im Sinne eines Retters und Erlösers von der römischen Besatzungsmacht gefeiert. Der Einzug Jesu auf einem Esel in Jerusalem. *Vortrag: Joh 12,12-19*	Palmprozession Lesung der ganzen Passionsgeschichte (deshalb: rot). Jesus enttäuscht die menschlichen Hoffnungen auf Erlösung und Heil durch gewaltsame Veränderung der Verhältnisse.	(Geschmückte) Palmzweige
Gründonnerstag Weiß Symbol: Brot und Wein	Jesus feiert zum letzten Mal das Abendmahl (Pessachmahl) mit seinen Jüngern (Einsetzung der Eucharistie). *Vortrag: 1 Kor 11,23-25* Nach dem Mahl geht er mit seiner Gefolgschaft zum Ölberg und betet dort. Die Jünger schlafen ein. Jesus wird von Judas an die Obrigkeit verraten – durch einen Kuss.	*Grün*donnerstag (von althochdeutsch *„greinen"* weinen) Die Kirche feiert die Zeit von Gründonnerstagabend bis zur Osternacht als einen zusammenhängenden Gottesdienst. Fußwaschung Die Orgel und Glocken verstummen in dieser Zeit. Abräumen des Altarraums. Jesus stellt sich in aller Konsequenz unter den Willen Gottes.	In vielen Gemeinden: erstmalige Kommunion der Kommunionkinder; Liturgische Nacht; Gebetsnacht; Anbetung; Gemeinsame Mahlfeier (in Anlehnung an Pessach-Mahl)

Karfreitag Rot Symbol: Kreuz	Jesus wird gedemütigt, gefoltert, gekreuzigt und begraben. *Vortrag: Mt 27,31b-55*	*Kar*freitag (von althochdeutsch *kara: Klage, Trauer, Kummer)* Verzicht auf die liturgische Eröffnung, Verlesung der *Passion*, Holzklappern, Kreuzverehrung, Große Fürbitten ... Jesus leidet stellvertretend für alles menschenbewirkte Unrecht und stirbt einen qualvollen Tod. Gottes Sohn erfährt die Gottlosigkeit und den Tod.	Fast- und Abstinenztag; Kinder- und Familienkreuzweg
Karsamstag		Stiller Samstag, keine Eucharistie-Feier, Andachten	Fasttag
Ostersonntag Weiß Symbol: Osterkerze	Jesus Christus ist auferstanden von den Toten. *Vortrag: Mt 28,1-8*	*Ostern* (von althochdeutsch *ostra:* Morgenröte) Osternachtfeier, Osterfeuer, Osterkerze, Tauftermin, Gott bestätigt Jesus Christus durch die Auferweckung als seinen Sohn. Der Tod hat nicht das letzte Wort. Wer an Christus glaubt, wird auferstehen zu ewigem Leben bei Gott.	Feiertag; regionale Osterbräuche
Ostermontag Weißes Gewand	Jesus erscheint zwei Jüngern auf dem Weg nach Emmaus und legt ihnen die Schrift aus. *Vortrag:* *Lk 24,28-35*	Eine zentrale Geschichte zum Verständnis der Eucharistie-Feier auf dem Kommunionweg.	In vielen Gemeinden Fest der feierlichen Kommunion; Emmausgang

8. Elterntreffen: Wandlung und Verwandlung unseres Lebens

Vernetzung

Das Thema Sakrament wird im Familienbuch vorwiegend unter der Perspektive des Sakramentes Eucharistie vorgestellt. Das Themenfeld Sakrament und Eucharistie ist im Familienbuch in folgenden Bausteinen zum Familiengespräch thematisiert:

13. Essen und Trinken hält uns am Leben
14. Jesus lädt an seinen Tisch
15. Tun, was Jesus getan hat
16. Wandlung und Verwandlung unseres Lebens

Fortsetzungsgeschichte: Sonntagmorgen, S. 108
Mit Paula auf Entdeckungstour, S. 132-159

Die Themen Sakrament und Eucharistie sind für jeden Kommunionweg die zentralen und wesentlichen Inhalte. Die Erschließung dessen, was es bedeutet, am Tisch Jesu gemeinsames Mahl zu halten, wird im vorliegenden Kurs durchgehend als Ziel verfolgt. Besonders die Anstiftungen zu aufmerksam gelebter Gemeinschaft, zur *Communio* (vgl. Kapitel 1.2, S. 19–24, in diesem Buch), und zu bewusster Kommunikation auch in Fragen des Glaubens sind in dieser Perspektive zu sehen.
Für die Erschließung des Verständnisses von Sakrament können die Kunstbilder im Familienbuch verwendet werden. Kunst eröffnet uns ähnlich wie Symbole eine Wirklichkeit „dahinter". Ganz besonders ist hier auf das Bild *Licht auf blauem Feld* von Andreas Felger (im Familienbuch auf S. 163) zu verweisen.
Der Text zum Fest Gründonnerstag (im Familienbuch auf S. 168) eignet sich, um die Hingabe Jesu aus einer verengten oder missverständlichen Sicht des Opfers herauszulösen.
Eucharistie kann nicht losgelöst vom alltäglichen Leben gefeiert werden. Da die tieferen Dimensionen von gemeinsamem Essen und Trinken nie vollständig über Texte oder Bilder zu vermitteln sind, sondern sich den Einzelnen im Vollzug eröffnen, ist es sinnvoll, mit den Eltern gemeinsam zu essen und zu trinken. Im Hinblick auf die Kinder und deren Verstehensmöglichkeiten von Eucharistie ist es lohnend, die Eltern anzuregen, sich für gemeinsame Mahlzeiten in der Familie entsprechend Zeit zu nehmen und hier vielleicht nach neuen Realisierungswegen zu suchen.

Überblick

Zeit	Element	Inhalt	Material
10′	Begrüßung und Organisatorisches	Wir klären organisatorische Fragen.	• Verlaufsplan
20′	Einstieg	Wir tauschen uns über persönliche Symbole aus und erfahren etwas über die Sakramente als christliche Symbolhandlungen.	• (Gruppen-)Kerze • Streichhölzer • Krug mit Wasser • Fladenbrot und Wein • eine Rose • Salbölgefäß mit Chrisam • (Ehe-)Ring • Bibel • schlichtes Kreuz
30′	Hauptteil	Wir vertiefen unser Wissen um die Herkunft und Bedeutung der Eucharistie-Feier und tauschen uns über unsere eigenen Zugänge zur Eucharistie aus.	• Papierstreifen mit den Begriffen: Lobpreis und Dank, Erinnerung, Hingabe, Mahl, Reich Gottes • Kop. 1–5, S. 191–195, jeweils mehrfach
15′	Familiengespräch	Wir besprechen die nächsten Bausteine für das Familiengespräch.	• Verlaufsplan
10′	Abschluss	Wir teilen miteinander Brot.	• Kop. 6, S. 196, Text „Ein Mensch wie Brot" • Fladenbrot • Lied: Jesus, wir danken dir, Familienbuch, S. 157
30′	Alternative zum Hauptteil	Wir erschließen uns die Emmaus-Geschichte als einen Schlüsseltext für den Kommunionweg als Familienkatechese.	• Kop. 7, S. 197, Bibel-Teilen • Kop. 8, S. 198, Die Emmaus-Geschichte
Merkposten/Notizen/Auswertung			

Wenn es möglich ist, sollten die Eltern mit der Einladung zu diesem Elterntreffen gebeten werden, einen Gegenstand mitzubringen, der ihnen persönlich wichtig ist.

Begrüßung und Organisatorisches

Der Begleiter begrüßt die Anwesenden persönlich. Die Teilnehmenden sitzen im Stuhlkreis. Er stellt den Zeitrahmen und geplanten Verlauf des Treffens vor (siehe: Spalte Inhalt). Anschließend werden (kurz) relevante organisatorische Fragen zur Gestaltung des Kommunionwegs besprochen.

Einstieg

Die Begleiterin zündet die (Elterngruppen-)Kerze in der Mitte an und fordert die Eltern auf, alles aus ihren Händen abzulegen und innerlich und äußerlich zur Ruhe zu kommen, und leitet zum thematischen Einstieg über:

Was mir wichtig ist:
Der abstrakte Begriff *Sakrament* wird im Einstieg mithilfe des Begriffs *Symbol* erläutert: *Ein Symbol weist über sich, über die fassbare Realität hinaus auf einen übergeordneten Sinn. Gleichzeitig macht das Symbol diesen Sinn in unserer Alltagsrealität greifbar und anschaulich. Dies wird im Folgenden anhand von Gegenständen erläutert, welche die Eltern immer bei sich tragen und die für sie daher eine hohe Bedeutung besitzen.*
Zu Beginn stellen die Eltern ihren mitgebrachten Gegenstand vor, der ihnen besonders viel bedeutet, und erläutern kurz, warum dieser für ihn/sie wichtig ist. Wenn jemand gerade keinen Gegenstand dabeihat, kann er vielleicht trotzdem von einem erzählen, der ihm/ihr persönlich bedeutsam ist.
Die Begleiterin erklärt, dass es sich bei den Gegenständen um persönliche Symbole handelt, und erläutert die Struktur solcher Symbole: Sie besitzen eine äußerlich-greifbare und sichtbare Realität und weisen gleichzeitig über diese hinaus auf eine geistige, nicht sichtbare Realität.
Nach dem Austausch legt die Begleiterin in Form eines Kreuzes sieben Symbole für die Sakramente der Kirche in die Mitte und erläutert sie kurz:

* Krug mit Wasser als Symbol für die Taufe
* Brot und Wein als Symbol für die Eucharistie
* Rose als Symbol für die Feier der Versöhnung
* Salbölgefäß mit Chrisam als Symbol für die Firmung
* Ring als Symbol für die Ehe
* Neues Testament als Symbol für die Priesterweihe
* Kreuz als Symbol für die Krankensalbung (sich aus der Sakristei geben lassen)

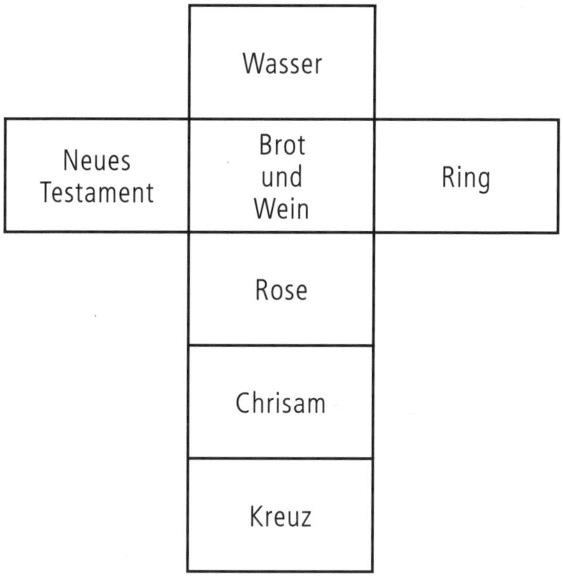

Die Begleiterin erläutert, dass die Sakramente Symbole der Gegenwart Gottes an den Knotenpunkten des Lebens sind (= biografische Situationen, in denen sich ein christgläubiger Mensch in besonderer Weise auf Gottes Beistand und Stärkung verwiesen weiß). Diese Sakramente weisen über sich hinaus auf die Geschichte Gottes mit den Menschen hin. In der Erläuterung soll deutlich werden, dass die Zahl (Sieben) der Sakramente eine geschichtlich gewachsene Einschränkung der ursprünglichen Bedeutung des Sakramentengedankens ist, der von einer Vielzahl irdischer Verweiszeichen auf die Wirklichkeit Gottes hin ausgeht.

Hauptteil

Zugänge zur Eucharistie

Das Element „Zugänge zur Eucharistie“ ist kognitiv ausgelegt und eignet sich besonders für Elterngruppen, die an einem tieferen inhaltlichen Austausch über einzelne Aspekte des Eucharistieverständnisses interessiert sind. Einen ganzheitlicheren Zugang ermöglicht die Methode Bibel-Teilen anhand der Emmaus-Geschichte (vgl. Alternative zum Hauptteil).

Der Begleiter verweist auf Brot und Wein an der Schnittstelle von Quer- und Längsachse und erläutert (möglichst frei) einführend die Ursprünge und einige Grundgedanken des Sakraments der Eucharistie:

* Die Form der Eucharistie-Feier hat eine sehr lange Tradition. Bereits die ersten Christen feierten Eucharistie in ähnlicher Weise wie wir heute.
* Das gemeinsame Mahlhalten war seit den Anfängen der Christenheit der zentrale Gottesdienst und wurde zum Erkennungszeichen der Christen überhaupt.
  Während die äußere Form dieses Mahlhaltens letztlich jüdische Wurzeln hat und sich aus Formen des Pessach-Mahles (jüdisches Fest der Erinnerung und Vergegenwärtigung des Auszugs des Volkes Israel aus Ägypten) herleitet, stehen seine Inhalte ganz und gar in Zusammenhang mit der Person Jesus Christus: Jesus Christus selbst ist Ursprung, Anlass und Inhalt dieses Mahles.
* Mahl halten war für Jesus von Nazaret ein Verweis auf das anbrechende Reich Gottes. Zu diesem ist er immer wieder mit den Menschen zusammengekommen. So ist die Mahlpraxis Jesu eine der Wurzeln für die Eucharistie-Feier (vgl. die biblischen Belegstellen in Kapitel 1.2, S. 19–24, in diesem Buch).
* Von besonderer Bedeutung ist das Abschiedsmahl Jesu mit seinen Jüngern. In den Berichten der Evangelien von diesem Letzten Abendmahl sind uns die Grundgesten dieses Mahles überliefert – das Segnen und Brechen des Brotes, das Segnen und Teilen des Weines. Auf diese Berichte stützt sich die Tradition der Eucharistie-Feier, da sich hier der Auftrag Jesu „Tut dies zu meinem Gedächtnis" findet.
  Anfangs teilten die Christen noch ungesäuertes Brot miteinander. Aus Ehrfurcht und um eine Verunreinigung des geweihten Brotes zu vermeiden, wurden im Mittelalter die Oblaten (von lat. Oblata – Opfergabe) eingeführt.
* Das griechische Wort *Eucharistia* heißt auf Deutsch Danksagung, Lobpreis. Es geht also um eine Danksagungsfeier. Dieser Dank richtet sich an Gott den Vater, den Schöpfer des Himmels und der Erde: Grund des Dankes ist das Leben, der Tod und die Auferweckung Jesu. Inhalt des Dankes ist das gute, befreiende und Leben spendende Handeln Gottes an seiner Schöpfung in Geschichte, Gegenwart und Zukunft.
  Die lebendige Gegenwart Jesu Christi in der Eucharistie-Feier vollzieht sich in der Vergegenwärtigung und im tätigen Nachvollzug seiner Mahlgemeinschaft in seinem Geist.
  Die ganze Eucharistie als Feier der Liebe, die durch den Tod hindurch zu neuem Leben befreit, ist Verweiszeichen auf das Reich Gottes, wie es Jesus verkündet hat.
* Die Eucharistie, das Gemeinschaftsmahl mit Brot und Wein, ist eine symbolische Zeichenhandlung mit vielfältigen Dimensionen, deren Durchdringung ein einzelnes Elterngruppentreffen überfordern würde. Einige wichtige theologischen Deutungen der Eucharistie fassen folgende Begriffe zusammen: Erinnerung, Lobpreis und Dank, Hingabe, Mahl, Reich Gottes.

Der Begleiter legt die entsprechend vorbereiteten Begriffe Erinnerung, Lobpreis und Dank, Hingabe, Mahl, Reich Gottes auf Papierstreifen als Strahlenkranz diagonal zu Brot und Wein („Erinnerung" als Querstreifen direkt über Brot und Wein) und lädt dazu ein, sich jeweils für einen Begriff zu entscheiden, um diesen Aspekt durch Lektüre und

Kleingruppengespräch (3–4 Personen) zu vertiefen. Zeitrahmen: 15–20 Minuten.
Die Eltern verteilen sich entsprechend ihrer Auswahl in Kleingruppen im Raum, lesen die bereitgestellten Erläuterungstexte und kommen anhand der Leitfragen miteinander ins Gespräch.
Zurück in der Runde ermutigt der Begleiter zu persönlichen Äußerungen und Fragen, die bei der Lektüre der Erläuterungstexte und im Gruppengespräch aufgekommen sind.

Familiengespräch

Die Begleiterin informiert dic Eltern, welche Bausteine für das Familiengespräch zu Hause in der Zeit bis zum nächsten Elterntreffen an der Reihe sind.
Gemeinsam schlagen die Eltern im Familienbuch die betreffenden Bausteine auf und verschaffen sich unter der Anleitung der Begleiterin einen Überblick über die Themen.
Hinweis auf die Paula-Erzählung und die CD als Hinführung und kindgerechte Erläuterung zur Mitfeier der Eucharistie.

Abschluss

Die Teilnehmenden sitzen im Stuhlkreis. Der Begleiter nimmt den Brotfladen aus der Mitte und entzündet eine Kerze.
Nach einer kurzen Phase des Schweigens leitet er zum gemeinsamen Lesen des Textes „Ein Mensch wie Brot" über (Kop. 6).
Anschließend teilt der Begleiter das Brot in zwei Hälften und gibt es nach links und nach rechts weiter. Die Eltern teilen das Brot erneut, bis jede und jeder ein Stück Brot bekommt.
Alle essen gemeinsam und in Ruhe das Brot.
Ggf. singen die Anwesenden zum Abschluss das Lied „Jesus, wir danken dir" aus dem Familienbuch, S. 157.
Der Begleiter bedankt sich für die Teilnahme und beendet das Elterntreffen.

Alternative zum Hauptteil

Bibel-Teilen: Die Emmaus-Geschichte

Die Emmaus-Geschichte gilt als eine Kerngeschichte des Neuen Testaments: Nirgends wird so deutlich die verborgene, nicht erkannte Gegenwart Jesu unter seinen Jüngern beschrieben. In keiner anderen Geschichte wird seine hilfreiche und heilende Gegenwart so eindrücklich mit dem gemeinsamen Mahl in Verbindung gebracht.

Die Jünger, die nach dem schrecklichen Karfreitag-Erlebnis völlig verstört davonlaufen wollen, erleben eine „Verwandlung" ihrer Situation – einfach dadurch, dass Jesus „da" ist und mit ihnen geht.
Die Methode Bibel-Teilen regt dazu an, die biblische Geschichte der Emmaus-Jünger auf dem Hintergrund des eigenen Lebens zu lesen. Die vorgegebenen sieben Schritte erleichtern das Gespräch und geben ihm eine klare Struktur.
Der Begleiter lädt alle ein, eine bequeme Sitzhaltung einzunehmen, und führt in die Methode des Bibel-Teilens ein.
Er teilt dazu die Anleitung „Die sieben Schritte des Bibel-Teilens" (Kop. 7) und den Bibeltext „Die Emmaus-Geschichte" (Lukas 24,13-35, Kop. 8) an die Eltern aus.
Der Begleiter moderiert „Die sieben Schritte des Bibel-Teilens" (Kop. 7), an deren Ende ein Vaterunser, ein frei formulierter Segen oder ein geeignetes Lied stehen kann.
Anschließend knüpft die Begleiterin zum Gespräch über die Familienbausteine an.

KOPIERVORLAGE

1 Lobpreis und Dank

Es ist nicht selbstverständlich, dass wir ins Leben gekommen sind, und es ist nicht selbstverständlich, dass wir leben können. Der Lobpreis bezieht sich auf den Schöpfer, von dem wir herkommen, der uns im Leben begleitet und der uns Zukunft gibt. Es ist der Lobpreis darauf, dass Gott unsere Herkunft ist. Es ist der Lobpreis darauf, dass er uns in unserem Leben in Jesus Christus nahe kommt, der mit uns das Brot bricht und den Kelch teilt. Es ist der Lobpreis auf den Geist Gottes, der auf die Gaben von Brot und Wein herabgerufen wird und der uns in unserer Lebensgeschichte begleitet.

Wir danken Gott für sein Handeln in der Geschichte mit seinem Volk, insbesondere danken wir für das Leben, Sterben und die Auferweckung seines Sohnes Jesus Christus. Wir verdanken unser Leben jemandem, denn wir haben uns nicht selbst ins Leben gebracht. Kein Mensch kann sich selbst ins Leben bringen. Von daher gesehen gehören Verdankt-Sein und Danken so intensiv und grundlegend zu unserem Leben, dass es sinnvoll ist, diesen Dank immer wieder auszusprechen und sich selbst bewusst zu werden, dass wir von Gott unbedingt erwünscht sind und hineingenommen sind in die *Communio* Gottes.

Der Dank bezieht sich aber nicht nur auf diese ganz großen und weitreichenden Dimensionen. Er schließt auch all die „Selbstverständlichkeiten“ unseres Lebens im Alltag ein. Das Geheimnis des Lebens ist, dass diese vermeintlichen Selbstverständlichkeiten Grund zur Dankbarkeit sind – etwa gesund sein, glücklich sein, zufrieden sein, Gemeinschaft und Freundschaft mit anderen Menschen, Vergebung erfahren usw.

KOPIERVORLAGE

2 Erinnerung

Die Feier der Eucharistie lebt aus der Erinnerung. Sie ruft uns die Person und das Leben Jesu von Nazaret in Erinnerung. Seine Botschaft, sein Handeln, seine Liebe bis in den Tod, seine Gottesbeziehung werden in dieser Feier verkündet. Diese Verkündigung besteht aus Worten und Zeichen. Die mit der Eucharistie-Feier verbundene Erinnerung bleibt aber nicht in der Vergangenheit stehen, sondern sie holt das Leben, den Tod und die Auferweckung Jesu Christi in die Gegenwart herein, macht sie aktuell und gegenwärtig. In einer derart dichten Erinnerung bleibt für die Menschen spürbar, dass Jesu Geist lebendig ist, dass Jesus im Geist unter den Feiernden anwesend und gegenwärtig ist. Die katholische Theologie versteht die unüberbietbare Weise der Gegenwart Jesu Christi in den Gaben von Brot und Wein als REALPRÄSENZ. Schon seit den frühesten Zeiten der Kirche haben sich die Christen zu dieser Feier versammelt. Sie versteht sich als Erfüllung dessen, was Jesus seinen Jüngern aufgetragen hat: „Tut das, damit unter euch gegenwärtig ist, was ich für euch getan habe" (nach 1. Korintherbrief 11,25).

* Was leuchtet mir unmittelbar ein?
* Mit welchen Gedanken habe ich Schwierigkeiten?
* Welche persönlichen Zugänge habe ich zur Eucharistie-Feier?

KOPIERVORLAGE

3 Hingabe

Dass Gottes Sohn sich opfern musste, damit Gott den Menschen wieder wohlgesonnen sein konnte, ist eine irreführende, verzerrte Interpretation dessen, was mit Hingabe gemeint ist. Es ist vielmehr so, dass Jesus Christus seine Botschaft vom Reich Gottes, seine Treue und Liebe zu Gott und den Menschen bis in den Tod und durch den Tod hindurch trägt und sich damit den Menschen damals wie heute aus Liebe und in Freiheit hingegeben hat. Hingabe meint also etwas grundsätzlich anderes und viel Bedeutenderes als das Wort Opfer. Jesus von Nazaret starb am Kreuz, weil Menschen seine Botschaft nicht verstehen konnten oder wollten. Gott aber hat ihn aus dem Tod gerettet und auferweckt. Dadurch besiegelte Gott seine Treue und Liebe zu seinem in Jesus Christus Mensch gewordenen Wort.
Liebe und Hingabe sind die zwei Begriffe, die das ganze Leben und Sterben Jesu, seine Botschaft und sein Handeln zusammenfassen. Die Feier der Eucharistie ruft uns diese Hingabe aus Liebe in Erinnerung, macht sie uns gegenwärtig. Gleichzeitig bewirkt sie in uns die Verwandlung, dass wir selbst zu einem Leben und Handeln aus Liebe befähigt werden. Die Erzählung von der Fußwaschung erschließt diesen Zusammenhang:
Nachdem Jesus ihnen die Füße gewaschen hatte, zog er sein Oberkleid wieder an und kehrte zu seinem Platz am Tisch zurück. „Begreift ihr, was ich eben getan habe?“, fragte er sie. „Ihr nennt mich Lehrer und Herr. Ihr habt recht, das bin ich. Ich bin euer Herr und Lehrer, und doch habe ich euch soeben die Füße gewaschen. So sollt auch ihr euch gegenseitig die Füße waschen. Ich habe euch ein Beispiel gegeben, damit auch ihr so handelt, wie ich an euch gehandelt habe.“ (Johannes 13,12-15)

* Was leuchtet mir unmittelbar ein?
* Mit welchen Gedanken habe ich Schwierigkeiten?
* Welche persönlichen Zugänge habe ich zur Eucharistie-Feier?

KOPIERVORLAGE

4 Mahl

Im gemeinsamen Mahl drückt sich bei Jesus grundlegend Gottesbeziehung aus. Nichts macht so deutlich, dass wir nicht aus uns selbst heraus leben können, wie ein gemeinsames Mahl. Wir Menschen brauchen Nahrung und Gemeinschaft, um leben zu können. Ohne Nahrung und ohne Gemeinschaft geht der Mensch ein - physisch oder psychisch. Der tiefste Grund allen Lebens ist für den Gläubigen aber der Schöpfer des Lebens selbst: Gott ist es, der Leben schenkt, ermöglicht und erhält.
Essen und Trinken halten uns am Leben - Kinder können das manchmal besser verstehen als Erwachsene, wenn sie nach ausgelassenem Spiel großen Hunger und Durst haben. Auch alte und kranke Menschen wissen um den Geschenkcharakter der Nahrungsaufnahme zur Genesung. Bei diesem gemeinsamen Essen und Trinken bleibt bei Jesus keiner draußen. Auch diejenigen, die von der Gesellschaft abgeschrieben sind, die sich von Gott und der Gemeinschaft entfernt haben, sind trotz allem eingeladen. So manches Mahl bei Jesus war ein Neuanfang für Menschen, die ohne Chance waren (vgl. Matthäus 9,9-13; Markus 2,13-17; Lukas 5,27-32).
Im Teilen des Brotes geschieht Gemeinschaft und drückt sich die Hingabe Jesu aus. Jesu Botschaft bekommt grundlegende, lebendige Bedeutung: Gott ist unter uns, das Reich Gottes ist bereits angebrochen. In der Eucharistie-Feier entsteht eine Verbindung unter Menschen, die sonst im Leben nichts miteinander zu tun haben. Dieses Mahl ist ein Symbol für die ewige Gemeinschaft mit Gott. Jede und jeder Einzelne, die/der sich vielleicht von Gott wegbewegt hat, wird wieder eingeladen in die intensive Gottesbegegnung. Diese ist Geborgenheit und Trost, Leid und Tod in einem. Sie ist letztlich aber auch die Vollendung und Überwindung von beidem.

* Was leuchtet mir unmittelbar ein?
* Mit welchen Gedanken habe ich Schwierigkeiten?
* Welche persönlichen Zugänge habe ich zur Eucharistie-Feier?

KOPIERVORLAGE

5 Reich Gottes

Charakteristisch für die Einladung Jesu zum gemeinsamen Mahl war die Offenheit gegenüber allen Menschen. Alle Menschen sind eingeladen zu seinem Mahl, auch die Ausgestoßenen und Armen, denn das gemeinsame Mahl auf Erden verweist auf das „Freudenmahl in Gottes neuer Welt“. In seiner Botschaft vom Reich Gottes, von der neuen Welt Gottes, hat Jesus ebenso das Bild von einem Fest- und Hochzeitsmahl gebraucht (Lukas 13,29;14,15-24). Dieses Bild drückt die vollkommene Gemeinschaft mit Gott aus. Es lässt die Menschen eine anfängliche Ahnung gewinnen von der Freude, dem Frieden und der Fülle des Lebens bei Gott, das unser Vorstellungsvermögen übersteigt. Dieses Bild darf allerdings nicht mit den Fantasien eines Schlaraffenlandes verwechselt werden. Gerade im Hinblick auf die Kinder ist darauf zu achten, dass diese Darstellung nicht zum Zerrbild wird. Bereits der Apostel Paulus warnt vor diesem Missverständnis: „Denn wo Gott seine Herrschaft aufrichtet, geht es nicht um Essen und Trinken, sondern um ein Leben unter der rettenden Treue Gottes und in Frieden und Freude, wie es der Heilige Geist schenkt“ (Römerbrief 14,17).
Die Eucharistie-Feier weiß sich diesem Bild des Mahles im Reiche Gottes verpflichtet. Sie hält rückblickend die Mahlfeiern Jesu lebendig und macht sie zugleich gegenwärtig. Im Blick auf die Zukunft und das Ende der Schöpfung steht sie als Garantie- und Hoffnungszeichen für die Vollendung der Schöpfung durch Gottes Handeln: Sie ist das Unterpfand dieser Erlösung.

* Was leuchtet mir unmittelbar ein?
* Mit welchen Gedanken habe ich Schwierigkeiten?
* Welche persönlichen Zugänge habe ich zur Eucharistie-Feier?

KOPIERVORLAGE

6 Ein Mensch wie Brot

Ein Mensch wie Brot
er lehrte uns die Bedeutung der Würde
des einfachen, unansehnlichen Lebens
unten am Boden
unter den armen Leuten
säte er ein
seine unbezwingbare Hoffnung
er kam nicht zu richten, sondern aufzurichten
woran ein Mensch nur immer leiden mag
er kam ihn zu heilen
wo er war
begannen Menschen freier zu atmen
Blinden gingen die Augen auf
Gedemütigte wagten zum Himmel aufzuschauen und Gott ihren Vater zu nennen
sie wurden wieder Kinder
neugeboren
er rief sie alle ins Leben
er stand dafür ein
dass keiner umsonst gelebt
keiner vergebens gerufen hat
dass keiner verschwindet namenlos
im Nirgends und Nie
dass der letzte noch
heimkehren kann als Sohn
Er wurde eine gute Nachricht im ganzen Land ein Gebet
ein Weg den man gehen
ein Licht
das man in Händen halten kann gegen das Dunkel
Ein Mensch wie Brot
das wie Hoffnung schmeckt bitter und süß
ein Wort, das sich verschenkt das sich dahin gibt wehrlos
in den tausendstimmigen Tod an dem wir alle sterben
ein Wort
dem kein Tod gewachsen ist das aufersteht und ins Leben ruft unwiderstehlich
Wahrhaftig dieser war Gottes Sohn.
Lothar Zenetti

7 Sieben Schritte für unsere gemeinsame Schriftlesung (nach der „Lumko"-Methode)

Wir besinnen uns auf die Gegenwart des Herrn.
Wir laden den Herrn ein und öffnen uns für seine Gegenwart.

Wir lesen den biblischen Text Lukas 24,13-35 vor.
Der Text wird von einem Teilnehmenden langsam gelesen. Alle anderen lesen leise mit oder hören einfach zu.

Wir verweilen beim Text.
Welches Wort ist für mich wichtig? Die Teilnehmenden wiederholen das Wort oder einen Satzteil – mit Pausen, damit das Wort „einsickern" kann. Abschließend wird der Bibeltext nochmals im Zusammenhang vorgelesen.

Wir schweigen.
Wir bleiben zwei bis drei Minuten in der Stille, damit Gott zu uns sprechen kann.

Wir sagen einander, was uns berührt.
Es ist keine Diskussion, wir sagen einander, was uns besonders angesprochen hat.

Wir besprechen, was der Herr von uns will.
Wir fragen nach der Beziehung des Wortes Gottes zu unserem Leben und bringen es in einen Zusammenhang mit der sonntäglichen Eucharistie-Feier.

Wir beten.
Wir schließen mit dem Gebet Jesu, dem Vaterunser. Dazu stehen wir auf.

KOPIERVORLAGE

8 Die Emmaus-Geschichte

Am selben Tag gingen zwei, die zu den Jüngern von Jesus gehört hatten, zum Dorf Emmaus, das zwölf Kilometer von Jerusalem entfernt lag. Unterwegs unterhielten sie sich über alles, was geschehen war.

Als sie so miteinander sprachen und alles hin und her überlegten, kam Jesus selbst hinzu und ging mit ihnen. Aber sie erkannten ihn nicht; sie waren wie mit Blindheit geschlagen.

Jesus fragte sie: „Worüber redet ihr denn so erregt unterwegs?"

Da blieben sie stehen und blickten ganz traurig drein, und der eine – er hieß Kleopas – sagte: „Du bist wohl der Einzige in Jerusalem, der nicht weiß, was dort in diesen Tagen geschehen ist?"

„Was denn?", fragte Jesus.

„Das mit Jesus von Nazaret", sagten sie. „Er war ein Prophet; in Worten und Taten hat er vor Gott und dem ganzen Volk seine Macht erwiesen. Unsere führenden Priester und die anderen Ratsmitglieder haben ihn zum Tod verurteilt und ihn ans Kreuz nageln lassen. Und wir hatten doch gehofft, er sei der erwartete Retter, der Israel befreien soll!

Aber zu alledem ist heute schon der dritte Tag, seitdem dies geschehen ist! Und dann haben uns auch noch einige Frauen, die zu uns gehören, in Schrecken versetzt. Sie waren heute früh zu seinem Grab gegangen und fanden seinen Leichnam nicht mehr dort. Sie kamen zurück und erzählten, sie hätten Engel gesehen, die hätten ihnen gesagt, dass er lebt.

Einige von uns sind gleich zum Grab gelaufen und haben alles so gefunden, wie es die Frauen erzählten. Nur ihn selbst sahen sie nicht."

Da sagte Jesus zu ihnen: „Was seid ihr doch schwer von Begriff! Warum rafft ihr euch nicht endlich auf zu glauben, was die Propheten gesagt haben? Musste der versprochene Retter nicht dies alles erleiden und auf diesem Weg zu seiner Herrschaft gelangen?"

Und Jesus erklärte ihnen die Worte, die sich auf ihn bezogen, von den Büchern Moses und der Propheten angefangen durch die ganzen heiligen Schriften.

Inzwischen waren sie in die Nähe von Emmaus gekommen. Jesus tat so, als wolle er weitergehen. Aber sie ließen es nicht zu und sagten: „Bleib doch bei uns! Es geht schon auf den Abend zu, gleich wird es dunkel!“ Da folgte er ihrer Einladung und blieb bei ihnen.

Als er dann mit ihnen zu Tisch saß, nahm er das Brot, sprach das Segensgebet darüber, brach es in Stücke und gab es ihnen. Da gingen ihnen die Augen auf und sie erkannten ihn. Aber im selben Augenblick verschwand er vor ihnen.

Sie sagten zueinander: „Brannte es nicht wie ein Feuer in unseren Herzen, als er unterwegs mit uns sprach und uns den Sinn der heiligen Schriften aufschloss?“

Und sie machten sich sofort auf den Rückweg nach Jerusalem.

Als sie dort ankamen, waren die Elf mit allen übrigen versammelt und riefen ihnen zu: „Der Herr ist wirklich auferweckt worden! Er hat sich Simon gezeigt!“

Da erzählten sie ihnen, was sie selbst unterwegs erlebt hatten und wie sie den Herrn erkannten, als er das Brot brach und an sie austeilte.

Lukas 24,13-35

V Miteinander Kirche sein

9. Elterntreffen: Gott mit neuen Augen sehen - Wege in die Zukunft

Vernetzung

Das Thema Kirche als christliche Gemeinschaft ist eine Dimension, die den gesamten Kommunionweg durchdringt. Explizit wird dies im Familienbuch in folgenden Bausteinen zum Familiengespräch thematisiert:

> 19. Gemeinde - Miteinander weitergehen
> 20. Katholisch - in der ganzen Welt zu Hause
> Fortsetzungsgeschichte: Sonntagmorgen, S. 108, und Der letzte Abend, S. 128

Christliche Gemeinschaft und Christ-Sein sind etwas Konkretes und nichts Abstraktes. Die Feier der ersten Kommunion soll nicht zugleich die letzte sein. Die Gruppe kann sich Möglichkeiten überlegen und die Dimensionen ausloten, wie es für Eltern und Kinder in der Gemeinde weitergehen kann: Sie können sich als neue Gruppen innerhalb der Gemeinde finden oder sich jeweils in bereits bestehende Gruppen von Erwachsenen bzw. Kindern einklinken. Die Handlungsanregung im Familienbuch auf S. 120 gibt Impulse für diese Überlegungen zwischen Eltern und Kindern. Diese Gedanken auch innerhalb des Elterntreffens zu thematisieren, kann Eltern helfen, den Kindern die Teilnahme an einer weiterführenden Gruppe zu ermöglichen.
Sie können die Eltern auf die Gebetsanregungen im Familienbuch auf S. 176–181 hinweisen, da das persönliche oder gemeinsame Gebet eine mögliche Weiterführung des Kommunionweges ist.
Auch den Texten zu Pfingsten (im Familienbuch auf S. 170–171) und Fronleichnam (im Familienbuch auf S. 173) lassen sich Gedanken für einen Schlussimpuls entnehmen.
Zum Einstieg oder Abschluss des Elterntreffens können Sie ebenso das Lied „Gesegnet und beschenkt“ auf S. 159 im Familienbuch (CD Track 13) verwenden.

Überblick

Zeit	Element	Inhalt	Material
10′	Begrüßung und Organisatorisches	Wir klären organisatorische Fragen.	• Verlaufsplan
20′	Einstieg	Wir halten Rückschau auf den gemeinsamen Weg.	• (Gruppen-)Kerze • Streichhölzer • Symbole/Symbolkarten wie beim ersten Elterntreffen (S. 113) • Kop. 1, S. 205ff., Auswertungsbogen (Alternative Auswertungsbögen auf www.koesel.de/gemeinde) • Stifte
30′	Hauptteil	Wir erschließen uns die Grundfunktionen der kirchlichen Glaubensgemeinschaft.	• vier Papierstreifen (Diakonia, Liturgia, Martyria, Koinonia), Seil, Kop. 2, S. 209, • vorbereitete Übersicht/Karteikarten mit Unterstützungsangeboten und Betätigungsfeldern für Erwachsene mit Kindern in der Erziehungsphase, gegliedert nach den vier kirchlichen Grundvollzügen.
10′	Familiengespräch	Wir besprechen die nächsten Bausteine für das Familiengespräch.	• Familienbuch • Verlaufsplan

10'	Abschluss	Wir verabschieden uns.	• Lied: Gesegnet und beschenkt, Familienbuch, S. 159
20'–30'	Alternative zum Einstieg, Hauptteil oder Abschluss	Eine Kirchenraumerfahrung	• (Kindergruppen-)Kerzen • (Elterngruppen-)Kerze • Streichhölzer
Merkposten/Notizen/Auswertung			

Begrüßung und Organisatorisches

Der Begleiter begrüßt die Anwesenden persönlich. Die Teilnehmenden sitzen im Stuhlkreis. Der Begleiter stellt den Zeitrahmen und geplanten Verlauf des Treffens vor (siehe: Spalte Inhalt). Anschließend werden (kurz) relevante organisatorische Fragen zur Gestaltung des Kommunionwegs besprochen.

Thematischer Einstieg

Die Begleiterin zündet die (Elterngruppen-)Kerze in der Mitte an und fordert die Eltern auf, alles aus ihren Händen abzulegen, innerlich und äußerlich zur Ruhe zu kommen und leitet zum thematischen Einstieg über:
Die Begleiterin führt ein: „Wir schauen zurück auf die Stationen und Themen des Kommunionweges", und legt für die zurückliegenden Treffen in den verschiedenen Gemeinschaften und Feiern auf dem Kommunionweg entsprechende Symbole oder Symbolkarten auf den Weg.
Zu jedem Symbol sagt die Begleiterin ein paar kurze Sätze und erinnert an die Kernstücke des zurückliegenden Kommunionwegs als Familienkatechese. Dazwischen sind immer kurze Phasen der Stille, damit die Teilnehmenden Zeit finden, ihren eigenen Gedanken und Erinnerungen nachzugehen.
Es folgt eine Phase der Stille.

Alle füllen den Auswertungsbogen zum Kommunionweg aus (Kop. 1, Zeit ca. 10 Minuten). *Eltern, die nicht an diesem Treffen teilnehmen (können), erhalten den Bogen mit der Bitte, ihn persönlich oder postalisch nachzureichen.*
Anschließend lädt die Begleiterin die Eltern ein, kurz über die persönlichen und familienbezogen bedeutsamsten Erfahrungen auf dem Kommunionweg zu berichten.
Nach der Austauschrunde leitet die Begleiterin zum Hauptteil über:
Kommunion bedeutet Beziehungsgemeinschaft. Der dreieine Gott ist in sich Beziehungsgemeinschaft. Die Gemeinschaft der Glaubenden ist die Kirche. In der Kommunion berührt uns Gott selbst und wir erfahren mit allen Sinnen, was wir sind: Leib Christi.

Hauptteil

Der Begleiter liest und erläutert die vier Grundfunktionen der Kirche (Kop. 2).

* Welchem kirchlichen Grundvollzug fühlen Sie sich aufgrund Ihrer persönlichen Talente und Begabungen am nächsten, wozu haben Sie (noch) keinen Zugang gefunden?
* Die Gemeinde ggf. auch die größere pastorale Einheit bietet eine Vielfalt an Beteiligungsformen und Unterstützungsangeboten in allen vier Bereichen der kirchlichen Grundvollzüge.

Die Begleiterin erläutert kurz mögliche Betätigungsfelder, aber auch Unterstützungsangebote für Erwachsene und Kinder in der Erziehungsphase, indem sie sie den entsprechenden kirchlichen Grundvollzügen zuordnet. Es geht darum, den Eltern konkrete Möglichkeiten anzubieten, mit der Gemeinde und untereinander in Kontakt zu bleiben.
In größeren (anonymeren) Gemeinden kann es sinnvoll sein, eine entsprechende Übersicht mit Kontaktadressen vorzubereiten, mit der Möglichkeit, auf einem Rücklaufbogen Namen, Telefonnummer oder E-Mail-Adresse anzugeben.

Familiengespräch

Die Begleiterin informiert die Eltern, welche Bausteine für das Familiengespräch zu Hause an der Reihe sind. Gemeinsam schlagen die Eltern im Familienbuch die betreffenden Bausteine auf und verschaffen sich unter der Anleitung der Begleiterin einen Überblick über die Themen.

Abschluss

Zum Abschluss singen wir miteinander das Segenslied aus dem Familienbuch: „Gesegnet und beschenkt" (S. 159). Der Begleiter verabschiedet sich persönlich von den einzelnen Anwesenden.

Alternative zum Einstieg/Abschluss

Kirchenraumerfahrung

Die Begleiterin trifft die Eltern vor der Kirche, geht gemeinsam mit ihnen hinein und führt die Gruppe (in Stille) durch das gedimmt beleuchtete Kirchenschiff in den Altarraum (Kreuzzeichen am Weihwasserbecken; Kniebeuge vor dem Tabernakel) zum Altar. Auf dem Altar stehen eine (oder mehrere) brennende Kindergruppenkerze(n), die (Elterngruppen-)Kerze und ein Kommuniongefäß mit nicht konsekrierten Hostien. Die Begleiterin versammelt die Anwesenden im Kreis um den Altar und leitet ruhig zu einer Verortung im Kirchenraum an:

Am Kommuniontag standen Ihre Kinder hier vorne am Altar.
Auf dem Kommunionweg haben Sie Gott mit neuen Augen sehen gelernt und sich auf die Berührung durch Gott im heiligen Brot vorbereitet.
In der Kommunion berührt uns Gott selbst und wir erfahren mit allen Sinnen, was wir sind: Leib Christi.
Sie haben Ihre Kinder nach Kräften auf diesem Kommunionweg begleitet, im Familiengespräch zu Hause, in dieser Elterngruppe, bei den Feiern und Festen auf dem Kommunionweg.
Ich lade Sie nun ein, sich selbst in diesem Kirchenraum zu verorten:
Jesus Christus in den Gaben von Brot und Wein bildet die Mitte der Gemeinschaft der Glaubenden.
Am Kommunionfeiertag sind Ihre Kinder ihm ganz nahe gekommen.
Suchen Sie sich nun bitte einen Ort im Kirchenraum, an dem Sie sich wohlfühlen.
Lassen Sie sich dabei genügend Zeit und probieren Sie verschiedene Positionen aus, bis Sie das Gefühl haben, am richtigen Ort zu sein.
Verweilen Sie dort einige Minuten in der Stille und Betrachtung.
Kehren Sie dann bitte auf mein Zeichen wieder in den Altarraum zurück.

Nachdem alle Teilnehmenden ihren Ort gefunden haben, bewahrt die Begleiterin noch etwa zwei Minuten Stille und lädt die Teilnehmenden anschließend zurück zum Altarraum ein.
Sobald sich alle wieder um den Altar eingefunden haben, ermutigt die Begleiterin die Eltern, (kurz) über ihre Verortung, ihren eingenommenen Platz/Ort zu berichten:
Warum hat es Sie an diesen Ort gezogen? Fühlten Sie sich dort wohl? Worauf war ihr Blick gerichtet, welche Gedanken gingen Ihnen durch den Kopf?
Zum Abschluss der Austauschrunde betet die Gruppe gemeinsam das Vaterunser, ggf. kann auch das Glaubensbekenntnis miteinander gesprochen werden (GL 2.5).

1 Fragebogen zum Kommunionweg

Liebe Eltern der Kommunionkinder,

das Leitungsteam für den Kommunionweg ist an Ihrer Meinung interessiert, denn wir wollen unser Konzept, soweit möglich und nötig, mit Ihrer Hilfe verbessern.
Wir bitten Sie deshalb, diesen Fragebogen auszufüllen. Bitte geben Sie Ihren Namen nicht an, der Fragebogen ist anonym. Die Ergebnisse des Fragebogens werden wir Ihnen mitteilen.
Bei den Fragen können Sie entweder ankreuzen oder auf einer Skala wählen, zwischen „ja, sehr" bis „gar nicht".

Für Ihre Mühe und Mitarbeit bedanken wir uns herzlich,
Ihr katechetisches Leitungsteam

Familiengespräch und Familienbuch

Mit dem Familienbuch konnte ich zu Hause mit meinem Kind ein Gespräch zum jeweiligen Thema führen:

❒ häufig
❒ selten
❒ so gut wie nie

Das Gespräch auf dem Kommunionweg mit meinem Kind anhand des Familienbuchs war für mich/uns ...

	ja, sehr	eher ja	eher nicht	gar nicht
... eine Bereicherung für unser Familienleben.				
... eine inhaltliche Vertiefung unseres Glaubenswissens.				

... eine geistliche Vertiefung unseres Glaubens.				
... ein sinnvolles und berechtigtes Anliegen auf dem Vorbereitungsweg zur Kommunion.				
... eine familiäre Überforderung.				
... eine thematische Überforderung.				
Folgende Unterstützung hätte ich mir gewünscht:				

Kindertreffen

Ich denke, die Kindertreffen waren für mein Kind ...

	ja, sehr	eher ja	eher nicht	gar nicht
... eine sinnvolle Vorbereitung auf die feierliche Erstkommunion.				
... eine inhaltliche Vertiefung seines Glaubenswissens.				
... eine Hilfe zur Vertiefung seiner Beziehung zu Jesus Christus.				
... eine Hilfe zur Vertiefung seiner Beziehung zu Gott.				

... eine positive Gemeinschaftserfahrung.				
... eine Überforderung.				
Raum für Dank/Anregungen/Kritik:				

Elterntreffen

An den Elterntreffen habe ich teilgenommen:
- ❐ immer
- ❐ oft
- ❐ selten
- ❐ nie

Gründe für meine Nichtteilnahme waren (Mehrfachnennungen möglich):
- ❐ Das jeweilige Thema war nicht interessant
- ❐ Krankheit
- ❐ Fehlende Kinderbetreuung zu Hause
- ❐ Terminüberschneidungen
- ❐ Kein Interesse an religiösen Fragen
- ❐ „Glaube ist Privatsache!"

Sonstiges:

Die Elterntreffen waren aus meiner Sicht ...

	ja, sehr	eher ja	eher nicht	gar nicht
... eine sinnvolle Unterstützung, mit meinem Kind über religiöse Themen zu sprechen.				
... anregend für meine persönliche Auseinandersetzung mit dem Glauben.				

... eine Vertiefung meines Glaubenswissens.				
... eine positive Gemeinschaftserfahrung.				
... förderlich für das Gespräch und den Austausch mit anderen Teilnehmern.				
... einladend und Interessant gestaltet.				
... gut vorbereitet und organisiert.				
... eine Überforderung.				
Raum für Dank, Anregungen, Kritik				

Weitere Anregungen und Kritik zum Kommunionweg als Familienkatechese, die ich noch mitteilen möchte:

Vielen Dank!

2 Grundvollzüge der Kirche

Legt also alle Bosheit ab, alle Falschheit und Heuchelei, allen Neid und alle Verleumdung. Verlangt, gleichsam als neugeborene Kinder, nach der unverfälschten, geistigen Milch, damit ihr durch sie heranwachst und das Heil erlangt. Denn ihr habt erfahren, wie gütig der Herr ist. Kommt zu ihm, dem verworfenen Stein, der von den Menschen verworfen, aber von Gott auserwählt und geehrt wurde. Lasst euch als lebendige Steine zu einem geistigen Haus auferbauen, zu einer heiligen Priesterschaft, um durch Jesus Christus geistige Opfer darzubringen, die Gott gefallen.
1 Petrus 2,1-6.9

Es gibt viele Möglichkeiten, uns als lebendige Steine zu einem geistigen Haus auferbauen zu lassen. Nicht jeder Baustein hat dieselbe Funktion, aber dieselbe Würde. Wie aber soll dieses geistige Haus aussehen? Was gibt ihm Strahlkraft und Stabilität?
Im Verlauf der Geschichte der Kirche entwickelten sich vier entscheidende Grundvollzüge und Wesensmerkmale christlicher Gemeinschaft:

Liturgia: Gottesdienst feiern, gemeinsames Gebet, insbesondere Eucharistie
Diakonia: Fürsorge und uneigennütziger Dienst am Nächsten
Martyria: Glaubenszeugnis in Taten und Worten, Verkündigung des Evangeliums
Koinonia: Gemeinschaft durch Teilnahme; christliche Gemeinschaft leben

10. Elterntreffen: Wir gestalten Gottesdienst

Beim *Kommunionweg als Familienkatechese* bereiten oft die Elterngruppen die Liturgie für die Feier der Kommunion im Zusammenspiel mit den Kindergruppen vor. Alternativ dazu können Sie auch einen Familiengottesdienst im Anschluss an den Kommunionweg vorbereiten, z.B. im Rahmen des Mini-Dienst- oder Versöhnungsweges (vgl. S. 97–98, in diesem Buch). Folgende Hinweise können hilfreich sein, wie die Eltern die Vorbereitung angehen können:

Eltern und Kinder als Träger der Liturgie

In einem ersten Schritt sollen sich die Eltern klar darüber werden, welches Thema ihre Kommunionfeier/ihr gemeinsam gestalteter Familiengottesdienst haben soll und welches Evangelium dem Gottesdienst zugrunde liegen soll. Deshalb ist es sinnvoll, mit den Eltern am Beginn des Abends eine Rückschau auf den bisher zurückgelegten Kommunionweg zu halten. In diesem Innehalten und Vergewissern der Themen kann gemeinschaftlich eine Einigung auf einen Aspekt des Kommunionweges, der besonders wichtig geworden ist, erfolgen.

Der gemeinsam gefundene Leitgedanke kann mittels eines Symbols sinnenhaft zum Ausdruck gebracht werden. Das Symbol und das passend zum Thema ausgesuchte Evangelium bilden den inneren Kern der gesamten Gottesdienstvorbereitung. Die Liedauswahl, die Formulierung von Gebeten und alle anderen Überlegungen zur Gestaltung der Liturgie orientieren sich an diesem Kern.

Eine wichtige Überlegung ist, dass und wie die Kinder ihre Anliegen, Wünsche und Vorstellungen in der Liturgie wiederfinden. Die Liturgie der Kommunionfeier/eines gemeinsamen Familiengottesdienstes sollte in allen Teilen kindgerecht und familienbezogen sein, ohne dabei aus den Augen zu verlieren, dass es der Gottesdienst der Gemeinde ist. Dies wird sich z.B. auf die Liedauswahl und die musikalische Gestaltung auswirken, die vielen gerecht werden sollte.

Vernetzung

Das Thema Gottesdienst ist im Familienbuch in folgenden Bausteinen zum Familiengespräch thematisiert:

17. Gott loben und danken
18. Ein Tag wie kein anderer

Fortsetzungsgeschichte: Sonntagmorgen, S. 108
Mit Paula auf Entdeckungstour, S. 132–159 und CD
Gebete, S. 176ff.

Das Vorbereiten der Liturgie für die Kommunionfeier/eines gemeinsamen Familiengottesdienstes ist beim *Kommunionweg als Familienkatechese* ein gemeinschaftliches Anliegen und findet in den Gruppen der Eltern und der Kinder statt.
Im Familienbuch auf den S. 132–159 sowie in der dem Familienbuch beiliegenden CD wird ganz konkret der Aufbau der Eucharistie-Feier erschlossen. Mit den Eltern können Sie diese Bausteine besprechen, sodass sich die Eltern über den Verlauf der Feier vergewissern.
Für den Einstieg zur Gottesdienstvorbereitung eignet sich auch das Bild von Sieger Köder „Werke der Barmherzigkeit" (Mt 25), im Familienbuch auf S. 198, zur gemeinsamen Betrachtung mit den Eltern. Dieses Bild verdeutlicht, wie eng Gottes-Dienst und Nächsten-Dienst nach christlichem Verständnis aufeinander bezogen sind und dass Gottesdienst nicht losgelöst von der Lebensrealität gefeiert werden kann.
Ausgehend von diesem Bild kann das unbedingt zu führende Gespräch folgen, wie die Gemeinde am Kommunionfeiertag konkret mit der Situation von geschiedenen und von wiederverheirateten geschiedenen Elternteilen sowie von konfessionsverbindenden Familien umgehen will.
Da nicht wenige Erwachsene mit dem Eucharistieverständnis Schwierigkeiten haben, z.B. mit Themen wie Wandlung, Opfer usw., ist es hilfreich, die Texte zu den Festen Gründonnerstag, Karfreitag und Ostern (im Familienbuch auf den S. 168–169) in der Vorbereitung auf das Elterntreffen zu lesen. Den Eltern können diese Texte zur Lektüre sehr empfohlen werden, da sie geeignet sind, theologische Missverständnisse zu korrigieren. Um die Liturgie der Eucharistie feiern zu können, ist es notwendig, dass die Eltern ihre Kinder mit den stets wiederkehrenden Gebeten dieser Feier vertraut machen. Die Eltern finden im Familienbuch auf den S. 176ff. die Gebete zur Liturgie eigens aufgeführt.
Es ist sinnvoll, dass die Begleiterin und die Eltern in einem offenen und gegenseitig wohlwollenden Gespräch mit dem Priester abklären, welche Erwartungen an die Liturgie und welche Ideen zu ihrer Gestaltung auf den verschiedenen Seiten da sind, um unnötige Konflikte oder gegenläufige Vorbereitungen zu vermeiden. Es bietet sich an, den Priester und die Begleiter der Kindergruppen zu diesem Elterntreffen einzuladen. Sollten die Letztgenannten verhindert sein, so ist zumindest in Erfahrung zu bringen, welche Wünsche seitens der Kindergruppen für die Gestaltung des Gottesdienstes bestehen.

Überblick

Zeit	Element	Inhalt	Material
10′	Begrüßung und Organisatorisches	Wir klären organisatorische Fragen.	• Verlaufsplan
15′	Einstieg	Wir blicken zurück auf unseren Weg.	• 4–5 braune Tücher oder mehrere Seile • bisherige Themen als Symbole oder auf DIN-A4-Karton • pro Person ein Kärtchen, Stifte, Meditationsmusik, CD-Player • helles rundes Tuch • Glaskrug mit Wein • Teller mit Brot(scheibe)
45′	Hauptteil	Wir bereiten unseren Kommunion-/Familiengottesdienst vor.	• Familienbuch • Material nach Bedarf
10′	Familiengespräch	Wir besprechen die nächsten Bausteine für das Familiengespräch.	• Familienbuch
10′	Abschluss		

Merkposten/Notizen/Auswertung

Begrüßung und Organisatorisches

Die Begleiterin begrüßt die Anwesenden persönlich. Die Teilnehmenden sitzen im Stuhlkreis. Die Begleiterin stellt den Zeitrahmen und geplanten Verlauf des Treffens vor (siehe: Spalte Inhalt). Anschließend werden (kurz) relevante organisatorische Fragen zur Gestaltung des Kommunionwegs besprochen.

Einstieg

Wir blicken zurück auf unseren Weg

Die Gruppe blickt zum Einstieg in die Vorbereitung ihres Gottesdienstes zurück auf den bisher gegangenen Kommunionweg. Dieses bewusste Innehalten und Zurückblicken hilft der/dem Einzelnen und der Gruppe, sich zu vergewissern, was sich von den vielen Themen, Symbolen, Impulsen als wichtig und relevant erwiesen hat. Anliegen ist, die Vorbereitung eines für jede und jeden ansprechenden Gottesdienstes einzuleiten, der vielfältige Erfahrungsmöglichkeiten bietet und in dessen Thema und Gestaltung sich möglichst alle wiederfinden.

Alle sitzen im großen Kreis; die Mitte ist noch leer.
Der Begleiter legt mit Seilen oder braunen Tüchern einen leicht gewundenen Weg und beginnt mit dem Rückblick: „Wir schauen zurück auf die Stationen und Themen des Kommunionweges."
Er legt für jedes zurückliegende Treffen mit den Eltern ein Symbol auf den Weg. Statt der Symbole können auch vorbereitete DIN-A4-Kartons mit entsprechenden Stichwörtern verwendet werden. Zu jedem Symbol sagt die Begleiterin ein paar kurze Sätze und erinnert an die Kernstücke des jeweiligen Treffens: Thema, biblischer Bezug usw. Dazwischen sind immer kurze Pausen, damit die Eltern Zeit finden, ihren eigenen Gedanken und Erinnerungen nachzugehen.
Es folgt eine Phase der Stille.
Die Eltern entscheiden sich für ein Symbol, Bild oder Wort, das ihnen auf dem Kommunionweg persönlich bedeutsam geworden ist, und schreiben dies auf ein Kärtchen.
Zur besseren Konzentration kann im Hintergrund ruhige Musik gespielt werden.
Die Eltern stellen reihum ihre Wahl vor und legen ihr Kärtchen entsprechend auf den Weg.
An das Ende des Weges legt die Gruppenleiterin ein helles, rundes Tuch, stellt darauf einen Glaskrug mit Wein und einen Teller mit ein paar Scheiben Brot, und beendet die Rückschau ggf. mit dem Hinweis, dass der Kommunionweg zur Feier der Kommunion führt/geführt hat, an den Tisch des Herrn, zum Mahl in den Zeichen von Brot und Wein.

Hauptteil

Wir bereiten unseren Kommuniongottesdienst/ Familiengottesdienst vor

Die Gruppe entscheidet sich zunächst gemeinsam für ein Evangelium für den Kommuniongottesdienst/Familiengottesdienst. Das Evangelium ist das Herzstück des Gottesdienstes, und alle Vorbereitungen des Gottesdienstes hängen von der Wahl des Evangeliums ab. Für die Auswahl des Evangeliums können folgende Überlegungen weiterhelfen:

* Welches Evangelium kristallisiert sich bei den Eltern als besonders bedeutsam heraus?
* Welches Evangelium war für die Kindergruppe besonders wichtig?
* Welches Evangelium schlägt die kirchliche Leseordnung für den Sonntag am betreffenden Termin der Kommunionfeier/des Familiengottesdienstes vor?

Dazu werden Vorschläge gesammelt. Wenn alle Vorschläge vorliegen, kann diskutiert werden. Dabei ist zu beachten:

* Jeder Vorschlag ist wichtig und ernst zu nehmen.
* Das Evangelium/das Thema des Gottesdienstes muss auf breiter Basis konsensfähig sein.
* Die Runde schenkt der Kindergruppenbegleitung besonderes Gehör: Welche Themen und Symbole waren den Kindern besonders wichtig? Was ist besonderes Anliegen der Begleiter? Wo treffen sich die Anliegen der Eltern und Kinder?

Bei der Wahl des Evangeliums kann es hilfreich sein, wenn die Begleiterin die Evangeliumsstellen bzw. den jeweiligen Kernsatz der betreffenden Evangeliumsstelle auf DIN-A4-Karten visualisiert.
Um sich mit den Eltern gegebenenfalls einen Überblick über den Aufbau der Eucharistie-Feier zu verschaffen, kann die Begleiterin mit den Eltern die S. 132–159 des Familienbuches über den Aufbau der Eucharistie-Feier durchsprechen.

Welche Teile des Gottesdienstes können Eltern und Kinder gestalten?
Die Eltern steigen in konkrete Überlegungen ein, welche Teile des Gottesdienstes sie wie gestalten wollen. Im Folgenden sind einige Impulse gesammelt, die zur Gestaltung des Kommuniongottesdienstes/Familiengottesdienstes anregen.

Kyrie-Rufe/Bußakt
Am Beginn des Gottesdienstes werden die Lebenssituationen der Kinder und Eltern sowie der ganzen Gemeinde vor Gott gebracht. Die Gedanken der Kinder sollten von Kindern vorgelesen werden, die Anliegen der Erwachsenen von den Eltern. Der Bußakt insgesamt oder die einzelnen Gedanken der Kyrie-Rufe können mit einem Symbol verbunden werden.

Lesung und Evangelium
Das Hören der Texte kann durch geeignete Gesten hervorgehoben werden. Kinder können gemeinsam mit Erwachsenen das Evangelienbuch in einer Prozession zum Ambo, dem Lesepult, tragen.
Die Kinder können um den Ambo stehend die Lesung und das Evangelium hören.

Predigt – Auslegung des Wortes Gottes
Es bietet sich an, dass an der Predigt Eltern und Kinder beteiligt sind, z.B. durch ein Predigtgespräch. Andere Möglichkeiten sind, anhand eines konkreten Symbols – mit einem Senfkorn in der Hand, im Betrachten einer Rose o.Ä. – oder durch die Übertragung der biblischen Geschichte in ein Rollenspiel das Evangelium begreiflich, fassbar werden zu lassen. Die tiefere Bedeutung mancher Bibeltexte geht deutlicher auf, wenn Symbolgeschichten einbezogen werden. Dies kann als Einstieg zur Predigt geschehen oder in Alternative zu einem biblischen Lesungstext.

Fürbitten
Die Fürbitten sind meistens nicht stimmig, wenn sie von Erwachsenen formuliert, aber von Kindern vorgelesen werden. Wenn Kinder Fürbitten vortragen, dann sollen sie diese auch selbst formulieren. Ebenso sind Fürbitten der Erwachsenen von Erwachsenen vorzutragen.

Gabenprozession
In der Gabenbereitung bringt die Gemeinde nicht nur Brot und Wein zum Altar, sondern ihr ganzes Leben. Eine gemeinsame Gabenprozession von Eltern und Kindern ist sinnvoller und sinnenfälliger Ausdruck für diese Hin-Gabe menschlichen Lebens in die Beziehung mit Jesus Christus hinein. Durch einen entsprechenden Kurzkommentar kann der Gemeinde verständlicher gemacht werden, welche konkreten Symbole und Gaben zum Altar gebracht werden und welche Gedanken damit verbunden sind.

Hochgebet
Zum eucharistischen Hochgebet können die Kinder um den Altar stehen. Wertvoll ist es, nach dem Heilig, heilig bzw. dem Sanctus eine Phase des Schweigens vorzusehen: Schweigen öffnet die Sinne und fährt Antennen aus für die Wahrnehmung des Geheimnisses. Besonders zu empfehlen sind dialogisch aufgebaute Kinder-Hochgebete.

Vaterunser
Beim Vaterunser können sich alle den Gottesdienstfeiernden im ganzen Kirchenraum – auch über einen Mittelgang hinweg – die Hände reichen als Zeichen dafür, geliebte Söhne und Töchter des einen Vaters zu sein. Es können auch alle Orantenhaltung einnehmen, d.h. jede und jeder streckt die Arme wie sonst der Priester bei den gottesdienstlichen Gebeten geöffnet nach oben, dem Vater entgegen.

Friedensgruß
Alle, die um den Altar stehen, und alle in der Kirche können zum Friedensgruß ihre jeweiligen Nachbarn bei der Hand nehmen und die Hand auch kurz sachte drücken als Zeichen der Gemeinschaft und Versöhnung.

Kommunion – Empfang der eucharistischen Gaben
Die Tischgemeinschaft kann deutlich werden, indem die Kinder im Kreis um den Altar stehen. In den Kreis können auch die Eltern, Geschwister und Begleiter geholt werden. Dies muss allerdings mit den Eltern einvernehmlich abgesprochen werden, mit besonderer Rücksicht auf die Empfindungen und Situation der Alleinerziehenden.

Wer gestaltet was? – Ideenbörse und Aufteilung von Aufgaben

Nachdem sich die Elterngruppe Klarheit verschafft hat, an welchen Stellen eine Gestaltung der Liturgie möglich ist, können kleine Gruppen (2–3 Personen) gebildet werden, die sich um die Gestaltung jeweils eines Elementes der Liturgie kümmern.
Je nach Zeit und Möglichkeit können diese Kleingruppen direkt an die ersten Schritte zur Erarbeitung von Ideen, Texten und Gestaltungselementen gehen oder organisieren ihre konkrete Vorgehensweise bis zum nächsten Zusammenkommen.
Es sollte darauf geachtet werden, dass die Aufgaben möglichst gleichmäßig verteilt werden und alle Eltern die Gelegenheit haben, sich entsprechend ihrer Möglichkeiten und Fähigkeiten in die Vorbereitung einzubringen. Ebenso ist darauf zu achten, dass sich alle Gedanken, Inhalte, Liedtexte und Gestaltungselemente an dem gemeinsamen „roten Faden" orientieren und zusammenpassen, sodass eine stimmige Gottesdienstgestalt entsteht.

Auch beim Vorbereiten der Liturgie ist es wichtig, sich bewusst zu sein, dass alle Menschen an den Tisch des Herrn geladen sind. Davon ausgehend kann bei diesem Elterntreffen das notwendige klärende Gespräch darüber erfolgen, wie die Gemeinde konkret am Kommunionfeiertag/am Familiengottesdienst mit der Situation von Geschiedenen, von wiederverheirateten Geschiedenen und von konfessionsverbindenden Familien umgehen will (vgl. Kapitel 2, S. 21, Anmerkung 16, in diesem Buch).

Familiengespräch

Der Begleiter informiert die Eltern, welche Bausteine für das Familiengespräch zu Hause in der Zeit bis zum nächsten Elterntreffen an der Reihe sind.

Gemeinsam schlagen die Eltern im Familienbuch die betreffenden Bausteine auf und verschaffen sich unter der Anleitung des Begleiters einen Überblick über die Themen.

Abschluss

Die Begleiterin versammelt die Eltern im Stuhlkreis um die Mitte.
Die Begleiterin stellt neben Wein und Brot eine Kerze in die Mitte und entzündet sie.
Die Eltern schauen in einer Phase der Stille auf das Licht in ihrer Mitte.
Die Begleiterin stellt den Gedanken der Gemeinschaft, des Miteinanders, heraus.
Die Eltern singen gemeinsam das Lied „Kommunion heißt: Wir feiern Gemeinschaft" (CD, Track 1).
Die Begleiterin bedankt sich für die Teilnahme und beschließt das Treffen.

Anmerkungen

1. Vgl. die ausgewerteten Untersuchungsergebnisse in: Grom, Bernhard: Religiöse Sozialisation in der Familie. Zur Bedeutung eines unterschätzten Lernorts, in: Stimmen der Zeit 214 (1996), 601–610. Vgl. auch die einschlägigen Ergebnisse der Studien „Einstellungen zur Erziehung" (2007) und „Weitergabe des Glaubens. Einflüsse auf die Tradierungschancen des Glaubens in der Familie" (1987) des Instituts für Demoskopie in Allensbach. Kurzberichte auf: www.ifd-allensbach.de Rubrik: Aktuelle Studien/Archiv online, sowie: Biesinger, Albert/Kerner, Hans-Jürgen/Klosinski, Gunther/Schweitzer, Friedrich (Hg.): Brauchen Kinder Religion? Neue Erkenntnisse – Praktische Perspektiven, Weinheim und Basel 2005.
2. Vgl. Kaupp, Angela/Leimgruber, Stephan/Scheidler, Monika (Hg.): Handbuch der Katechese. Für Studium und Praxis, Freiburg i.Br. 2011, Kapitel 1: Aktuelle Herausforderungen und Perspektiven der Katechese, S. 21–153.
3. Vgl. auch: Die deutschen Bischöfe: Katechese in veränderter Zeit, hg. vom Sekretariat der Deutschen Bischofskonferenz, (DB 75) Bonn 2004.
4. Vgl. Hofrichter, Claudia: Leben, Bewusstwerden, Deuten, Feiern. Rezeption und Neuformulierung eines katechetischen Modells am Beispiel „Taufgespräche in Elterngruppen", Reihe Zeitzeichen, Bd. 2, Biesinger, Albert/Schreijäck, Thomas/Tzscheetzsch, Werner (Hg.), Stuttgart 1997. Zur Gemeindekatechese vgl. ebd., S. 13–102.
5. Vgl. Biesinger, Albert: Religionspädagogik bei Johann Baptist von Hirscher als Wort und Antwort, in: Kessler, Michael (Hg.): Theologie als Instanz der Moderne. Beiträge und Studien zu Johann Sebastian Drey und zur Katholischen Tübinger Schule, Tübingen 2005, S. 287ff.
6. Das katechetische Wirken der Kirche, hg. v. Gemeinsame Synode der Bistümer in der Bundesrepublik Deutschland. Offizielle Gesamtausgabe, II. Ergänzungsband, Freiburg i.Br. 1977, S. 41.
7. Buber, Martin: Ich und Du, in: Das dialogische Prinzip, Heidelberg 1984, S. 32.
8. Empirisches Forschungsprojekt zur Kommunionkatechese (2010–2013), geleitet von Albert Biesinger, Dieter Hermann, Norbert Mette in Zusammenarbeit mit Reinhold Boschki und Klaus Kießling.
9. Scherer, Matthias/Hilberath, Bernd Jochen: Kommunikative Theologie. Eine Grundlegung, Mainz 2002, S. 76ff.
10. Kasper, Walther: Katholische Kirche. Wesen – Wirklichkeit – Sendung, Freiburg i.Br. 2011, S. 45ff.
11. Verwiesen sei hier auf die Mahlgemeinschaft Jesu mit seinen Jüngern und die Mähler mit den Ausgestoßenen der damaligen Gesellschaft, z.B. mit Dirnen und Zöllnern: Markus 2,13-17; Matthäus 9,9-13; Lukas 5,27-32; 14,1-24; 15,1f.; 19,1-10. Die Mahlgemeinschaften Jesu mit Sündern sind konkreter Ausdruck seiner Verkündigung vom Anbruch des Reiches Gottes und vom Vergebungswillen

Gottes. In seiner Verkündigung selbst vergleicht Jesus das Reich Gottes oft mit einem Festmahl (Lukas 14,15-24; Matthäus 22,1-10), um darin die vollkommene Gemeinschaft zwischen Gott und den Menschen wie auch zwischen den Menschen untereinander auszudrücken.

12. Vgl. Lukas 24,28-31.36-43; Apostelgeschichte 10,41.
13. Auf dem *Kommunionweg als Familienkatechese* orientieren wir uns in dieser Ausgabe an der offiziellen Formulierung zur Einladung zum Kommunionempfang, in: HEILIGE MESSE mit Papst Benedikt XVI. am 25. September 2011 auf dem City Flugplatz Freiburg (hg. v. Erzbischöflichen Ordinariat Freiburg, Freiburg 2011, S. 67): „Bei der Kommunionspendung wird jedem Gläubigen die Heilige Hostie gezeigt mit den Worten ‚Der Leib Christi'. Wer zur Kommunion hinzutritt, muss dazu ehrlichen Herzens ‚Amen' sagen können: ‚Ja, ich glaube, in diesem Brot ist Christus selbst gegenwärtig.'"
14. Vgl. Nocke, Franz-Josef: Eucharistie, in: Schneider, Theodor (Hg.): Handbuch der Dogmatik, Bd. 2, Düsseldorf 1992, S. 293.
15. Für das Verständnis des sogenannten „Anamnesis-Befehles" vgl. Nußbaum, Otto: Die Eucharistiefeier als Anamnese (Opfer und Mahl), in: BiLi 44 (1971), S. 6–8. Ders.: Die Liturgie als Gedächtnisfeier, in: Schreiner, Joseph (Hg.): Freude am Gottesdienst, Stuttgart 1983, S. 201–214.
16. Vgl. die Liturgiekonstitution *Sacrosanctum Concilium* (SC) des II. Vatikanischen Konzils, SC 10.
17. Vgl. die Dogmatische Konstitution *Lumen Gentium* (LG) des II. Vatikanischen Konzils über die Kirche, besonders LG 7.11.26.
18. Vgl. Schneider, Theodor: Deinen Tod verkünden wir, Düsseldorf 1980, S. 178; Schneider stützt sich hierbei auf Weber, Hermann Josef: Eucharistie – Sakrament der Christusgemeinschaft, in: ThPh 48 (1973), S. 194–217, und auf Schürmann, Heinz: Jesu Abendmahlsworte im Lichte seiner Abendmahlshandlung, in: Concilium 4 (1968), S. 771–776.
19. Nocke, Franz-Josef: Kosmische Dimension der Eucharistie, in: Hilberath, Bernd Jochen/Sattler, Dorothea (Hg.): Vorgeschmack. Ökumenische Bemühungen um die Eucharistie, Mainz 1995, S. 365. Dass der biblische Begriff *Leib Christi* (vgl. 1. Korintherbrief 10,16f.; 12,1-8) das Bindeglied zwischen Eucharistie und Kirche bzw. Gemeinde ist, betont auch das II. Vatikanische Konzil; vgl. LG 26.
20. Das fundamentale wechselseitige Verhältnis zwischen eucharistischer und kirchlicher *Communio* drückt sich auch darin aus, dass die Gemeinschaft der Gläubigen als Trägerin der Eucharistie-Feier angesehen wird. In seiner Liturgiekonstitution betont das II. Vatikanische Konzil, dass die Gläubigen als versammeltes Volk Gottes Träger der Eucharistiefeier sind; vgl. SC 7.26. Allerdings darf diese Redeweise nicht missverstanden werden: Nicht die Gemeinschaft der Gläubigen setzt Jesus Christus in der Eucharistie gegenwärtig, sondern dies ist das Wirken des Heiligen Geistes und Gottes, des Vaters. So heißt es im *Lima-Dokument* (1982) Taufe, Eucharistie und Amt, Eucharistie Nr. 14: „Der Heilige Geist macht im eucharisti-

schen Mahl den gekreuzigten und auferstandenen Christus für uns wahrhaft gegenwärtig, indem er die Verheißung der Einsetzungsworte erfüllt. ... Es ist jedoch der Vater, der der primäre Ursprung und die letztliche Erfüllung des eucharistischen Geschehens ist."

21. Ausgangspunkt für eine Spiritualität der Befreiung sind Grundgedanken der Befreiungstheologie, vgl. hierzu grundlegend: Gutiérrez, Gustavo: Aus der eigenen Quelle trinken. Spiritualität der Befreiung, Fundamentaltheologische Studien Nr. 12, Metz, Johann Baptist/Moltmann, Jürgen (Hg.), Mainz 1986. Vgl. ebenso: Gutiérrez, Gustavo: Theologie der Befreiung, Mainz [10]1992.
22. *Gaudium et spes* (GS) ist die Pastoralkonstitution des II. Vatikanischen Konzils.
23. Vgl. Grom, Bernhard: Religiöse Sozialisation in der Familie. Zur Bedeutung eines unterschätzten Lernorts, in: Stimmen der Zeit 214 (1996), S. 601–610.
24. Vgl. hierzu Hofrichter, Claudia: Leben, Bewusstwerden, Deuten, Feiern, Ostfildern 1997.
25. Vgl. das gleichnamige Buch: Biesinger, Albert/Tzscheetzsch, Werner (Hg.): Das Geheimnis erspüren – zum Glauben anstiften, Freiburg i.Br. 1989.
26. Vgl. Hauf, Jörn: Familienbiografische Katechese. Unterwegs mit Familien in der Erziehungsphase, Ostfildern 2004.
27. Vgl. ebd., Kapitel 1: Familienrealitäten im Spiegel der Familienwissenschaften, S. 111–250, sowie die einschlägigen aktuellen Publikationen des Bundesministeriums für Familie, Senioren, Frauen und Jugend: http://www.bmfsfj.de/BMFSFJ/Service/publikationen.html (Zugriff 18.1.2012).
28. Vgl. die aufschlussreiche Studie: Wie leben Kinder in Deutschland, hg. vom Statistischen Bundesamt Deutschland 2011: http://www.destatis.de/jetspeed/portal/cms/Sites/destatis/Internet/DE/Content/Publikationen/Fachveroeffentlichungen/Bevoelkerung/HaushalteMikrozensus/LebenKinderDeutschlandPresse.psml (Zugriff 18.1.2012).
29. Die Biografie wurde im Zuge der Individualisierung zur „Bastelbiografie", d.h., jeder Einzelne muss die ihn umgebende Lebenswelt umsetzen, sie in eine für ihn stimmige Form bringen, seine Biografie gestalten. Dies bedeutet, dass die einzelnen Teil-Lebenswelten in ein eigenes Konstrukt integriert werden müssen. Eines macht die gegenwärtige Gesellschaftssituation klar: Sich der individualisierten Lebenswelt zu entziehen, ist nicht möglich. Es stellt sich vielmehr die Frage, wie der Einzelne und wie eine Familie mit dieser Situation sinnvoll umgehen kann.
30. Der folgende Abschnitt ist teilweise stark gekürzt und überarbeitet übernommen aus: Biesinger, Albert: Wie Gott in die Familie kommt, München 1997, S. 34–53.
31. Zu aktuellen Statistiken vgl. die Publikationen und Datentabellen auf der Homepage des Statistischen Bundesamts Deutschland: www.destatis.de im Themenbereich: Bevölkerung.
32. Karrer, Leo: Familie – zwischen Wunsch und Lebbarkeit, in: Diakonia 23 (1992), S. 218.
33. Ebd., S. 218f.

34. Ebd., S. 219.
35. Ebd.
36. Vgl. Gabriel, Karl: Welche familialen Lebensformen und Lebenswelten sind heute in unserer Gesellschaft zu differenzieren – in sozialer Hinsicht, generell und insbesondere hinsichtlich von Religion?, in: Mit Kindern leben, glauben, hoffen. Dokumentation des Symposiums zu Problemen religiöser Erziehung in den unterschiedlichen Lebenswelten von Familien, hg. v. Diözese Rottenburg-Stuttgart, Diözesanstelle Ehe und Familie, Stuttgart 1994, S. 24–40 (Bezugsstelle: Referat Ehe und Familie, Jahnstraße 30, 70597 Stuttgart).
37. Christmann, Wolfgang (Hg.): Familie, Ilsede 1995, S. 2, 38, 95.
38. Schmid, Peter F.: Die Familie als Lernort. Psychotherapeutische Erfahrungen und pastoraltheologische Konsequenzen, in: Diakonia 23 (1992), S. 232. Vgl. grundlegend: Krapp, Andreas/Weidenmann, Bernd (Hg.): Pädagogische Psychologie. Ein Lehrbuch, Weinheim 2001, darin die Kapitel 7 (Die Erziehenden und die Lehrenden) und 8 (Psychologie der pädagogischen Interaktion).
39. Ebd., S. 233.
40. Vgl. Boschki, Reinhold: Beziehung als Leitbegriff der Religionspädagogik. Grundlegung einer dialogisch-kreativen Religionsdidaktik, Ostfildern 2003.
41. Vgl. Frielingsdorf, Karl: Dämonische Gottesbilder. Ihre Entstehung, Entlarvung und Überwindung, Mainz 1992. Die Lektüre dieses Buches ist allen Verantwortlichen in der Pastoral dringend zu empfehlen, um der Weiterverbreitung solch „dämonischer" Gottesbilder entgegenzuwirken.
42. Vgl. Grom, Bernhard: Glauben lernen – nicht ohne die Familie. Zur Bedeutung und Praxis religiöser Erziehung in der Familie, in: Biesinger, Albert/Bendel, Herbert (Hg.): Gottesbeziehung in der Familie. Familienkatechetische Orientierungen von der Kindertaufe bis ins Jugendalter, Ostfildern 2000, S. 86–100.
43. Karrer, Leo: Familie – zwischen Wunsch und Lebbarkeit, in: Diakonia 23 (1992), S. 220.
44. Vgl. Grom, Bernhard: Religiöse Sozialisation in der Familie, S. 601–610.
45. Dennoch haben viele Kinder Kontakt zu ihren Großeltern. Für die Kinder gehören auch die Großeltern zum Kommunionweg dazu. Sie können mit ihren Enkelinnen und Enkeln ebenfalls die Familiengespräche führen; dabei ist es wichtig, dass es zu keiner Konkurrenz zwischen Eltern und Großeltern kommt.
46. Auch im Blick auf die Großeltern sind Ergebnisse wahrzunehmen. In einer Befragung von deutschen Berufs- und Gymnasialschülern gaben 34% an, dass die religiösen Erziehungsbemühungen ihrer Großeltern hilfreich gewesen seien: Mitnahme zum Gottesdienst, gemeinsames Tisch- und Abendgebet, Geschenke mit religiösem Hintergrund, das Erzählen eigener Erfahrungen, Gespräche über religiöse Fragen, Erzählungen biblischer Geschichten, Ermahnungen und Belehrungen. Vgl. Grom, Bernhard: Sozialisation, S. 602f.
47. Während im Bereich Kleidung, Freizeitaktivitäten, Musikgeschmack Freunde wichtiger sind als die Eltern, bleibt nach den Untersuchungen das Gewicht der

Eltern bei religiösen Fragen überraschend stark. So neigen die 16- bis 18-Jährigen bei Unterschieden von Glaubensüberzeugung und religiöser Praxis zwischen den engsten Freunden und den Eltern dazu, in den religiösen Überzeugungen den Eltern zu glauben. Bernhard Grom vermutet, dass Jugendliche den Eltern mehr weisheitliche Kompetenz zutrauen oder einfach lieber am Erstgelernten festhalten wollen. „In ihrer religiösen Praxis – zumal beim Gottesdienstbesuch –, ... richten sie sich jedoch eher nach den Gewohnheiten und Erwartungen ihrer engsten Freunde. Die These von einer jugendlichen Subkultur trifft im religiösen Bereich also nur eingeschränkt zu, und wenn sich bei Jugendlichen eine Auswahl- oder Patchwork-Religiosität verbreitet, so übernehmen sie diese wohl vor allem von ihren Eltern." Ebd., S. 603.

48. Vgl. ebd., S. 604.
49. Ebd., S. 606. Diese Einschätzung wird auch gestützt durch eine Untersuchung der Wickert-Institute, in der deutlich wird: 81 % der befragten Eltern fühlen sich zwar kompetent, ihr Kind religiös zu erziehen, 63 % meinen aber, die Kirche unterstütze junge Familien dabei nicht adäquat. Diese Ergebnisse sind zitiert nach Weltbild (12) 1996, S. 10–15.
50. Grom, Bernhard: Sozialisation, S. 604f.
51. Vgl. ebd., S. 603.
52. Vgl. Biesinger, Albert: Kinder nicht um Gott betrügen. Anstiftungen für Väter und Mütter, Freiburg [9]1999.
53. Vgl. Die Feier der Kindertaufe. Pastorale Einführung/hg. v. Sekretariat der Deutschen Bischofskonferenz, 2. verb. Aufl., Bonn 2008 (Arbeitshilfen 220), sowie: Hofrichter, Claudia: Wir möchten, dass unser Kind getauft wird. Eine Handreichung für Taufgespräche in Elterngruppen, München 2010.
54. Vgl. dazu: Kaupp, Angela: Biografisches Lernen in der Katechese, in: dies./Leimgruber, Stephan/Scheidler, Monika (Hg.): Handbuch der Katechese, Freiburg i.Br. 2011, S.157–172.
55. Vgl. Biesinger, Albert/Schmitt, Christoph: Gottesbeziehung, S. 223–248.
56. Vgl. Nipkow, Karl Ernst: Hermeneutisch-didaktische Pluralität. Zwischenüberlegungen zu einem künftigen Programm, in: Becker, Ulrich/Scheilke Christoph Th. (Hg.): Aneignung und Vermittlung. Beiträge zur Theorie und Praxis einer religionspädagogischen Hermeneutik, Gütersloh 2000, S. 85–87.
57. Vgl. die einschlägigen Forschungsergebnisse der sog. Sinus Milieu Studien (www.sinus-institut.de). Zusammengefasst bei: Wippermann, Carsten: Milieus in Bewegung. Werte, Sinn, Religion und Ästhetik in Deutschland, Würzburg 2011.
58. Vgl. Ebertz, Michael N.: Kirche im Gegenwind. Zum Umbruch der religiösen Landschaft, Freiburg i.Br. [2]1998, S. 141f.
59. Ebd., S. 142.
60. Vgl. ebd., S. 67.
61. Vgl. ebd., S. 140f.
62. Grom, Bernhard: Religiöse Sozialisation in der Familie, S. 607.

63. Zerfass, Rolf/Ross, Klaus: Art. Gemeinde, in: Bitter, Gottfried/Miller, Gabriele (Hg.): Handbuch religionspädagogoischer Grundbegriffe, Bd. 1, München 1986, S. 131–142.
64. Ebd., S. 132f.
65. Ebd., S. 139.
66. Vgl. zur katechumenalen Struktur der Katechese: Die deutschen Bischöfe: Katechese in veränderter Zeit, hg. v. Sekretariat der Deutschen Bischofskonferenz (DB 75), Bonn 2004.
67. Aus der Perspektive der Familienkatechese ist dieses sensible Thema dahingehend zu beantworten, dass keine Zulassungsbedingungen zu den Sakramenten geschaffen werden. Vgl. die Beiträge von Hilberath, Jochen: Taufe und Gemeindeentwicklung. Anmerkungen aus dogmatischer Sicht; Fuchs, Ottmar: Taufe und Gemeindeentwicklung. Zur Dialektik von sakramentaler Kirche und kommunikativer Gemeinde im Horizont der Taufe, in: Kasper, Walter/Kothgasser, Alois/Biesinger, Albert/Hauf, Jörn (Hg.): Weil Taufe Zukunft gibt. Wegmarken für eine Weiterentwicklung der Taufpastoral, Ostfildern 2011, S. 25–33; 34–75.
68. Die deutschen Bischöfe – Pastoral Kommission: Sakramentenpastoral im Wandel. Überlegungen zur gegenwärtigen Praxis der Feier der Sakramente – am Beispiel von Taufe, Erstkommunion und Firmung, hg. vom Sekretariat der Deutschen Bischofskonferenz, Bonn, 3. korr. Auflage 1996, S. 43f.
69. Wenn im Folgenden aus Gründen der Übersichtlichkeit vornehmlich von Eltern als Begleiterinnen und Begleiter von Kindern auf dem Kommunionweg die Rede ist, bezieht sich das, wie bereits mehrfach in den vorausgehenden Kapiteln beschrieben, auf elterliche Bezugspersonen, die religiöse Erziehungsverantwortung für ein Kind auf dem Kommunionweg übernehmen. Dies können ausdrücklich ebenso Großeltern, Paten und Patinnen, (Heim-)Erzieher/innen, Lebenspartnerschaften oder andere wichtige Bezugspersonen auf dem Glaubensweg eines Kindes sein.
70. Vgl. Wie jeder katechetische Weg zu Erstkommunion oder Firmung eine interkulturelle Dimension bekommen kann, in: Scheidler, Monika/Hofrichter, Claudia/Kiefer, Thomas (Hg.): Interkulturelle Katechese. Herausforderungen und Anregungen für die Praxis, München 2010, S. 203–206.
71. Vgl. Institut für Fort- und Weiterbildung der kirchlichen Dienste in der Diözese Rottenburg-Stuttgart, Bischöfliches Ordinariat, Hauptabteilung IV: Pastorale Konzeption (Hg.): Basics 1. Vier Abende Kontakt mit dem Christlichen. Ein spiritueller Glaubenskurs für Suchende. Teil 1 (Arbeitshilfe 02-2007), S. 23–42.
72. Vgl. ebd., S. 30–34.

Quellenverzeichnis

S. 7, 24, 32 In: Lothar Zenetti, Auf Seiner Spur. Texte gläubiger Zuversicht (Topos Plus 327) © Matthias-Grünewald-Verlag der Schwabenverlag AG, Ostfildern ^{4}2006

S. 58 Petrus Ceelen, Manche Menschen wissen nicht. Quelle unbekannt

S. 101 Gottesbilder, vgl. Karl Frielingsdorf, Dämonische Gottesbilder. Ihre Entstehung, Entlarvung und Überwindung. Matthias-Grünewald-Verlag, Mainz ^{3}1997

S. 102 Das Geheimnis erspüren, so der Titel eines gleichnamigen Buches: Albert Biesinger/Werner Tzscheetzsch (Hg.), Das Geheimnis erspüren – zum Glauben anstiften (Festschrift für Günter Biemer). Verlag Herder, Freiburg i.Br. 1989

S. 126ff. Zeitreise in die eigene religiöse Kindheit, entworfen von Albert Biesinger

S. 131 Segen, nach: Claudia Hofrichter u.a., Ich glaube. Jugendbuch zur Firmvorbereitung. Kösel-Verlag, München ^{3}2006, S. 121

S. 132 Vgl. Wie jeder katechetische Weg zu Erstkommunion oder Firmung eine interkulturelle Dimension bekommen kann, in: Monika Scheidler, Claudia Hofrichter, Thomas Kiefer (Hg.): Interkulturelle Katechese. Herausforderungen und Anregungen für die Praxis. München 2010, S. 203–206

S. 144 Mascha Kaléko, aus: In meinen Träumen läutet es Sturm © Deutscher Taschenbuch Verlag, München 1977

S. 196 Ein Mensch wie Brot, in: Sieben Farben hat das Licht. Worte der Zuversicht © Matthias-Grünewald-Verlag der Schwabenverlag AG, Ostfildern ^{2}2008

Die zitierten Bibelstellen sind, sofern nicht anders angegeben, entnommen aus: Gute Nachricht Bibel, revidierte Fassung © 2000 Deutsche Bibelgesellschaft, Stuttgart